Peter Geißler (Hg.)
Mediation – Theorie und Pra.
Neue Beiträge zur Konfliktregelung

Für M. und M.
für die vielen kleinen Hilfen und Freundlichkeiten

Reihe »edition psychosozial«

Peter Geißler (Hg.)

Mediation – Theorie und Praxis

Neue Beiträge zur Konfliktregelung

mit Beiträgen von
Irene Amann, Brigitte Boothe,
Benedikta Gräfin v. Deym-Soden, Georg Engeli,
Thomas Flucher, Gerhart Fürst, Peter Geißler,
Toni Innauer, Kuno Schneider und Vamik Volkan

Psychosozial-Verlag

Bibliografische Information der Deutschen Nationalbibliothek
Die Deutsche Nationalbibliothek verzeichnet diese Publikation in der Deutschen
Nationalbibliografie; detaillierte bibliografische Daten sind im Internet über
<http://dnb.d-nb.de> abrufbar.

© 2004 Psychosozial-Verlag
E-Mail: info@psychosozial-verlag.de
www.psychosozial-verlag.de
Alle Rechte vorbehalten. Kein Teil des Werkes darf in irgendeiner Form (durch
Fotografie, Mikrofilm oder andere Verfahren) ohne schriftliche Genehmigung des
Verlages reproduziert oder unter Verwendung elektronischer Systeme verarbeitet,
vervielfältigt oder verbreitet werden.
Umschlagabbildung: Linde Salber »Zusammenhang – aber wie?«, 2000.
© Linde Salber
Weitere Bilder von Linde Salber finden Sie unter
www.fine-artgalleries.de
Umschlaggestaltung: Christoph Röhl
nach Entwürfen des Atelier Warminski, Büdingen
ISBN 978-3-89806-272-5

Inhaltsverzeichnis

Peter Geißler
Prolog 7

Einführung 17
Georg Engeli
Ich, Feind meines Feindes
Mr. Fivehair im Friedenslabyrinth 19

Politische und interkulturelle Mediation 67
Vamik Volkan
Das Baum-Modell 69
Benedikta Gräfin v. Deym-Soden
(Inter)kulturelle Mediation 97

Mediation in der Schule 165
Irene Amann
Konfliktmanagement in einer Hauptschule 167
Kuno Schneider
»Peers bauen auf!«
Schulmediation an Wiener Gymnasien 173

Umweltmediation 201
Gerhart C. Fürst
Mediationsverfahren Flughafen Wien –
Experiment und Meilenstein 203
Thomas Flucher
Konfliktlösung mit 14 Parteien –
Mediationsverfahren Gasteinertal 215

Inhaltsverzeichnis

Spezielle Beiträge 237
Toni Innauer
Sport und Mediation
(ein Interview) 239
Peter Geißler
Praktisches Beispiel einer Konfliktregelung
in einer Bankfiliale 267
Peter Geißler
Wie viel Körper braucht der Mensch? 275

Peter Geißler
Epilog 287

Anhang 291
Brigitte Boothe
Das Leben des Sohnes in väterlicher Hand 293

Autorenverzeichnis 325

Prolog

Peter Geißler

Wenn ich Menschen, die in meine Praxis mit dem Wunsch kommen, eine Psychotherapie zu machen, frage, was ihnen wichtig sei, dann antworten viele von ihnen: Harmonie in ihren mitmenschlichen Beziehungen und im Leben. Wenn ich sie weiters frage, wie sie sich selbst einschätzen, dann meinen die meisten, sie selbst wären friedlich und würden zu dieser Harmonie, die ihnen so wichtig ist, wesentlich beitragen. Die Probleme und Konflikte, deretwegen sie in die Therapie kommen, werden am Beginn der Therapie sehr häufig in der mitmenschlichen Umwelt angesiedelt: Der Partner sei so uneinfühlsam, die Schwiegermutter sei eine entsetzliche Furie, die Mutter mische sich dauernd ein, das eigene Kind sei so schwierig, usw. Oder die Patienten leiden unter seelischen Symptomen, wie Ängsten, Depressionen oder psychosomatischen Beschwerden und können gar nicht sagen, warum sie darunter leiden, weil ihnen der Zusammenhang mit seelischen Auslösern verloren gegangen ist.

Viele meiner Patienten erleben es also in etwa so: Sie selbst seien im Großen und Ganzen in Ordnung (von ein paar unwesentlichen Schwächen abgesehen) und Schuld an ihrem seelischen Leiden sei die menschliche oder die berufliche Umwelt, mit der sie im Grunde nicht zurecht kämen. Schwankungen in der eigenen Befindlichkeit oder in der Symptomatik werden häufig auf Wetterumschwünge oder sonstige äußere Ereignisse zurückgeführt – nur nicht auf Vorgänge in einem selbst. Mein Eindruck ist aber: Es geht nicht nur meinen Patienten so, sondern auch vielen, vielleicht den meisten Menschen – oder den meisten Männern, während Frauen eher dazu neigen, sich schuldig oder zumindest mitbeteiligt an mitmenschlichen Schwierigkeiten zu sehen.

Prolog

Man kann sich fragen, warum es Menschen so schwer fällt, in ihre eigene Seele hineinzublicken. Sind wir von unserer eigenen Natur, unserer inneren Befindlichkeit, schon so weit entfremdet, dass wir gar nichts mehr spüren? Kann man überhaupt einen »objektiven« Blick für sich selbst haben? Wir können uns zwar in den Spiegel blicken, aber dann sehen wir ja nur unser äußeres Erscheinungsbild. Gibt es einen Spiegel für unser Inneres, unser seelisches Befinden?

Diese Frage kann man eindeutig mit »ja« beantworten: Andere Menschen sind ein solcher Spiegel, denn sie geben laufend Rückmeldung über das, was wir mit ihnen tun – über die vielen nichtsprachlichen mimischen und gestischen Ausdrucksbewegungen, die unser alltägliches Sprechen ununterbrochen begleiten. Man muss nur gelernt haben, auf diese Ausdrucksformen zu achten, sie wahrzunehmen und zu deuten; aber das ist nicht so einfach. In der Tat hat der zivilisierte Mensch die Fähigkeit, z. B. im Blick des Gegenübers zu lesen, »mit dem Herzen zu sehen«, weitgehend verloren. Man muss eine eigene psychotherapeutische Ausbildung machen und dabei viel Eigentherapie und Selbsterfahrungen über sich ergehen lassen, um diesen Blick zumindest ansatzweise wieder zu gewinnen. Der Psychotherapeut ist für den Patienten dann in der Tat soetwas wie ein Spiegel, indem er dem Patienten laufend Rückmeldung darüber gibt, was er tut, ohne es zu wissen, ohne es zu wollen, ohne es zu spüren – mit anderen Worten: Wie er unbewusst handelt und auf diese Weise Beziehungsprozesse mit anderen Menschen kontinuierlich mitgestaltet. Es ist ein großes Verdienst der seit mittlerweile über Jahren existierenden und praktizierten Psychoanalyse, eine sehr differenzierte Lehre unbewusster seelischer Vorgänge entwickelt zu haben. Sigmund Freud und seine Nachfolger haben enorm viel an Theoriearbeit geleistet – es gibt tausende und abertausende von Büchern, die unbewussten seelischen Vorgänge minutiös beschreiben. Wir wissen mittlerweile recht genau, dass menschliches Erleben und Verhalten, ob unbewusst oder bewusst, in lebensgeschichtlich prägenden Erfahrungen jedes Einzelnen mit seiner individuellen Umwelt beruhen und dass dabei vor allem frühe interaktionelle Erfahrungen besonders einprägsam sind.

Dabei hat sich bald herausgestellt, dass unser seelisches Innenleben so harmonisch nicht ist, wie die meisten Menschen glauben. Die Wahrheit ist viel eher, dass tief in unserer Seele fast ständig widersprüchliche Impulse ablaufen, wie in den Tiefen eines Meeres, in denen die unterschiedlichsten Strömungen fortwährend stattfinden und das Wasser in Bewegung halten. Diese fortwährende Bewegung findet im Übrigen nicht nur im seelischen, sondern auch im mikroorganischen Bereich statt: Z. B. sind auf dem Niveau unserer Zellen ebenso ständig widersprüchliche Strebungen in Gang und sorgen für einen stetigen Fluss von Ionen und für einen konstanten Austausch und eine Erneuerung, die wir Stoffwechsel nennen. Leben scheint also ganz grundsätzlich mit Bewegung verbunden zu sein und Bewegung scheint mit Widerspruch, mit Spannung zwischen Gegensätzen zu tun zu haben. Spannung, Widerspruch und Konflikt scheinen elementare Lebensprozesse zu sein: in unseren Zellen, im Bereich unseres Seelenlebens, aber auch zwischen Menschen, zwischen Menschengruppen, zwischen Völkern. Konflikte bewegen uns sowohl in und mit uns selbst (ohne dass wir es oft merken) als auch im mitmenschlichen Bereich (auch wenn wir unseren Eigenanteil daran oft wenig erkennen). Es gibt Konflikte in Zusammenhang mit Meinungen, mit Einstellungen, mit Überzeugungen, mit religiösen Glaubenssystemen; es gibt Konflikte zwischen unterschiedlichen Wünschen und Ansprüchen, es gibt Erwartungskonflikte, es gibt Rollenkonflikte und vieles mehr.

Der Mensch ist also nicht nur harmoniebedürftig, er ist ganz wesentlich ein konflikthaftes Wesen. Er weiß es oft aber nicht. Psychotherapie hilft ihm dabei, sich dieser Konflikthaftigkeit bewusst zu werden, Konflikte im Ansatz zu spüren, ihre Ursachen zu verstehen und zu akzeptieren, und einfühlsame Formen der Konfliktaustragung von weniger einfühlsamen unterscheiden zu lernen. Auf Videos kann man Müttern und Vätern mittlerweile deutlich zeigen,

Prolog

wie sie mit ihren Kindern und Babies auf eine Weise umgehen können, damit sich die alltäglichen Konflikte und Probleme, mit denen alle Eltern zu tun haben, in solchen Grenzen halten, die eine gedeihliche kindliche Entwicklung fördern. Ein eigener Forschungszweig ist seit vielen Jahren entstanden, die Säuglingsforschung und die Bindungsforschung, und man hat die Entstehung früher Konflikthaftigkeit (und auch defizitärer Entwicklungen) durch moderne Technik, durch subtile Videomikroanalysen der Interaktion zwischen Eltern und ihren Kindern und Babies gleichsam objektivieren können. Freud hatte ganz recht, als er meinte, dass wesentliche Prägungen ganz früh entstehen. Wir können dies nun beweisen.

Das große Verdienst der »Körpertherapien« – Formen der Psychotherapie, die sich auf »Körpersprache« und auf die nicht-sprachliche Interaktion zwischen Menschen konzentrieren – ist es, die körperliche Basis der Konflikthaftigkeit des Menschen aufgezeigt zu haben. Wenn uns beispielsweise ein Mensch auf der Straße begegnet, den wir auf Anhieb sympathisch finden und mögen, dann entsteht vielleicht der Impuls, auf ihn zuzugehen, ihm in die Augen zu sehen, vielleicht auch mit ihm/ihr zu sprechen. Gleichzeitig meldet sich in uns eine andere Stimme, die vielleicht sagt: Es gehört sich nicht, einen mir nicht bekannten Menschen auf der Straße anzusprechen, oder vielleicht, wenn ich mich das schon traue, dann erleide ich wahrscheinlich eine Zurückweisung, eine Abfuhr. Daher habe ich Angst vor meinem Impulse und körperlich äußert sich das z. B. so, dass ich den Bewegungsimpuls, auf ihn/sie zuzugehen, hemme, dass ich den Kopf und die Augen blitzschnell abwende, anstatt hinzusehen, dass ich meine Atmung reflektorisch vermindere, mich ein wenig verkrampfe und verspanne, anstatt dem Impuls nachzugeben, ihn zuzulassen.

Es ist dies eine ganz alltägliche Situation, die jeder kennt. Psychoanalytiker würden einen solchen Konflikt z. B. als einen zwischen dem »Es« (der Impulse zuzugehen) und dem »Über-Ich« (die Summe der hemmenden und bremsenden Stimmen in uns) beschreiben,

Prolog

wobei unser »Ich« in Sekundenbruchteilen entstandenen Konflikt z. B. dadurch löst, dass er sofort wieder verdrängt wird: Wir haben also im nächsten Moment schon wieder vergessen, dass ein Konflikt überhaupt stattgefunden hat und gehen auf der Straße weiter, als wäre gar nichts geschehen. Vielleicht wird ein kleiner Rest eines solchen alltäglichen Konflikts dadurch manifest, dass wir die unerledigte Situation in der Nacht nachträumen und wunschhaft umgestalten, so dass wir zumindest im Traum ein kleines Stück Befriedigung erleben können. Aber in der Regel werden Träume bald wieder vergessen ...

Psychoanalytiker und Tiefenpsychologen arbeiten daran, diese »inneren Stimmen« bewusster werden zu lassen, sodass wir in wachsendem Maße merken können, wie viele seelische Bewegungen tatsächlich ununterbrochen in uns stattfinden; und dass wir die Furcht vor ihnen abbauen – denn viele Menschen fürchten sich auch davor, in ihr Inneres zu blicken bzw. sich blicken zu lassen. Körperpsychotherapeuten arbeiten mehr an den körperlichen Manifestationen dieser Konflikte, an körperlichen Impulsen, am körperlichen Substrat dabei mitschwingender Gefühle und an den körperlichen Bremsmechanismen, z. B. in Form von Muskelkontraktionen und Besonderheiten der Atmung; sie arbeiten an der Entwicklung eines Spür-Bewusstseins für unsere ständig unterschwellig ablaufende Gestik und Mimik, sie arbeiten daran, dass wir immer besser merken können, *wie* wir sprechen, *wie* wir andere Menschen anschauen, *wie* wir auf andere Menschen zugehen, *wie* wir uns im Kontakt mit Menschen bewegen, *wie* wir uns ver-halten. Beide, Psychoanalytiker und Körperpsychotherapeuten, sind daran interessiert, dass sich ein Beobachter in uns selbst entwickelt, der uns bei dem zuschaut, was wir eigentlich fortwährend tun. Einer meiner Patienten nannte diese innere Instanz einen »Supervisor« – ein treffender Ausdruck. Je mehr wir davon mitbekommen, was wir eigentlich laufend tun und wie wir es tun, umso mehr können wir unser alltägliches Handeln bewusst mitgestalten, umso eher fühlen wir uns als Akteure unserer alltägli-

Prolog

chen Geschicke und Missgeschicke und umso weniger als Opfer irgendwelcher Umstände oder anderer Menschen. Körperpsychotherapie und Psychoanalyse sind zwei gleichberechtigte unterschiedliche Wege, um diese innere Konflikthaftigkeit verstehen zu lernen; bloß ihre Ausgangspunkte sind verschieden, und auch die Methoden, mit denen sie arbeiten. Vom Ergebnis her sind sie durchaus miteinander vergleichbar. Eine spezielle Form der Integration, die »analytische Körperpsychotherapie«, die einige Kolleginnen und Kollegen begründet haben, ist der Versuch, diese beiden Wege auf nutzbringende Weise zu verbinden und auch die Befunde der Bindungs- und der Säuglingsforschung dazu zu nutzen.

Und was hat das alles mit Mediation zu tun? Nun – es ist das Bewusstsein menschlicher Konflikthaftigkeit, das Psychotherapeuten, Psychoanalytiker ebenso wie Körperpsychotherapeuten und auch Vertretern anderer Therapierichtungen miteinander verbindet. Mediation baut genauso wie Psychotherapie auf dem Bild eines Menschen auf, der wesensmäßig konflikthaft ist, und der seine Konflikte nicht immer selbst lösen kann. Mediatoren sind genauso wie Psychotherapeuten Fachmänner im Lösen und Lösen-Helfen von Konflikten. Das große Verdienst der Mediation ist es, das Interesse vom Regeln unterschiedlicher Konflikte in ebenso unterschiedlichen Konfliktfeldern mehr in die Öffentlichkeit gestellt zu haben als dies Psychotherapeuten gewöhnlich tun. Von psychotherapeutischen Sitzungen mit Patienten bekommt die Öffentlichkeit nur sehr wenig mit; sie sollen ja auch in einem geschützten Rahmen verlaufen, der Voraussetzung dafür ist, dass Menschen sich öffnen und ihre verborgensten seelischen Winkel zeigen. Mediation, die diesen Anspruch von Tiefe und Vertiefung in dieser Form nicht hat, kann daher öffentlich stattfinden; sie ist auch mehr an rascher oder mittelfristiger Lösung orientiert und nicht an einem immer weiteren Eindringen in alle möglichen Facetten menschlichen Seelenlebens. Das unterscheidet Mediation von Psychotherapie.

Dennoch denke ich, dass Mediatoren von den Befunden sowohl der Psychoanalyse als auch der Körperpsychotherapie profitieren können; und auch Leser, die versuchen zu verstehen, was Mediation ist. Das vorliegende Buch ist ein Versuch, die menschliche Konflikthaftigkeit und Umgänge mit ihr von verschiedenen Seiten her zu beleuchten und auch Zusammenhänge aufzuzeigen. Denn menschliche Konflikte sind nicht nur Erzeuger von Problemsituationen, sie sind auch interessant, sie sind stimulieren. Konflikthafte Spannung hat mit Leben und Lebendigkeit zu tun, mit Wachstum, mit Evolution. So sehr wir einerseits Harmonie brauchen, so sehr brauchen wir auch Konflikt, um daran zu reifen.

Im vorliegenden Buch sind also recht heterogene Beiträge versammelt. Es versteht sich als Erweiterung meines im Jahre 2000 im Psychosozial-Verlag herausgegebenen Buches »Mediation – die neue Streitkultur«. Der Leser würde am meisten profitieren, wenn er die darin enthaltenen Beiträge bereits kennt und sozusagen aufbauen kann auf das in diesem ersten Buch vermittelte Praxiswissen. Ein weiterer Band, von mir gemeinsam mit Gerda Klammer herausgegebener Sammelband zur Mediation, erschien damals nahezu zeitgleich im Falter-Verlag – Titel: Mediation: Einblicke in Theorie und Praxis professioneller Konfliktregelung.

In diesem dritten Buch wird berichtet über Mediationsprojekte in Österreich: über das Mediationsverfahren am Flughafen Wien Schwechat, in das auch Gemeinderatsvertreter meiner Heimatgemeinde – Groß-Enzersdorf am nordöstlichen Stadtrand von Wien – involviert waren; und über das Mediationsverfahren im Gasteinertal – einem Projekt, das ebenso wie das Verfahren um den Flughafen Wien Schwechat sehr aufwendig war und einen Eindruck von Komplexität vermitteln sollen, denen Umweltmediatoren in ihrem Tätigkeitsfeld Arbeit gegenüberstehen.

Beiträge zur Mediation in der Politik und zur interkulturellen Mediation sind ein zweiter Schwerpunkt dieses Sammelbandes. Diese Form der Mediation wird in Zukunft stark an Bedeutung gewinnen, wenn wir an Konfliktherde wie solche zwischen Israelis und Palästinensern denken. Je weiter Mediation als Profession gedeiht, umso größer werden die Chancen künftig sein, Konfliktherde wirksam zu beseitigen. So hoffnungslos und festgefahren diese jahrzehtelangen Fehden oft sind – hier vorgestellte Ansätze sind vielleicht nur »zarte Pflänzchen«, doch geben sie Mut und Hoffnung für die Zukunft.

Es wird sich dabei aber auch zeigen – so meine Prognose – dass die fachliche Kompetenz des politischen und interkulturellen Mediators allein nicht reicht; er braucht ebenso eine menschliche Kompetenz, und zwar in hohem Maße, will er mit der enormen Wucht der Spannungen z. B. zwischen verschiedenen Völkern umgehen können. Hoch professionalisierte Mediatoren der Zukunft werden wahrscheinlich ein Stück Eigentherapie benötigen, auch aus dem Grund, mit den Spannungsfeldern, in denen sie stehen, auf eine Weise fertig zu werden, dass sie selbst seelisch gesund bleiben. Ein dritter Schwerpunkt dieses Buches ist die Mediation im Schulbereich.

Die Auswahl der Beiträge in diesem Buch ist bunt und vielfältig, die Verbindungen zwischen einzelnen Beiträgen mag teilweise lose wirken. Dies hat den Nachteil, dass Verbindungen zwischen den einzelnen Teilen noch nicht vorgedacht wurden. Der Vorteil könnte darin bestehen, dass sich der Leser seinen »freien Assoziationen« überlassen kann und sich auf diese Weise Verbindungen intuitiv einstellen mögen.

In den Anhang habe ich einen Beitrag gestellt, der die Komplexität konfliktdynamischer Verwicklungen und Konstellationen in einem triadischen Raum am Beispiel der biblischen Erzählung über Abraham andeuten soll. Bekanntlich wurde Abraham durch Gottes Aufforderung, seinen eigenen Sohn Isaak als Opfer darzubringen, vor ein schier unlösbares Dilemma gestellt: Entweder schützte er seinen Sohn, dann missachtete er aber Gottes Befehl; tötet er seinen Sohn, muss er mit der Bürde eines schrecklichen Vaters leben. Die Autorin dieses Beitrags, Brigitte Boothe, sieht in dieser Erzählung in ewig junges Thema sowohl in Kultur und Gesellschaft als auch in Familie und Psyche. Und es wird eine implizite Konfliktdimension deutlich, die jedem Mediator bewusst sein sollte: Manche Konflikte sind lösbar, andere sind es nicht; es gibt sozusagen Dilemmata, unlösbare Paradoxien, in denen wir als Menschen gefangen sind und in denen wir dennoch, aus einem Akzeptieren von Ohnmacht heraus und einem Respektieren des Umstandes, dass »alles seinen Preis hat« (egal für welche Option man sich entscheidet), als Konfliktbegleiter tätig sein können. Boothes Beitrag möge vor allem für künftige Mediatoren einen Impuls darstellen, illusionäre Größenfantasien zu relativieren und »auf den Boden der Realität« zu finden. Als Psychotherapeuten machen wir die gleiche Erfahrung: Die Illusion, alles heilen zu können, weicht einem bescheidenen Erkennen, vieles einfach aushalten zu müssen, was wir selbst nicht steuern können. In genau dieser bescheidenen Grundhaltung liegt aber – wenn sie authentisch ist – ein wichtiger Wirkfaktor.

Der Leser dieses Buches möge sich gedanklich stimulieren lassen; Diskussion, auch Kritik sind erwünscht, sie gehören unbedingt in eine wissenschaftliche Diskurskultur. Mediation als umfassende Theorie, die sich mit Nachbarwissenschaften verbindet, steht im Gegensatz zu ihrer Praxis noch am Anfang. Auch dieses Missverhältnis zwischen Theorie und Praxis teilt Mediation mit Psychotherapie: auch in jeder Psychotherapie eilt die praktische Bewältigung von Problemsituationen dem Erkennen und theoretischen Durchdringen voraus. Unsere Patienten können nicht warten, bis wir all das, womit sie unsere Hilfe herausfordern, auch genügend gut erklären können. So ist es eben im Menschlichen.

Dennoch: Es ist mir wichtig darauf aufmerksam zu machen, wie sehr wir jetzt und auch künftig einer zunehmenden Professionalisierung psychologischen und psychotherapeutischen Wissens bedürfen (und Mediation versteht sich als eine Form angewandter Psychologie), und wie wichtig dabei der interdisziplinäre Dialog ist, das Hinüber-Schauen über die Mauer. Eine erweiterte, um wissenschaftliche

Prolog

Befunde der Entwicklungspsychologie, der Bindungsforschung, der Psychotherapie und anderer Wissenschaften bereicherte Mediation wäre dann nicht nur um Konfliktlösung bemüht, sondern auch um Konfliktbewusstheit. Hierin bestünde die Gemeinsamkeit mit psychotherapeutischen Verfahren. Die Psychoanalyse als profundeste Theorie der menschlichen Seele hat dabei ihren eigenen Stellenwert. Sie ist zentral eine Lehre von unbewussten menschlichen Konflikten. Hin und wieder wird die Psychoanalyse in ihrer Theoriebildung jedoch ziemlich abstrakt. Konfliktbewusstheit ist daher nicht nur kognitiv zu verankern, damit sie nicht zu einer puren Abstraktion oder einer visionären Fantasie verkommt. Wir verhindern dies, wenn wir sie auf unser basalstes Empfinden gründen: das Empfinden unserer Gefühle und unserer Körperlichkeit. Der bekannte zeitgenössische Bewusstseinsforscher Damasio behauptet nicht zufällig: »Ich fühle, also bin ich!« Über eine wachsende Professionalisierung der Konfliktforschung und deren Anwendungen könnte langfristig die Kluft wieder verringert werden, unter der der zivilisierte Mensch leidet: die Kluft zwischen dem, was er wünscht, hofft und glaubt zu sein, und zwischen dem, was er wirklich ist.

Jänner 2004, Neu-Oberhausen bei Wien
Peter Geißler

Einführung

Ich, Feind meines Feindes
Mr. Fivehair im Friedenslabyrinth

Georg Engeli

Mr. Fivehair hat fünf Haare und ein großes linkes Ohr, mit dem er auch zwischen den Zeilen hören kann. Als Reisender durch die verschiedenen Lebensbereiche – Familie, Beruf, globale Wirtschaft, Philanthropie, Gesellschaft und verschiedene Kulturen – illustriert er, was jenseits der sichtbaren Szene an Gemeinsamem zu entdecken ist. In der Mediation dienen Mr. Fivehair-Geschichten dazu, auch komplexe Zusammenhänge für die Beteiligten in kreativer Form ans Licht zu bringen und so den Dialog zu fördern.

Sämtliche in diesem Beitrag erwähnten Beispiele sind dem Autor aus eigener Anschauung und Arbeit bekannt. Sie sind jedoch so verzerrt, dass der Rückschluss auf die Handelnden nicht möglich ist.

Der Fabrizierte Feind
Löcher in die Leinwand schießen

Mr. Fivehair klagt:
Der Feind … bedroht uns, bricht heimtückisch einen Streit nach dem anderen vom Zaun. In seiner Raserei gegen uns tötet er

Auf dem Weg zum Frieden nimmt es des Kämpfens kein Ende: Friedvoll möchte Mr. Fivehair leben, aber der Feind lässt ihn nicht.

auch Unbeteiligte und Unschuldige. Er ist besessen vom Gefühl seiner moralischen Überlegenheit und Unbesiegbarkeit. Das macht ihn nur noch gefährlicher. Der Feind ist unberechenbar und wägbar nur darin, dass er uns seine Feindschaft aufzwingt. In uns will er nur das Böse und Aggressive wahrhaben. Er sieht uns nicht, wie wir sind. Uns traut er die Friedfertigkeit nicht zu – er fordert sie um den Preis unserer Niederlage. Er bedroht unsere Werte. Der Feind macht uns zum Feind.

Werthaltungen

Unsere Werte und unsere Vorstellung davon, was sie umfassen und bedeuten, bestimmen unsere Absichten und Verhaltensweisen. Das Raster unserer Werte dient auch dazu, Entscheidungen zu treffen und die Entscheidungen und Handlungen anderer zu werten und zu beurteilen. Das gilt für den Einzelnen ebenso wie für unsere Kollektive – seien es die »klassischen« wie etwa Familie, Unternehmen und Organisationen, Gesellschaft, Staat, Religion oder Kultur, oder seien es andere Gruppenformen wie zum Beispiel Geschlechter, Altersklassen, Berufsgruppen, Industriezweige, ethnische Gemeinschaften oder »Fackelträger« einer Idee, Ideologie oder eines Anliegens. Selbst virtuelle und multikulturelle Gruppen – etwa die Teilnehmer eines thematischen Chatrooms im Internet – haben ihre spezifischen Werthaltungen. Das für uns Werthaltige und die entsprechenden Verhalten sehen wir als positiv und »gut« an. Das Widersprechende halten wir für negativ und »schlecht«. Werthaltungen sind immer auch Bewertungshaltungen. Zum einen sind solche Werthaltungen ausdrücklich festgehalten und somit auch für Außenstehende als solche erkennbar: etwa im persönlichen Bekenntnis zu einem organisierten Glauben, in den Geboten und Verboten einer Familie, den Visionen und Strategiepapieren eines Unternehmens, der Charta einer Stiftung, in der Verfassung, oder in der jeweiligen Heiligen Schrift und den Dogmen einer Religion.

Daneben bestehen gleichzeitig ungeschriebene Werthaltungen im individuellen und kollektiven Leben. Hier besteht ein stillschweigender, unausgesprochener Konsens darüber, was wertvoll und unwürdig, richtig und falsch, erstrebenswert und verurteilungswürdig sei. Meistens ist dabei den Mitgliedern des Kollektivs und dem Kollektiv selbst in weiten Teilen gar nicht bewusst, dass dieser implizite Konsens besteht und was er im Einzelnen umfasst.

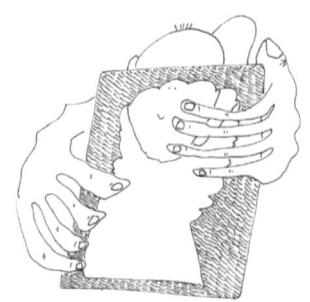
Wie – wenn nicht so – erkennt Mr. Fivehair das Gute?

Spielverderber

»Ich habe doch nur gesagt, was ich denke«, rief Mr. Fivehair – zu spät

Sehr oft werden wir uns dessen erst gewahr, wenn einer unsere Spielregeln verletzt und sich dabei noch nicht einmal im Unrecht sieht. Das gilt besonders für unsere stillen Werthaltungen. Hier bringt erst das Verhalten eines Einzelnen oder einer kleinen Gruppe ans Licht des Bewusstseins, welche unserer Werte sie nach unserem Empfinden verletzt haben sollen. Das ist etwa der Fall, wenn ein Familienmitglied Außenstehenden vom Fehlverhalten anderer in der Familie berichtet – dieses Mitglied bricht aus Sicht der Familie den Schweige- und Geheimniskodex, der sich aus dem stillschweigenden Wert der Zusammengehörigkeit und des Zusammenhaltens ableitet. Oder wenn in einem Unternehmen einzelne Mitarbeiter die Arbeit einer Untersuchungsbehörde besonders eifrig unterstützen und ihr probaktiv Auskunft erteilen – sie brechen aus Sicht des Unternehmens den Loyalitätskodex als Ausdruck des stillschweigenden Wertes, wonach im betrieblichen Kontext die Schutz-Interessen des Kollektivs höher zu bewerten seien als jene seiner Mitglieder. Oder wenn in einer gemeinnützigen Stiftung, in einem Krankenhaus oder einem Sozialwerk ein Mitarbeiter die Arbeitsbedingungen kritisiert und materielle Verbesserungen (etwa der Entlohnung) fordert – er bricht aus der Sicht der Organisation den Altruismuskodex, der im Leitwert wurzelt, dass das Dienen an Bedürftigen allem anderen, gewiss aber den individuellen Bedürfnissen der Dienenden, vorangehe.

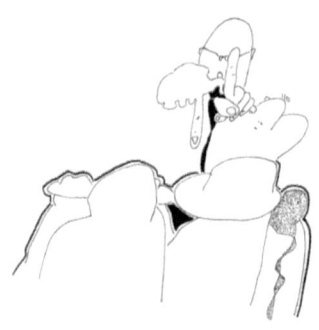

So nicht!

Auch der Kerngehalt stiller gesellschaftlicher Werte tritt oft erst mit ihrer Verletzung zutage, etwa wenn ein Schweizer Polizeikommandant während der Nazizeit Flüchtlingen zur Einreise verhilft, ein Schriftsteller seinen gesellschaftskritischen Text im Ausland veröffentlicht, ein Managerteam das Traditionsunternehmen in ausländische Hände verkauft, ein Schweizer Bundesrat fließend und akzentfrei Hochdeutsch spricht, oder ein Asylant sich mit dem ersparten Tagegeld eine glänzende Lederjacke kauft und sich damit öffentlich zeigt.

Zahnschmerzen

Dass wir erst durch die Verletzung eines stillen Wertes seiner Existenz gewahr werden, bedeutet nicht, dass uns sein Gehalt ins Bewusstsein rückt. Im Zusammenhang mit den »Schatten des Zweiten Weltkrieges« haben Vertreter von Holocaustüberlebenden westeuropäischen Unternehmen und Industriezweigen Forderungen auf

»Entschädigung« und Rückerstattung von Vermögenswerten gestellt. Ihr Verhalten hat in den betroffenen Unternehmen und darüber hinaus in weiten Teilen der Gesellschaft emotionale Abneigung ausgelöst – verstärkt noch durch das Empfinden, diese Abneigung nicht offen äußern zu dürfen. Die Opfer (denen unser Verständnis und Mitleid gilt, die wir aber lieber als stille Schatten sähen) sind zu Forderungsstellern geworden (denen unser Widerstand und Unmut gilt, und die wir auch lieber still sähen). Indianer Lateinamerikas verletzen stillschweigende Werthaltungen (der weißen Gesellschaft), wenn sie verfassungsmäßige Rechte auf Landeigentum geltend machen. Unabhängig von den ja erst noch zu erstellenden Faktenlagen und zu beurteilenden Rechtsfragen stellt sich hier ein kollektives Empfinden der »Ungehörigkeit« des Verhaltens dar: Es bleibt zumeist unreflektiert, und wir nehmen den Schmerz nicht zum Anlass, uns selbst auf den Zahn zu fühlen. Nicht wir, in dessen Mund der Zahn steckt, sondern derjenige, der darin bohrt, ist der Feind. Doch – der Nerv ist getroffen.

Fraglos gut

Die Eigenbeurteilung unserer Leitwerte kann soweit führen, dass wir das Gute außer Frage stellen. Wir halten es jeder Debatte fern und entziehen es jedem moralischen Urteil: Ein Wert ist dann fraglos gut. Ein Unternehmen stellt seinen Bestand und die Fortsetzung der Geschäftstätigkeit außer Frage: Im strategischen Risikomanagement wird damit zur Bedrohung, was jene gefährden könnte. Ein Nationalstaat stellt seine Existenz außer Frage: Zum Konflikt führt, was diese bedroht. Die Friedensbewegung erteilt dem Frieden Dispens von jedem moralischen Urteil. Eine

»Nein«, rief Mr. Fivehair empört, »dies steht außer Frage. Das Gute ist gut, weil es gut ist!«

demokratische Gesellschaft stellt die Beteiligung der Bürger an den Entscheidungsprozessen nicht infrage.

Hier gilt der Wert – in seinem Kerngehalt – als unanfechtbar, gewissermaßen als ein Naturgut: moralisch unantastbar und darum außer Zweifel. Manchmal treiben wir das noch weiter: Wir rücken Werthaltungen aufgrund ihrer moralischen Unanfechtbarkeit in die Nähe des Göttlichen, von dem wir gemeinhin ja auch annehmen, dass es sich kraft seines Gutseins jeder moralischen Beurteilung durch uns entziehe. Auf der Ebene staatlichen und politischen Handelns kommt das etwa zum Ausdruck, wenn die einen den Frieden, die anderen die Freiheit und Dritte die Gerechtigkeit in die nähere Umgebung des Göttlichen erheben. Das Einstehen für Frieden, Freiheit oder Gerechtigkeit ist dann sittliche Pflicht und der Kampf gegen die Bedroher hat den Status eines göttlichen Mandats. Kriege werden dadurch edel, nobel und heilig. Der Kreuzzug im Alltag bis zur Weltpolitik wird zum ethischen Gebot für den, der die Kampagne führt, wie für denjenigen, der sich ihr in den Weg stellt. Natürlich sticht uns das nur bei anderen ins Auge. Dort kommt es uns als Bigotterie, religiöse Verbrämung von – wie wir meinen – in Wahrheit selbstsüchtigen Beweggründen vor. Es stößt uns auf als Fanatismus, Besessenheit, Verlogenheit oder zynischer Vorwand. Wir trauen ihm nicht und erkennen im anderen einen Mangel an Selbstkritik oder Einsicht und folglich einen Bedarf an Bekehrung. Wir muten uns zu, die Bekehrer zu sein: Denn sind nicht unsere Werte die guten?

Kehrseiten

Jede Werthaltung besitzt ihre Kehrseite. Wenn wir etwas als Wert bezeichnen, dann müssen wir das

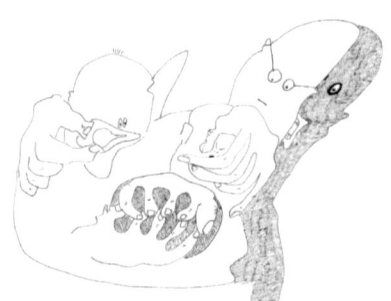

»Lasst das Streiten und einigt euch friedlich!«, brüllte die Autorität Mr. Fivehair und seinem Feind zu, bevor sie die Parteien mit zwei liebevollen Hieben auseinander trieb.

Gegenteil als wertlos oder unwürdig ansehen. Wenn wir in der eigenen Gesellschaft den respektvollen Dialog und Umgang mit Ausländern, Immigranten und Asylanten hoch werten, müssen wir Rassismus verpönen. Wir können nicht gleichzeitig die Würde und physische Integrität des Individuums als Leitwert anerkennen und das Foltern als ethisch »gut« bewerten. Unsere Werthaltungen führen uns zu einer Bevorzugung des nach unserem Verständnis Guten gegenüber dem Schlechten.

Wo etwa die Harmonie als zentraler Wert gilt und dazu noch durch die Abwesenheit von Streit definiert wird, ist das für den Teilhaber des Wertsystems (Mitglied, Kind) eine zweifach unbewusste Orientierung: Er lernt, dass Streitvermeidung positiv und erstrebenswert sei. Die natürliche Streitlust, das spielerische Ausprobieren von Inhaltspositionen oder die Notwendigkeit, seinen Standpunkt auch gegen Widerstand vertreten zu können, werden unbewusst als Unwerte empfunden.

Wo der Leitwert der Toleranz dahin führt, allen und allem mit Verständnis zu begegnen, kann dies für das Kind/Mitglied zu einer mehrfachen Orientierungslosigkeit führen: Es lernt nichts über einen vertieften Umgang mit gegensätzlichen Positionen, hält es für gefährlich, eigene zu beziehen, und schafft sich so den Dispens für die Auseinandersetzung mit Inhalten. Umgekehrt mögen in einer Gruppe Wettbewerb und Sieg, Obsiegen durch persönliche Einzelleistung oder fraglose Hingabe – bis zum eigenen Leben – an die Sache die Leitwerte sein. Hier landen das Abwägen als Zögerlichkeit, das Vortrittlassen als Feigheit, das Einbeziehen der Anliegen anderer als Schwäche und der Rückzieher als Verrat auf der Unwert-Seite.

Jenseits der Mauer: das Reich des Bösen

Wir teilen uns die Welt ein. Was wir an Gefühlen, Wünschen, Antrieben und Verhaltensweisen auf der Unwert-Seite ansiedeln, wollen wir für uns selbst vermeiden. Diese sind zwar nicht weniger ein

Georg Engeli

natürlicher Teil unserer menschlichen Existenz als ihre »positiven« Zwillinge auf der Wert-Seite; doch erscheinen sie uns als unerwünscht und schlecht. Wir schaffen so »Reiche des Bösen«. Der Konflikt spielt sich zwischen dem nach unserer Einteilung positiven und negativen Ende der Werteskala im Kleinen und im Großen ab: im Struwwelpeterbereich und im Drama. Er reicht

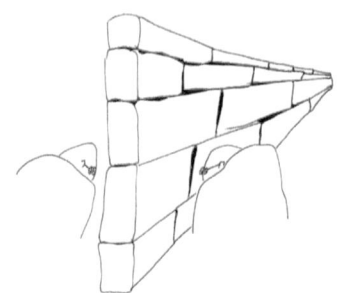

Wie kann – was jenseits lauert – gut sein, wo es sich doch hier nicht zeigt?

vom Familienkrach über Spannungen im Unternehmen bis zum Krieg zwischen Nationen, von der banalen Störung des Zusammenlebens bis zum humanitären Desaster. Stets stellt sich uns die Kehrseite unserer Werthaltung – als Schattenseite – dar. Wir bauen eine Mauer. Ob wir die Mauer vom Mond aus mit bloßem Auge als Chinesische Mauer erkennen, ob sie in der Welt sichtbar ist – als Limes, Ligne Maginot, Berliner Mauer, das freie Schussfeld zwischen Nord- und Südkorea, Zaun zwischen Palästinensern und Israeli – oder ob sie sich durch unsere Köpfe zieht, ändert nichts an ihrem Bestand. Sie teilt unsere Werte von unseren Unwerten.

Auch viele unserer Unwerthaltungen sind stille und treten uns erst vor die Augen, wenn sie uns vorgeführt werden – auch hier durch das Verhalten anderer. In anderen sehen wir klar, was wir ablehnen. Da blicken wir über die Mauer und sehen die jenseitigen Aggressoren, Unrechttuer, Fremdenhasser, Egoisten, Kaltschnäuzigen und Arroganten, die Unrechtregimes und korrupten Regierungen. Da zeigen sich uns die Pausenclowns und Boheme, die Ausnützer und Schmarotzer.

Da erblicken unsere Augen unentschlossene Entscheidungsträger, verantwortungslose Verantwortliche, voreingenommene Richter, betrügerische Mitstreiter, diebische Arme, rücksichtslose Unterdrückte, kämpferische Friedensbewegte, aggressive Opfer.

Unsere Blaubartkammer

Aber je heftiger unsere Reaktion ausfällt, umso eher sind wir auf etwas gestoßen, das uns selbst innewohnt, das wir aber der Unwert-Seite zugeordnet haben. Durch die Teilung unserer Werthaltungen haben wir nämlich dem Negativen lediglich einen Namen gegeben, es aber keineswegs aus uns selbst verbannt. Wir haben es nur in unsere Blaubartkammer gestopft. Dort besteht es weiter – wir selbst existieren beiderseits der Mauer zwischen unseren Werten und Unwerten. Wir haben gelernt, wie wir sein wollen und wie nicht, was den Vorbildern entspricht und die Autoritäten erfreut und was sie erzürnt, wie man uns sehen soll. Wo uns in anderen unsere eigenen Unwerte entgegenkommen, trifft es uns im Mark: Wir haben gerade einen alten Bekannten getroffen. Weil er als Fremder daherkommt, nennen wir ihn Feind. Was uns aufs Blut reizt und aus der Haut fahren lässt am Verhalten anderer, ist oft der unerwünschte Fingerzeig auf die Inhalte unserer eigenen Blaubartkammer. Dabei ist, was wir an anderen als störend, bedrohlich, negativ und »böse« wahrnehmen, nicht einfach nur ein Hirngespinst. Es hat durchaus seinen Anker in der Realität. Wofür wir jedoch blind bleiben, ist die Tatsache, dass das »Reich des Bösen« dort durch eine Achse mit dem »Reich des Bösen« in uns verbunden ist. Mangels dieser Einsicht brausen dann Weitsichtige gegen Engstirnigkeit auf, Großzügige und Weitherzige gegen Egoismus, Liberale gegen Dogmen, Tolerante gegen Fremdenhass, Verständnisvolle gegen Populismus und Friedvolle gegen den Krieg – natürlich stets unter

»Ich hasse deinen Feind!«, schrie Mr. Fivehair
dem Heimkino-Opfer ermutigend zu.
Seine Haare standen ihm – wie dem Bösewicht
auch – zu Berge.

Georg Engeli

»How come«, Mr. Fivehair asked his author, »you draw five hairs on my slips, tantrums and absurd thoughts – they are perfectly nomal!«

Berufung auf die Ethik ihrer Position und auf das übergeordnete Gesamtinteresse des kollektiven Umfeldes, der Gesellschaft, der Welt.

Hier kommt der Mechanismus der Projektion in Gang. Im Kino sehen wir die Realität auf der Leinwand vor unseren Augen abgebildet und stehen im Banne dessen, was sich vor uns abspielt. Wir vergessen, dass es sich dabei um eine Projektion der Bilder auf der Filmspule hinter unserem Rücken handelt. Genauso projizieren wir die uns unbewussten Aspekte unserer selbst auf andere – die Realität des Bildes vor uns nimmt uns so gefangen, dass wir an die Originalbilder in uns selbst gar nicht denken.

Auch unser eigenes Verhalten gibt uns bisweilen den Blick auf den Inhalt unserer Blaubartkammer frei. Wenn wir lügen, erhalten wir den Hinweis auf eine tief liegende Scham oder auf Schuldgefühle. Unwillkürlich entrutscht uns ein gehässiges Wort, eine sarkastische Bemerkung. Wir versprechen uns. Die Hand entwischt uns als Eltern. Wir können uns das Lachen über einen rassistischen Witz nicht verkneifen und schämen uns sogleich dafür. Ein Verantwortungsträger reagiert im Jähzorn. Wir sind süchtig nach und abhängig von Genussmitteln, Alkohol und anderen Drogen, Arbeit oder einer Mission. Wir sagen: Das geschah »wie von selbst«. So ist es.

Wir selbst

Es sind wir selbst, die so handeln. Es sind unsere eigenen Schatten, die uns hier jäh angesprungen und für einen Augenblick beherrscht haben. Solche »Entgleisung« und »Versprecher« widerfahren auch Unternehmen, Institutionen, Gesellschaften, Staaten, Religionen und Kulturen. Wenn sich gegenüber Einzelnen und Gruppen, die unsere stillen Werte verletzt haben sollen, die Reihen schließen und die kollektiven Schulterschlüsse und öffentlichen Aufschreie der Empörung zeigen, sind unsere Schatten am Werk. Meinem gehässigen Wort entspricht die kollektive Hetze; meiner sarkastische Bemerkung die gesellschaftliche Erniedrigung; meiner entwischten Hand das Zusammenknüppeln von Demonstranten; meinem Lachen die politische Häme, und meinem Jähzorn die Volks- oder Medienwut. Der individuellen Sucht kann die kollektive Raserei, die Konsumorientierung, der technologische Fortschrittsglaube oder die Glorifizierung von Leistung, Produktivität und Effizienz entsprechen.

Beobachterfalle

Als unbeteiligte Zeugen eines Konflikts zwischen anderen mag uns auffallen, dass jede Partei zugleich auch Träger jener Vorwürfe ist, die sie gegenüber der Gegenpartei erhebt.

Mit dieser Einsicht stellt sich uns sogleich eine Doppelfalle.

Zum einen können wir es – zum Beispiel aus Trägheit – bei der Feststellung belassen, dass der eine nicht besser sei als der andere. Mit diesem scheinbar überlegenen Relativismus dispensieren wir uns von der Beschäftigung mit Inhalten oder wir saldieren einfach das beobachtete Unrecht und knüpfen unsere Haltung ans Resultat der Vorrechnerei. Zum anderen stellt sich uns die Falle der Rechtschaffenheit: Dort sind die aggressiven, beide sich im Unrecht befindenden Kriegsparteien, hier sind wir, die Einsichtigen und Friedvollen.

Mr. Fivehairs Bekunden seines Entsetzens über den Krieg und sein flammender Friedensappell an die Streitparteien wurden durch (fast) nichts überschattet

Georg Engeli

Der Feldzug
Der Kampf um Kampfpausen

Mr. Fivehair klagt:
   Wohin führen uns solche Überlegungen? Sind das nicht heimtückische Verharmlosungen der realen Bedrohungen, die dadurch nur um so gefährlicher werden? Beraubt uns diese Ver-Psychologisierung nicht des scharfen Blickes, dessen wir bedürfen, um der Wirklichkeit ins Auge zu sehen? Kontemplation mag dem Kontemplativen nützen – aber stellen wir uns so nicht selbst in den Mittelpunkt der Welt – und damit außer Verantwortung –, die unserer Hilfe bedarf?

War für den Feind denn jenseits der Friedensmauer nicht Raum genug?

Einwand: das real existierende Böse

Denn der Feind ist kein Hirngespinst. Menschen werden entführt, gefoltert, ermordet. Friedhöfe werden verschmiert, Asylantenheime angezündet, Städte und Dörfer zerbombt und nur der kleinere Teil der Menschen ist hinreichend versorgt mit Nahrung, Bildung, Arbeit und Zugang zu Information. Die neue Armut in alten Industriegesellschaften wächst stetig. Stündlich treten Menschen auf Minen alter Kriege, während zahlreiche Regierungen schon dabei sind, die nächsten zu führen und die übernächsten auszuhecken.

Frieden! Frieden! Frieden!

Hass, Elend, Armut, Hunger, Verzweiflung und Angst treiben ganze Bevölkerungen in Apathie oder Aggression. Ethnische Gruppen bekriegen sich, das organisierte Verbrechen erpresst öffentliche und private Entscheidungsträger, die Korruption entzieht den Bedürftigen die dringend benötigten Mittel. Populisten hetzen, Diktatoren unterdrücken ihr Volk, die Gewaltbereitschaft steigt und der soziale Konsens sinkt auf ein dramatisch tiefes Niveau. Nein, all dem kommen wir mit der Psychologie, der Entpolitisierung, der souveränen Analyse und dem spirituellen Friedensimperativ doch nicht bei: Wir müssen Sorge tragen, was uns wertvoll ist beschützen und den Bedrohern Einhalt gebieten. Wir müssen uns dem Konflikt stellen – hier und jetzt –, bevor uns die Zeit davonläuft. Nachdenken können wir, sobald Friede herrscht.

Mr. Fivehairs Kampf um Nackenfreiheit

Es scheint, dass uns der Wunsch nach Frieden in den Krieg nötigt. Wir sehen dies als moralisches Gebot an oder, was zum gleichen Ergebnis führt, als imperative Kraft des Faktischen. Konflikte sind aus der Welt zu schaffen. So ziehen wir zu Felde, um friedlich leben zu können, beseelt von zweierlei Zuversicht: dass es uns gelinge, den Feind zu beseitigen oder den Konflikt aus der Welt zu schaffen.

Kampf dem Feind

Feindfrei! Das ist die sehnlich erwartete Meldung von der Front. Wir sind außerhalb der Augen und Waffenwirkungen des Gegners. Er ist vernichtet oder hat sich aus dem Staub gemacht, um uns später anderswo aufzulauern. Doch für den Augenblick können wir aufatmen und uns aufrecht bewegen, der Feind sitzt uns nicht im Nacken. Die feindliche Übernahme des Konkurrenzkonzerns ist geglückt oder erfolgreich abgewehrt, die Kartellklage von der Behörde abgeschmettert oder gutgeheißen worden. Die vermummten Demonstranten haben sich aus dem Staub gemacht, der Atommülltransport rollt. In der internationalen Tradingdivision des Konzerns sind die illegalen Off-Market-Deals entdeckt und alle sich nicht korrekt verhaltenden Händler entlassen worden. Der Erpressungsversuch der Buchhalterin in der peripheren Tochtergesellschaft des multinationalen Unternehmens hat die Infiltration der weltweiten Gruppe durch das organisierte Verbrechen zu Tage gefördert; Mitglieder der Konzernleitung haben eine »neue berufliche Herausforderung« erhalten. Der rechtsextreme Politiker wurde aus der Partei ausgeschlossen. Der Diktator ist gestürzt. Verdächtige sind gefasst und Kriminelle verurteilt, Lästerer exkommuniziert und Unruhestifter des Landes verwiesen.

Gefangen in der feindlichen Zone

Für einen Augenblick scheint die Welt eine feindfreie Zone zu sein. Dies als Erfolg unseres Feldzuges zu bewerten, wäre eine existentielle Fehleinschätzung. Kaum haben wir den einen Feind aus der Welt geschafft, taucht schon der nächste auf. Das ist keine Frage des Volumens, der Kopfzahl der uns feindlich Gesinnten oder unserer begrenzten Möglichkeiten und Ressourcen – wer, wenn es meinen Feind nicht mehr gäbe, wäre an meiner statt böse, gefährlich, unberechenbar, aggressiv, hinterhältig und perfide?

Kampf dem Konflikt

Also ziehen wir zu Felde, um den Konflikt zu beseitigen. Dabei bedienen wir uns – abhängig etwa von Kultur, Geschichte, Mentalität, Erfahrung, Zielen und verfügbaren Mitteln – im Einzelfall ganz unterschiedlicher Strategien. Sie reichen vom Vermeiden, Verdrängen und Negieren bis hin zum offenen Krieg.

Im eleganten Tarnanzug scheinbar zivilisierten Verhaltens etwa verdrängen wir den Konflikt und sagen: Wir sind doch alle gleich! Hier sind die Ureinwohner im Süden Chiles nicht weniger gewalttätig als die Weißen, war Stalin nicht besser als Hitler, sind sich zwei verfeindete ethnische Gruppen nichts an Unrecht schuldig geblieben und steckt in allen Menschen die gleiche Sehnsucht und seelische Befindlichkeit. Diese Haltung mag einer noblen Gesinnung entspringen oder einfach der Trägheit oder dem Unvermögen, Widersprüche und Gegensätze zu erkennen, zu akzeptieren und zu respektieren. Sie mag Zeichen der Angst vor dem Fremden – und dem Befremdlichen in mir selbst – sein.

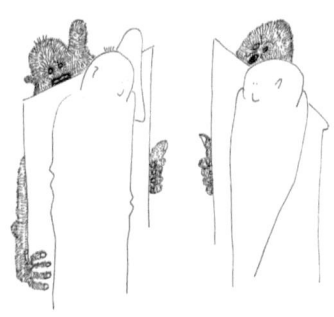

Mr. Fivehair und sein Feind nahmen Maß – beide gleichermaßen froh, nicht wie der andere zu sein.

In dieser Gleichmacherei werden wir beliebig, oberflächlich, uneinsichtig und blauäugig. Wir sind hier im Kern genau das, was wir glauben, nicht zu sein: zutiefst fremdenfeindlich. Der Schritt ist winzig hin dazu, dass wir, was als verständnisvolle Haltung daherkommt, umbiegen zu einem gleichmacherischen Imperativ: Weil alle gleich sind, sollen alle gleich sein wie wir. Wer sich ungleich verhält, sagen wir uns, sei nicht authentisch oder missgeleitet. Unter dieser Annahme führte die Division eines multinationalen Konzerns einen Kodex für ethisches Verhalten für mehrere zehntausend Mitarbeiter im Mittleren Osten, Nordafrika, Europa und Lateinamerika ein. Ein handfester Konflikt mit Behörden und supranationalen Organisationen sollte so aus der Welt geschaffen werden – eine innere Zerreißprobe für das Gesamtunternehmen war die Folge: Die leichtfertige Annahme, die gemeinsame Erfolgsabhängigkeit im Arbeitsleben mache aus

Georg Engeli

Menschen aus unterschiedlichen Kulturen, Gesellschaften und religiösen Traditionen eine Gemeinschaft – eine »Familie«, wie es das Ethikfaltblatt verhieß –, hat sich als existenzgefährdend erwiesen.

Im Abseits

Wir können versuchen, dem Konflikt auszuweichen, indem wir so tun, als ginge er uns gar nichts an oder sei ohnehin außerhalb unserer Möglichkeiten von Gestaltung und Beeinflussung.

Gewahr, dass seine Krawatte als Neigung missverstanden werden könnte, trug Mr. Fivehair sie betont anders.

Ich bleibe betroffener, machtloser Beobachter des Krieges auf dem Fernsehschirm. Die Familie schaut dem Alkoholismus und dem Missbrauch eines ihrer Mitglieder an seinen Angehörigen mit Schaudern und Schweigen zu und hütet das Geheimnis. Wo uns Rassismus, Diskriminierung und Verfolgung in der eigenen Gesellschaft oder Mobbing und Diskriminierung am Arbeitsplatz entgegentreten, mischen wir uns nicht ein.

Ich bin nicht Kriegspartei im Nahen Osten, auf der koreanischen Halbinsel, im Balkan. Nicht ich, andere quälen den Kollegen und belästigen die Kollegin. Andere erzählen Judenwitze, Frauenwitze, Negerwitze, Balkanwitze – und das sind ja schließlich nur Witze. Ich bleibe friedvoll abseits – denn würde nicht meine Intervention den Konflikt nur verschlimmern? Es kann durchaus Ausdruck meiner Verantwortung sein, einen Konflikt zu meiden. Wenn ich aber Teil des Konfliktes bin und wegsehe, wo mein Hinsehen nötig ist, wenn ich schweige, wo meine Rede gefordert ist, wenn ich mich unbeteiligt und unbetroffen wähne, wo ich helfen kann, dann übernehme ich Verantwortung am Konflikt.

Die Grenze zwischen Parteien, Beteiligten und Betroffenen im Konflikt fließt: Wer soll am Streit teilnehmen?

Konfliktparadox

Die Fehde zweier kann für ganze Unternehmen, Staaten und Völker Isolation, Boykott, Kampf, oder Krieg bedeuten. Der Streit zwischen dem Konzern und seinem Konkurrenten oder der Aufsichtsbehörde kann eine ganze Industrie ruinieren. Der Kampf zweier kleiner Gruppen innerhalb einer sozialen Stiftung kann für Hunderte zum Entzug

»Siehst du nicht, was dein Streit anrichtet!«, riefen sich Mr. Fivehair und sein Feind vor der tosenden verzweifelten, apathischen Menge zu.

der benötigten Hilfeleistung und – unter Einschluss ihrer Familien, Angestellten und deren Familien – für Tausende wirtschaftliche Not bedeuten. Die hohe Vernetzung unserer Welt macht den regionalen Konflikt zum globalen, die geringfügige Streiterei zum gravierenden und die begrenzte Fehde zum verheerenden Problem für viele.

Die Globalisierung schafft ein Konfliktparadox: Immer weniger betrifft uns nicht, während wir gleichzeitig das Gefühl haben, auf immer weniger noch Einfluss nehmen zu können – das Entfernte bedroht uns in der eigenen Stube, aber die Welt entfernt sich uns. Doch wir wollen dabei sein und mitkämpfen und den Feldzug nicht jenen allein überlassen, die dazu die Mittel besitzen: Es geht beim Streik auch um meinen Arbeitsplatz, beim Rentenkassendebakel auch um meine Altersversorgung, bei der Drogenkriminalität auch um mein sicheres Nachhausekommen nachts.

Kampfpause

Also machen wir uns daran, den Konflikt zu beseitigen. Der Kriegs-

Mr. Fivehair signalisiert Gesprächsbereitschaft.

pfad führt uns zur Vermittlung, Schlichtung oder zum Kampf. Wir machen Ansprüche geltend und beziehen Positionen. Wir rüsten uns mit Argumenten und rücken von ihnen erst unter der drückenden Last von Gegenbeweisen ab. Wir nehmen uns Anwälte und Gutachter für unsere Sache, suchen Mitstreiter und loten die Schwächen des Gegners aus. Wir unterbreiten unseren Anspruch einem Dritten, damit der – Richter, Schiedsrichter, Sicherheitsrat, Ombudsmann – uns Recht gebe. Oder wir verhandeln, nehmen vorbereitete Rückzugspositionen ein, schließen Kompromisse und Friedenspakte. Gegen die Bezahlung einer Pauschalsumme stellt die Börsenaufsicht die Untersuchung gegen den Bankkonzern ein, der Staatsanwalt lässt die Anklage gegen die Schulderklärung fallen, der beherrschende Minderheitsaktionär sieht von der Klage auf Sonderprüfung gegen den Strategiewechsel in seinem Sinn ab, humanitäre Hilfeleistungen werden von der Besteuerung gegen ein wirtschaftspolitisches Memorandum of Understanding befreit, der politische Streit wird gegen einen Ministerposten nicht mehr öffentlich ausgetragen. Der Kurvenverlauf von Wegen, Autobahnen, Eisenbahnlinien oder Flugpisten aus der Vogelperspektive dokumentiert die gewundenen Einigungen, die hier zwischen Eigentümern, Betreibern, Behörden und Interessengemeinschaften zu Stande gekomen sind.

Der Vergleich erscheint uns als Leitwert der Lösung von Auseinandersetzungen, als moralisch gute Umsetzung eines populär-psychologischen »Win-Win«-Imperativs. Wir beugen uns dem Urteil und fügen uns dem Schiedsspruch, wir akzeptieren das Resultat der Schlichtung.

Scharfen Blickes über das eingefriedete Niemandsland sah Mr. Fivehair dem realen Feind in die Augen.

Happyend: Und weiter!

Das Ende des Kampfes scheint anzuzeigen, dass der Konflikt nun gelöst und aus der Welt geschafft sei. Wir haben unsere Ausgangspositionen vielleicht nicht halten können und mussten manche unserer Ansprüche zurückschrauben. Doch wir haben andere Positionen erreicht und unseren Anspruch in großen Teilen behauptet. Die Grenzen zwischen mir diesseits und dem »Reich des Bösen« jenseits der Mauer verlaufen jetzt anders. Aber sie verlaufen nach wie vor. Die Parteien mögen sich trennen, beide zufrieden mit dem Ausgang des Streites und befriedigt über das erreichte Quid pro Quo. Aber sie bleiben, was sie zuvor schon waren: Feinde ihres Feindes.

Mr. Fivehair klagt zu Recht, doch er beklagt das Falsche. Ja, wir tragen Verantwortung und sie soll uns zum Handeln hinführen. Wir selbst sind indes Teil der Wirklichkeit, der wir ins Auge sehen müssen. Solange wir nur für das Reich des Bösen jenseits der Mauer scharfsichtig sind, bleiben wir blind. Dann erreichen wir mit unserem Feldzug für den Frieden stets nur eines: Kampfpause um Kampfpause und dann und wann einen Waffenstillstand.

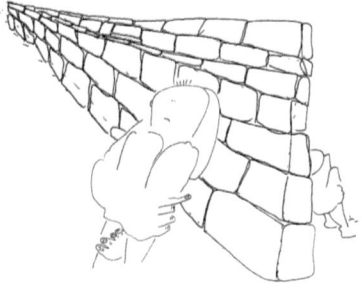

Das Happyend des erfolgreichen Feldzuges: Kampfpause.

Georg Engeli

Das Labyrinth
Von der Peripherie zum Zentrum

Mr. Fivehair irrt.

Sackgasse Objektivität

Und wir irren mit ihm in der Annahme, wir seien besser beraten, uns außerhalb des Labyrinthes zu halten: im vertrauten Terrain, wo die Distanzen ausgemessen, die Formen klar, die Parameter unseres Handelns bekannt und die Spielräume und Möglichkeiten vertraut sind.

»Ich«, erklärte Mr. Fivehair der Welt seine Abneigung gegen Labyrinthe, »würde wohl den Ausgang nie finden«.

Wir möchten Konflikte natürlich dort führen, wo uns die Folgeabschätzungen unserer Dispositionen Berechenbarkeit und Kontrolle verschaffen.

Das führt dazu, dass Konflikte nach eigenem Bekunden der Streitparteien »versachlicht« und »frei von persönlichen Gefühlen« geführt werden. Man ermuntert den Feind, den Streit nicht persönlich zu nehmen, sich auf die Sache zu konzentrieren und Emotionen im Dienst der Lösung zu »vergessen«. Wir legen Stricke aus, an denen alle gemeinsam ziehen sollen; doch selbst wenn man es tut, sind es nur Fallstricke, über die wir früher oder später doch ins Labyrinth stolpern.

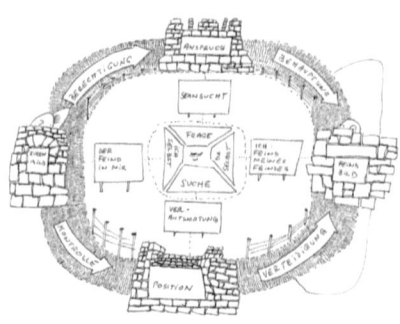

»Hier, wo ich bin,« murmelte Mr. Fivehair, weiß ich wenigstens, wer ich bin.«

Labyrinth

Das Labyrinth besteht aus drei Ringen. Der äußere Ring stellt die für uns sichtbare Realität dar. Der mittlere Ring führt uns in die Tiefen unserer eigenen Struktur und seelischen und emotionalen Befindlichkeit. Wenn wir uns noch weiter zum Zentrum hin bewegen, beginnen wir etwas zu ahnen, das jenseits unserer selbst liegt: das Mythische oder Archetypische.

Der äußere Konflikt
Zwischen Gegensätzen vermitteln

Auf dieser Ebene kreuzen sich zwei Achsen: die horizontale mit meinem Feind (im Osten) und mir, Feind meines Feindes (im Westen); und die vertikale mit meinen Ansprüchen (im Norden) und meinen Positionen (im Süden). Das ist unser Navigationssystem in der Welt oder unser Leitbild für Konflikte. Wir fühlen uns berechtigt, Ansprüche zu stellen und sie gegenüber der Welt durchzusetzen. Wir nehmen Positionen ein, die wir kontrollieren und gegenüber anderen auch verteidigen wollen.

Mr. Fivehair war sogar bereit, notfalls den Druck des Fingers ganz leicht zu reduzieren.

Dabei gehen wir aus vom Eigenbild, das wir von uns selber gefertigt haben, und von jenem Feindbild, das sich zusammensetzt aus dem, was wir wahrnehmen und jenem, dass wir in den Feind projiziert haben.

Eigenbild

Unser Eigenbild ist ein Weltbild, angefertigt nach den Vorgaben und Vorbildern anderer und unserer selbst, und gedacht für die Welt. Es besteht aus den Elementen, die wir nicht in unsere Blaubartkammer gestopft haben und die also unseren Werthaltungen entsprechen: Ich bin gescheit, einsichtig, sozial, liebevoll, attraktiv, bedeutend, entscheidungskräftig, friedlich, kompromissbereit, überlegen, gut. Das Serviceunternehmen ist kundenorientiert, flexibel und effizient.

Heimlich trainierte Mr. Fivehair sein Eigenbild an den Friedensgesprächen: zukunftsorientiert und gelassen im Wissen, dass die Geschichtsbücher durch den Sieger geschrieben werden.

Die philanthropische Organisation ist hingebungsvoll, dienend, dem sozialen Interesse verpflichtet. Der Vermittler ist neutral geduldig, und verständnisvoll. Der Therapeut ist interessiert und voller Empathie, das Pflegepersonal fürsorglich, der Konzernchef besorgt und entschieden, die ökumenische Gemeinschaft aufgeschlossen, der Seelsorger seines Glaubens gewiss. Das öffentliche Amt ist bürgernah und unkompliziert, der Auditor unbestechlich, der Künstler kreativ, die Zivilgesellschaft engagiert, der Richter unparteiisch, der internationale Risikomanager des Konzerns objektiv, der Rechtsberater ausgewogen, die Bürgerbewegung couragiert und unser eigenes Volk friedliebend. Der Held ist heldenhaft.

Feindbild

Dem steht am anderen Ende der Achse das Feindbild gegenüber. Es entspricht der Vorstellung, die wir uns vom Gegenüber machen als jener Person oder Gruppe, die unsere Ansprüche in Frage stellt, unsere Positionen bekämpft und die uns Berechtigung und Kontrolle streitig macht. Unsere Kenntnisse des Feindes sind oft dramatisch klein und reichen über die Dimension des »fact sheet« nicht hinaus: Kriege werden geführt mit Soldaten und unter Befehlshabern, die von der Geschichte, der Kultur und Religion, den Gebräuchen, Traditionen, Werthaltungen oder den tatsächlichen Lebensumständen des Gegners nicht die geringste Ahnung besitzen. Ein Schnellstudium der Geschichte stellte eine der vordringlichsten Aufgaben für die Unternehmen dar, die sich mit Sammelklagen von Holocaustüberlebenden und Zwangsarbeitern konfrontiert sahen. Der Mehrzahl der Vertreter der Privatwirtschaft und der Zivilgesellschaft verfügt noch nicht einmal über das Basiswissen des jeweils anderen Sektors, geschweige denn die Erfahrung im anderen Bereich; die Kirche bezeichnet »New Age« (mit Ausnahme von Yoga, dem Horoskop in der Zeitschrift und Harry Potter) als riskant für Gläubige; ein großes Unternehmen befürchtet die Unterwanderung durch Sekten, von denen es bestenfalls den Namen buchstabieren kann. Umgekehrt, je näher der Feind und wir uns stehen, umso besser können wir zwar Ähnlichkeiten erkennen, doch desto nachhaltiger und hartnäckiger betonen wir Unterschiede.

Den Rücken dem Spiegel zugekehrt, betrachtete Mr. Fivehair das Bild seines Feindes und stellte sich vor, mit wem er sprach.

Unser Feindbild ist aus Annahmen, Vermutungen und den Projektionen unserer Unwert-Seiten auf den anderen gefertigt. Bei der Einführung des Ethik-Programms besaß die »Ethik-Task-Force« ein für sie recht klares Bild jener Führungskräfte, von denen sie annahm, die neuen Spielregeln würden ihnen Mühe bereiten; sie fertigte sich das Profil eines rücksichtslosen, sorglosen und nach Anerkennung strebenden Managers. Eine Bank erstellte ein Profil für den Portfolio-Manager, der am ehesten der Versuchung illegaler Transaktionen zu seinen Gunsten erliegen werde, und baute es in sein internes Kontrollsystem ein. Die »Rasterfahndung« legt Feindannahmen über die Gesuchten zu Grunde ebenso wie die Sicherheitskontrolle an Bahn- und Flughäfen über mögliche Terroristen

(»mediterraner Typ«), die Kirche über potentielle, sexuelle Verfehler in den eigenen Reihen, die philanthropische Organisation über die Leiter großer Unternehmer, globale Konzernleitungen über nationale Regierungen, die Bewohner des Slums in Buenos Aires über die Einkäufer im benachbarten Supermarkt. Der Schritt von der Typologisierung zur Stereotypisierung, und von hier zum Feindbild ist rasch vollzogen. Mit diesem Bild bereiten wir unsere Dispositionen im Konfliktfall vor: das Durchsetzen unseres Anspruchs und die Verteidigung der korrelierenden Position.

Ansprüche und Positionen

Ansprüche zeigen unser Gefühl an, dass uns etwas zustehe, dass wir ein »Recht« hätten. Wir erheben den Anspruch, geliebt zu werden – ist er unreflektiert, fordern wir etwa Lob oder Sex. Wir machen den Anspruch auf Zuwendung geltend – hier können unreflektierte Forderungen nach »Pflege« oder »Fürsorge« entstehen.

Gleichermaßen im Gegenlicht und Schatten des jenseitigen Anspruchs versicherten Mr. Fivehair und sein Feind sich ihres Durchsetzungswillen.

Unser Anspruch auf Akzeptanz kann sich im (wiederum unreflektierten) Dispens der eigenen Verantwortung äußern. Das Empfinden der Berechtigung muss nicht in der Rechtsordnung wurzeln. Die meisten unserer Ansprüche liegen im emotionalen Bereich. Die soziale Stiftung erhebt den Anspruch auf Dankbarkeit ihrer Leistungsempfänger und auf das hingebungsvolle Engagement ihrer Mitarbeiter. Wir beanspruchen vom Berater, Therapeuten, Seelsorger oder Lebenspartner Empathie. Die eine Volksgruppe beansprucht von der anderen Unrechtsbekenntnisse. Die Minderheit beansprucht Gehör. Und wir beanspruchen Kontrolle. Wir möchten Herr der Lage sein und suchen darum, unsere eigene Welt vorhersehbar und berechenbar zu machen. Es ist ein Defensivmechanismus gegen das uns Unbekannte und darum Bedrohliche. Wo wir etwas nicht »unter Kontrolle haben«, fühlen wir uns wehrlos, ausgeliefert und verwundbar. Im Konflikt handeln wir so, als ergäbe sich Frieden daraus, den Feind in Schach zu halten.

Kampf um Kontrolle

Das Kontrollbedürfnis kommt in verschiedenen Gewändern daher – etwa als Forderung nach Transparenz. Das reicht vom Anspruch, die Gegenpartei möge »ihre Karten offen auf den Tisch legen«, bis zur Geheimnisphobie und Obsession. Führungs-, Managementinformations- und Kontrollsysteme in großen Kollektiven sind auch Ausdruck dieser Angst vor dem Verlust der Kontrolle.

Unter dem Banner der Transparenz sollen die organisatorischen Blaubartkammern ausgeleuchtet werden. Die Tradingsdivision nimmt sämtliche Gespräche ihrer Händler auf Band auf und digitalisiert sie, errichtet ein elektronisches System der real-time-Analyse aller Deals und versorgt den Leiter und

Mr. Fivehair nahm seine Verantwortung für die Freiheit und Unabhängigkeit seiner Schutzbefohlenen sehr, sehr ernst.

seinen Stab mit stündlichen Exception-Reports; natürlich kann der Vorgesetzte die Transaktionen zudem life am Bildschirm mitverfolgen und jederzeit einschreiten. So wird hier Business Integrity umgesetzt mit dem Ziel, Konflikte zu vermeiden, die sich aus Unregelmäßigkeiten ergeben könnten, und sich unkorrekt Verhaltende sofort zu identifizieren. Beim Übergang von der ordentlichen Führungstätigkeit zum Krisenmanagement einer sozialen Organisation werden die Entscheidungsfreiräume der lokalen Ländervertre-

»I'm OK – You're OK« bewirkte, dass Mr. Fivehair und sein Feind den Kampf nun ausschließlich um den ›Win-Win-Verlauf‹ des Goldenen Mittelweges fochten.

ter auf ein Minimum reduziert; die erforderliche Einheitlichkeit des Handelns ist der eine – objektive – Grund, die Angst vor der Unkontrollierbarkeit der andere.

Je unkontrollierbarer wir eine Situation empfinden, umso »straffer« wollen wir die Zügel in die Hand nehmen: Unser Beherrschungswille wächst proportional zur wahrgenommenen Unbeherrschbarkeit der Außenwelt. Die Regierung einer freiheitlichen und demokratischen Gesellschaft führt in öffentlichen Räumen und am Arbeitsplatz Überwachungssysteme ein, die – mit dem Ziel des Schutzes der Freiheit – die Freiheitsrechte maßgeblich einschränken.

Kampf um Kompromiss

Im äußeren Ring des Labyrinthes hat Konfliktarbeit zur Aufgabe, die Parteien vom Waffengang abzuhalten oder den Waffenstillstand herbeizuführen, um damit die Voraussetzung für die Vermittlung zwischen Gegensätzen zu schaffen. Es handelt sich um die Gegensätze zwischen Ansprüchen und Positionen. Hier soll der Streit beigelegt werden, sei es durch den Entscheid eines Dritten oder Einigung der Parteien selbst. Die nationalen und internationalen Rechtsordnungen stellen dafür Plattformen und Verfahren bereit. In weiten Teilen gehen sie indes von der Annahme einer »Duellsituation« zwischen zwei Parteien aus und bieten so eine ungenügende Grundlage für Mehrparteienkonflikte, die hohe Komplexität des Konfliktes und seiner mehrschichtigen Auswirkungen in unserer vernetzten Welt. Hier liegt – im äußeren Ring des Labyrinthes – eine große Aufgabe für die Mediation; und zugleich liegen hier Konfliktpotentiale zwischen den von den Parteien gemeinschaftlich vereinbarten Lösungsregeln und -verfahren und den erzielten Ergebnissen einerseits und den staatlichen oder gesellschaftlichen Spielregeln der Rechtsordnung andererseits. So kann etwa Mehrparteien-Mediation in Konkurrenz zu demokratischen Legitimationsverfahren treten oder die einvernehmliche Lösung der Beteiligten dem Konsens gesellschaftlicher Gruppen widersprechen. Grundsätzlich aber bleibt die Kernaufgabe der Konfliktarbeit im äußeren Ring der Dialog zwischen Parteien und die Vermittlung zwischen gegensätzlichen Ansprüchen und Positionen.

Der innere Konflikt

Widersprüche erkennen

Mr. Fivehair ist verzweifelt.
Wenn es im äußeren Ring um die Einstellung des Kampfes gegen den fabrizierten Feind geht, so ist hier die Aufgabe das Entfabrizieren dieses Feinds.

Durchaus: Mr. Fivehair wischte immer zuerst vor der eigenen Türe – doch was war mit dieser Säuberung des Vorgeländes allein gewonnen?

Friedensarbeit besteht hier in der Aufnahme freundschaftlicher Beziehungen mit dem Feind, der ich selbst bin. Das Entfabrizieren meines Feindes führt nicht etwa dazu, dass dieser nicht länger existiert. Ich führe mir vor Augen, was ich auf die Unwert-Seite der Mauer gestellt habe und doch ich selbst bin. Indem ich mir die auch schmerzhafte Anerkennung zolle, dass ich nicht nur bin, wie ich sein und wahrgenommen werden möchte, sondern auch in den dunkeln Seiten Ich bin, vervollkommne ich Schritt für Schritt mich selbst. Indem ich das Feindliche in mir selbst wahrzunehmen beginne, übernehme ich Verantwortung. Wir bekämpfen nicht länger den Leinwandbösewicht (Abbildung 9): Da schössen wir ja nur Löcher in die Leinwand, auf deren nunmehr zerfetzter Oberfläche der Feind nur umso verschwommener und darum böser flackerte und uns zu noch gröberen Waffenkalibern zwänge. Je weiter wir ins Labyrinth dringen, desto mehr führt uns die Friedensarbeit nach Hause: zu unserem Land, unserer Gesellschaft, unserer Arbeitswelt, unserer Familie, zu mir selbst. Hier lassen wir davon ab, andere »für uns schlecht« sein zu lassen.

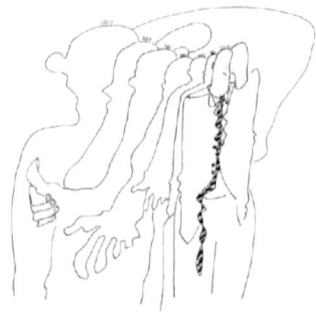

Durchaus: Mr. Fivehair wischte immer zuerst vor der eigenen Türe – doch was war mit dieser Säuberung des Vorgeländes allein gewonnen?

Im äußeren Ring haben wir vielleicht geglaubt, dass wir das Kind vor dem Schänder schützen, wenn wir ihm »gesundes« Misstrauen vor dem Fremden beibringen; hier suchen wir nun auch den eigenen, natürlichen Antrieb zu zerstören, was wir geschaffen haben, und dem Leid zuzufügen, was wir lieben. Das Unternehmen mag sein System von Belohnung und Bestrafen aufs Feinste ausgeklügelt haben; hier sucht es die inneren Widersprüche und Brüche zwischen den eigenen Werthaltungen. Das Dienstleistungsunternehmen sucht sein kollektives Desinteresse. Die soziale Stiftung, die gesellschaftliche »Leader« unterstützt und ihnen einen Nimbus der »Fackelträger der besseren Zukunft« verleiht, sucht die eigene Orientierungslosigkeit. Die Partner einer Anwalts- oder Wirtschaftsprüfungsfirma machen sich daran, ihr natürliches Bedürfnis nach Beherrschung, Macht und Selbstnutzen zu erforschen. Die Partei mag ihrem Mitglied im äußeren Ring die Hasstirade verboten oder sie ausgeschlossen haben; hier sucht sie nach dem Destruktiven ihrer selbst, nach der Faszination am Einfachen, Populären oder Zerstörerischen. Eine demokratische Gesellschaft sucht ihre eigene Intoleranz gegenüber »Andersdenkenden«, eine theokratische Gesellschaft ihre Lust an Unbekümmertheit und Belanglosigkeit. Wir unterbrechen unseren Kalten Krieg. Dort war im Wertesystem der Sowjetunion kein Raum für individuelles Forwärtskommen gegen die Interessen des Kollektives – umso klarer wurden die natürlichen Antriebe nach persönlichem Wohlergehen oder individueller Unabhängigkeit von der Gruppe auf den Westen projiziert mit dem Bild eines kalten, unmenschlichen Kapitalismus, unter dem die Zahl der selbstständig Erwerbenden dramatisch zurückging und der massiven Abhängigkeit der Arbeitenden von Großkonzernen wich. Umgekehrt war im Wertesystem des Westens kein Raum für das natürliche Bedürfnis nach Unterwerfung, kindlichem Behütet- und Versorgtsein; im Gegenteil: das Hinführen zu Selbstständigkeit und Unabhängigkeit stellte gerade einen Leitwert dar (siehe Abbildung 26). Umso deutlicher entstand das Projektionsbild von benachteiligten, unterdrückten und unfreien Massen im Ostblock. Und zugleich waren beide verfeindeten Seiten – ebenfalls im äußeren Ring des Labyrinthes – »im Recht« und erkannten die Widersprüche im Feind: die persönliche Bereicherung von nach eigenem Bekunden sozialen Führern im Osten, die Manipulation der Gesellschaften durch nach eigenem Bekunden freiheitliche Medien im Westen.

Die Massenvernichtungswaffen des Feindes waren zerstörerisch auf die schutzlose Bevölkerung gerichtet, die eigenen präzise auf Führungseinrichtungen kalibriert. Die Kriege des anderen waren aggressiv, die eigenen dienten der Verteidigung; die Expansion des Feindes war brutal und rücksichtslos, die eigene fürsorglich.

»Du?«, flüsterte Mr. Fivehair entsetzt.
»Du«, flüsterte es zurück.

Georg Engeli

Der Kalte Krieg ist nicht vorüber. Wir führen ihn täglich weiter. Deswegen führt die Friedens- und Konfliktarbeit, die sich nicht mit Kampfpausen, Waffenstillstand und neuen Grenzziehungen (siehe Abbildung 27) begnügt, tief ins Labyrinth.

Das ist eine praktische Arbeit. Sie betrifft den Einzelnen und seine Gruppen. Sie findet am Arbeitsplatz und in der Gesellschaft statt. Sie stellt sich Ethnien, Staaten, Religionen. Die Friedensbewegung ortet hier ihr eigenes Verhältnis zu Krieg, Zerstörung und Töten; vielleicht stößt sie dabei auf eigene Destruktions-Potentiale. Ein Unternehmer erkennt in seiner neidvollen Herablassung gegenüber dem Philanthropen seine soziale Berufung.

... und das Selbstgespräch – und dem Mut zum Zweifel.

Der unparteiische Richter begegnet seiner Rage, der spirituelle Führer seinem Zweifel und seiner Ungläubigkeit, der Ideenreiche seiner Leere, der Einflussreiche seiner Hilflosigkeit, der Unabhängige seinem Wunsch nach Unterwerfung oder der kreative Gestalter seinem Bedürfnis nach autoritären Vorgaben. Ich begegne mir. Meine eigene Verantwortung für Frieden bedeutet, dass ich – der Friedvolle – die Selbstverantwortung für das Friedlose in mir übernehme. Dazu brauche ich ein Innehalten, eine Pause. Solche Momente der Stille sind mehr als das Time-out eines Sportteams, um die nächsten Kampfzüge festzulegen, oder der Waffenstillstand, um meine nächsten taktischen und logistischen Dispositionen zu treffen, oder die Unterbrechung der Verhandlungen, um die kommende Runde vorzubereiten. Ich benötige für meine eigene Friedensarbeit eine bezugslose, zunächst inhaltlose Stille ...

Gesichtsverlust:
Die Verlockung der Umkehr

Mr. *Fivehair fürchtet sich.* Wir kennen uns selbst nicht mehr, je mehr wir uns kennen lernen. »Man« erkennt uns nicht mehr: Wir »verlieren« uns aus den eigenen Augen und aus jenen anderer und sind durch unser Abrücken vom klaren Feind- und

Identität, Maske, Ansprüche, Gehabe, Eigentum – was bliebe Mr. Fivehair, wenn er das IMAGE verlöre?

Selbstbild selbst nicht mehr vorhersehbar. Gemessen am Bisherigen ist kein »Verlass« mehr auf uns. Der Partner – der Ehepartner, der Partner im Staatenbündnis, der sich dem Kriegszug verweigert – ist nicht mehr der »Alte«. Ganze Kollektive fallen in eine Lebenskrise oder »Midlife-Crisis«.

Midlife-Crises der Stiftung (Beispiel)

Eine mit Geldmitteln üppig versehene wohltätige Stiftung hatte als Folge ihrer expliziten und stillen Werthaltungen – »wirtschaftliches Kapital muss dem Aufbau sozialen Kapitals in unterprivilegierten Gesellschaften dienen« – jahrelang individuellen und kollektiven Materialismus, Geiz und einen regelrechten Machthunger in die Blaubartkammer gesteckt und auf die »Feinde« ihrer Mission projiziert: korrupte Politiker und Unternehmer in den Einsatzgebieten, verschwenderische Leiter der Empfängerorganisationen, »egoistische« Partner- und Konkurrenzhilfswerke. In der Stiftung selbst waren Themen wie Gehalt, gleicher Lohn für Frauen und Männer, die erhebliche (auch inhaltliche) Abhängigkeit von den Geldgebern und die (meist nicht inhaltsbezogenen) Richtungskämpfe zwischen internen

Machtgruppen ein Tabu. Sie wurden meist kompensatorisch ausgelebt: Die Frustration einzelner Mitarbeiter über die empfundene Lohnwillkür übertrug sich in einen übersteigerten Enthusiasmus und freiwillige Wochenendarbeit (»welches Privileg, hier mitgestalten zu dürfen«); die Empörung über die Ungleichbehandlung der Geschlechter übertrug sich in ein Borderline-Verhalten im Umgang der Mitarbeiter untereinander (»Wir sind eine Familie der Liebe«) und in die Bevorzugung von durch Frauen geführten Empfängerorganisationen; interne Fraktionskämpfe sah man als Ausdruck der Reichhaltigkeit des materiellen Diskurses und der Ideenvielfalt an. Dass diese Organisation gleichzeitig über Jahre keine Strategie besaß, wurde als Ausdruck der »Offenheit gegenüber dem Leben« und Kreativität angesehen. Die so vorprogrammierten Konflikte kamen an die Oberfläche, als die Spendermittel zu versiegen begannen. Es hätte zum sofortigen Auseinanderfallen dieser Organisation führen können. Doch in diesem Fall machte sich eine Gruppe von führenden Mitarbeitern des mittleren Kaders auf den Weg ins Labyrinth. Anstatt im äußeren Ring weiterhin – und nun mit größerem Nachdruck – Ansprüche zu stellen und Forderungen geltend zu machen, gingen sie in Klausur. Drei Tage lang nahmen sie Schatten um Schatten aus der Blaubartkammer, fielen vom anfänglichen Enthusiasmus (»Wir sind doch!« und »Jetzt erst recht!«) in eine tiefe Krise des Kollektivs und jedes seiner Mitglieder (»Ich kann nicht mehr«), in völliges Chaos und existentielle Orientierungslosigkeit. Hier bleiben wir meist stecken und schleichen uns dann aus dem Labyrinth hinaus, um die gleiche Schlaufe anderswo zu ziehen.

Mr. Fivehair's lonely moment: to close his eyes, or to open his arms?

Diese Gruppe blieb zusammen. Sie ließ Verwundbarkeit

zu. Die Teilnehmer holten auch aus dem Schatten, was sie persönlich auf die Unwert-Seite gestellt oder an eigenen Stärken und Schwächen von sich auf diese Organisation delegiert hatten: etwa die Kraft, Widersprüche auszuhalten – die Stiftung hatte dieses für den Einzelnen übernehmen sollen; oder die Aufgabe, den eigenen Lebensentwurf zu zeichnen – die Organisation hatte dies für den Einzelnen mittels der kollektiven Mission tun sollen; den Mut, eigene, auch unbequeme Ideen zu entwickeln und zur Debatte zu stellen – das Kollektiv hatte die Aufgabe weitgehend an Stelle der Mitglieder übernommen. Die Klausur war nach allen traditionellen Maßstäben der Arbeitswelt chaotisch, unstrukturiert. Aber sie folgte einem inneren Weg tief ins Labyrinth. Die Resultate waren, nach sachorientierten Führungskriterien, mager und die vereinbarten Maßnahmen schienen aus dem Blickwinkel des äußeren Rings unbedeutend. Doch sie waren es nicht. Hier hat sich ein Kollektiv in seinem existentiellen Gehalt transformiert; aus einer Gruppe von Frauen und Männern, die zuvor eine gleichartige Aufgabe kameradschaftlich verbunden hatte, ist eine Gemeinschaft geworden.

Preis der Erkenntnis: Imageverlust

Der Gang ins Labyrinth bedeutet Image-Verlust. Er schmerzt. Er nimmt die bekannten Gestirne von unserem Himmel, die wir dorthin gemalt und nach denen wir bis anhin navigiert haben. Und wir sehen die »wahren« Sterne – die, welche unabhängig von uns leuchten – nicht sofort. Zuerst sehen wir gar kein Licht und keine Triangulationshilfe. Das macht Angst. Darum gehen viele Menschen und Gruppen gar nicht erst tiefer ins Labyrinth. Sie lösen Konflikte im äußeren Ring, wo wir selbst im Falle der »Niederlage« oder des Kompromisses weiterhin bleiben können, wer wir zu sein glauben: Feind unseres Feindes.

Wir sind in dieser Angst nicht allein. Andere halten sie für uns mit. Ein Mann aus armen sozialen Verhältnissen hatte eine »Bilderbuchkarriere« gemacht – vom Taxifahrer in einer Grosstadt über den glänzenden Abschluss eines naturwissenschaftlichen Studiums zum Länderchef eines multinationalen Konzerns hin zum Divisionsleiter dieses Unternehmens mit Führungsverantwortung über 20.000 Mitarbeitende.»Prinzenhaft« war auch seine Einstellung: Er verstand sich als Fackelträger seiner Familie und der Menschen seines Herkommens, blieb bescheiden, hielt die Lust an seiner Macht und seinem erheblichen Reichtum unter bewusster Kontrolle (aber unterdrückte sie keineswegs) und erschien in den Augen der Welt und seinen eigenen als Inbegriff des »guten und bescheidenen Multi-Chefs«. Seine Entscheidungen waren hart. Eines Nachts erhielt der Mann den Anruf des Hauptaktionärs und die Order, in seiner Division Entlassungen in zweistelliger Prozentzahl vorzunehmen und den Vollzug innerhalb von fünf Arbeitstagen zu melden. Die Türen zum Labyrinth hatten sich weit geöffnet: hineingehen oder draußen bleiben? Moralische Dilemmata führen uns jedes Mal zu dieser Frage. Der Konflikt präsentiert sich stets als Sachfrage und -zwang und scheint uns keine Optionen zu lassen. Schwarz-weiße Alternativen machen uns nur verzweifelt, statt zu helfen. Der Mann hat den Befehl vollzogen. Einen Monat später hat er gekündigt. Heute steckt er tief im Labyrinth. Der Konzern steckt im äußeren Ring gefangen.

Go! Go! Go!

Wir haben Angst, Zugehörigkeit, ja Identität zu verlieren. Eine Bekannte des Autors – eine hochgebildete Frau mit großer Verantwortung im akademischen Leben und der Aufgabe, zwischen unterschiedlichen und teils konträren fachlichen Richtungen gemeinsame Bezüge herzustellen – stammt aus einem Balkanland. Sie wohnt mit ihrer Familie nordeuropäischen Herkommens seit mehreren

Jahrzehnten in der Schweiz. Ihr Beruf führte sie in alle Kontinente. Noch heute spuckt diese Frau voll Hass auf den Teppich ihres eigenen Wohnzimmers, wenn der Name des Nachbarvolkes auf dem Balkan fällt. Wir beziehen den großen Teil unserer Identität im äußeren Ring des Labyrinths aus Zugehörigkeiten zu Kollektiven, Ethnien, der Vergangenheit oder dem, was wir als »unsere Kultur« verstehen. Der Gang ins Labyrinth entfremdet uns von dieser Zugehörigkeit, will es scheinen. Hinter uns stehen die »Committes d'encouragement«, die von uns fordern, dass wir sie im Kampf gegen den Feind vertreten, und dahinter hängen an der Wand die Bilder unserer Ahnen und Autoritäten, stecken die Mythen unserer Familie, unseres Volkes, unseres Unternehmens, die Helden, die im Kampf gefallen sind, den wir fortzusetzen haben: der Großvater, der aus Europa ausgewandert ist und »alles aus dem Nichts« aufgebaut hat; die Winkelrieds und Willhelm Tells; der Ire, der Chicago aus dem Boden gestampft hat, die Armeen unserer Toten, welche der Feind umgebracht hat, der Unternehmensgründer, die Präsidenten-Vorgänger, die Friedensgeneräle und die Märtyrer. Sie fordern von uns die Fortsetzung ihrer »Sache« und ihres Kampfes, dass wir zu Ende bringen, was sie – für uns natürlich – begonnen haben. Wenn wir anfangen, am Eigenbild zu kratzen, finden wir Widersprüche im Bild und Widerspruch derer, die dieses Bild mit uns teilen. Es ist eine machtvolle Forderung, »in der Reihe zu bleiben«.

Der beauftragte Held

Es gibt eine scheinbare Zwischenlösung im Konflikt: Wir schicken andere in unserem Auftrag ins Labyrinth. Eine pharmazeutische Unternehmung sah sich mit Unregelmäßigkeiten im Kerngeschäft konfrontiert. Je mehr die Untersuchungen der internen Revisoren, der externen Auditoren und zugezogener Spezialisten an fragwürdigen Transaktionen zu Tage förderte, umso klarer begann sich abzuzeichnen, dass die personellen und inhaltlichen Vernetzungen weit

Georg Engeli

über den Ausgangsbereich hinaus bis in die Leitungsspitze und weit über die Geschäftstätigkeit des Konzerns hinaus in »heiße« Krisengebiete (wo das Unternehmen nicht tätig war) reichten. Ferner zeichnete sich bald ab, dass die an den untersuchten Transaktionen beteiligten Parteien und Gegenparteien nicht nur untereinander ein Geflecht bildeten, sondern zudem aus einem Lebensbereich stammten, für den sich ein »ordentlicher Kaufmann« allenfalls als Kinogänger und Roman- oder Zeitungsleser interessiert. Das Unternehmen befand sich also auch in der sichtbaren Realität in einem symbolischen Labyrinth. Angst war das dominierende Gefühl des Kollektivs, der Mitglieder der obersten Führung und weiter Teile der Mitarbeiter. Unsere Gesellschaft kennt solche Zustände der Hilflosigkeit, des Ausgeliefertseins und der Angst. Der Autor hatte Wohnsitz in den USA zur Zeit des Attentates vom 11. September und in Argentinien zur Zeit der blutigen Unruhen vom Dezember 2001. Wenn sich einem Kollektiv jäh der Boden unter den Füssen wegzieht, der bedrohliche Feind mit unscharfen Konturen über die Leinwand flackert und sich der Tunnelblick einstellt, ist die Bereitschaft ausgeprägt, den Schritt weiter ins Labyrinth zu wagen und die Eigen- und Feindbilder infrage zu stellen. Es sind Momente der kollektiven Stille, wie sie sich im Zuge von Grenzerfahrungen auch im Leben des Einzelnen ergeben. »Warum hassen sie uns?«, fragte der amerikanische Präsident öffentlich – die Welt schwieg, während erste Antworten aus der eigenen Gesellschaft kamen. »Was haben wir gemacht«, fragten argentinische Politiker öffentlich und gaben sich die Antworten gleich selbst, während die Bevölkerung schweigend und still vor

Angstvoll sah Mr. Fivhair in die Mauerecke – den Rücken zur weiten, offenen Ebene.

das Parlament zog. »Wie konnte das nur geschehen?«, fragte sich die Konzernleitung im oben erwähnten Beispiel – die nachdenklichen Antworten begannen, aus dem Kreise der Mitarbeiter zu kommen.

Aber der Bereitschaft zum Nachdenken – zur Besinnung – stehen unsere Ratlosigkeit und Angst vor den Entdeckungen gegenüber. In diesen Situationen delegieren wir oft unsere Suche an einen Führer, der für uns ins Labyrinth gehen und sich dem Drachen stellen soll. Es herrscht kein Mangel an Angeboten; da sind immer jene, die in die kollektive Stille hinein ihren heroischen Dienst anbieten und sagen, sie übernähmen es, für uns der Held zu sein.

Wir delegieren den Gang ins Labyrinth an den entschlossenen Regierungschef, an die neue Führungscrew, an die Task Force, an den Berater oder Therapeuten. Er soll uns führen und unsere Angst tragen. Diese scheinbare Zwischenlösung ist meist eine Falle: Sie führt uns nicht tiefer ins Labyrinth, sondern vor seine Mauern. Mediatoren kennen diese Versuche der Delegation und die Versuchung, sie – zum Guten, für den Frieden – anzunehmen.

Unentschieden
Gegensätze leben

Eines Nachts ...
kamen Bauarbeiter mit Bulldozern, Lastwagen und Flutlicht. Sie stellten Wachposten auf und begannen, einen Zaun zu bauen. Am nächsten Morgen stand der Zaun. Er trennte das Dorf von seinen Feldern. Die einheimische Bevölkerung in den südlichen Anden – standen vor dem Zaun und schwieg.

Eines Morgens stand die Mauer da: unüberwindlich zwischen Mr. Fivehair und seinem Land.

Georg Engeli

Der toten Seele fehlt der Kopf

Man konnte den Zaun »hören«: Der Wind auf 3.600 Metern Höhe über dem Meer pfeift im Stacheldraht anders als in den Kakteen. Das Dorf beriet sich und schickte eine Delegation in die 300 Kilometer entfernte Provinzhauptstadt in der Tiefebene. Man erfuhr, dass die Regierung einem multinationalen Konzern die Konzession zu Mineralbohrungen in der Hochebene erteilt hatte. Das in der Verfassung ausdrücklich verankerte Recht der einheimischen Bevölkerung auf Eigentum an ihrem Land blieb davon unberührt; das Recht des Staates, für dieses Land Konzessionen zu erteilen, hatte seine Grundlage in der gleichen Verfassung und die Verträge mit dem ausländischen Konzern waren unterzeichnet. Die Dorfbewohner mussten einen Umweg von mehreren Stunden zurücklegen, um zu den ihnen verbleibenden Äckern zu kommen. Das bedeutete, dass die Männer von ihren Familien getrennt blieben – den Weg jeden Tag zu machen, hätte für die Arbeit selbst keine Zeit gelassen und unerschwingliche Kosten für Diesel bedeutet. Ein weißer Rechtsanwalt aus der Provinzhauptstadt nahm sich der Sache der Dorfbewohner an; er wurde dadurch zum Paria seiner Gesellschaft. Er riet den Bewohnern zu kämpfen. Sie lehnten ab. Die Bohrungen begannen. Wochen später ertranken drei Kinder des Dorfes beim Spielen im Wasser eines kleinen Baggersees. Der Anwalt drängte die Einwohner zu Protesten, zum Aufstand. Sie lehnten ab. In den folgenden Monaten erkrankten mehrere Personen; man vermutete, das Trinkwasser könne durch die auf den Bohrplätzen verwendeten Chemikalien verunreinigt sein. Der Anwalt forderte die Dorfbewohner auf, sich zu wehren, Gutachten erstellen zu lassen, sich an die Medien zu wenden. Sie lehnten ab. Der Anwalt verlor die Fassung: Hatte er nicht sein gesellschaftliches Ansehen aufs Spiel gesetzt, um den wehrlosen Dörflern zu helfen? Hatten sie nicht ihre Felder, ihre Kinder, ihre Gesundheit verloren? Was schwiegen sie apathisch! Was sprachen sie im Kreis! Was waren sie duldsam wie Esel – kein Wunder, dass sich ein solches Volk mühe-

Ich, Feind meines Feindes

los durch die Inkas, nur 80 Jahre später durch die Spanier und heute durch globale Unternehmen unterkriegen ließ! Bei einer Versammlung des Dorfrates platzte dem Anwalt der Kragen: Hatte er nicht einen Anspruch darauf, dass sich die Opfer – nachdem er selbst ein Opfer erbracht hatte – helfen ließen? Man ließ ihn ausreden. Dann entgegnete ihm ein Führer: »Das ist nicht der Grund«. Man schickte den Anwalt mit einem belanglosen kleinen Auftrag fort und berief eine Versammlung der Alten ein. Unter sich, schwiegen die Anwesenden lange Zeit und entsannen sich.

Vor Jahren hatten die Dorfbewohner eines Morgens auf dem Feld den Körper einer jungen Frau gefunden. Die Leiche war intakt, aber der Kopf fehlte. Die Familie der Frau stammte aus einem Nachbardorf. Die Fehde war Generationen alt. Man hatte die Frau begraben. Der Ehemann hatte das Dorf ohne seine Kinder verlassen; die Gemeinschaft sorgte für sie. Die kopflose Frau erschien in den Träumen der Menschen. Man schwieg. In jener Versammlung kamen die Alten zum Schluss, dass die Bohrungen des Mineralkonzerns, die drei toten Kinder und die Erkrankten in Zusammenhang mit jenem Ereignis stünden, das die Dörfer gespalten und ein schreckliches Geheimnis über die Menschen gelegt habe.

Der Zaun war das sichtbare Symbol für eine Trennung, die nicht zwischen dem Dorf und seinen Feldern, sondern zwischen den Menschen und ihrer Nährmutter, zwischen ihnen und ihren Seelen verlief. Der »Grund« des Konfliktes lag in der verlorenen Verbindung zwischen den Lebenden und ihren Toten. Es galt, den Kopf der Leiche zu finden, um dem Konflikt und dem Leiden, das er schuf, ein Ende zu bereiten.

Die Vorstellung, dass er und der Feind nicht nur anders und nicht nur gleich, sondern Eins seien, machte es Mr. Fivehair keineswegs leichter, diesen zu lieben.

Georg Engeli

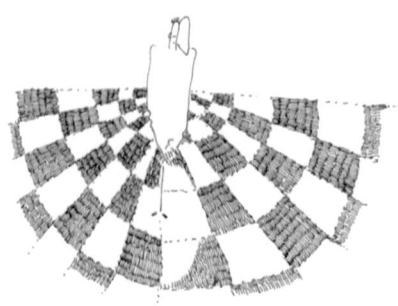

Dies oder Das, Hier oder Dort, Diesseits oder Jenseits, Gut oder Böse, Traum oder Realität, Gott oder Ich ... armer, armer Mr. Fivehair.

Wochenlang suchten die Dorfbewohner in den Bergen um die Hochebene nach dem Totenkopf. Es war eine langsame Suche und sie blieb ergebnislos. Zwar entstand die Vermutung, der Schädel könne sich im Strudel eines bestimmten Baches in einer Schlucht befinden; doch hier war das Wasser zu tief für jeden Taucher. Die Suche wurde abgebrochen.

Zusammen mit den Bewohnern des Heimatdorfes der Toten grub man den Leichnam aus; es war nach Jahren das erste gemeinsame Handeln der Bewohner der beiden Dörfer. Vom offenen Grab aus wurde ein kleiner Zaun gebaut aus Holzstäbchen und Faden, der mit der Entfernung höher wuchs. Die Dorfbewohner hielten solange Totenwache, bis die Seele der Toten über diesen Zaun – die Himmelsleiter – herabstieg. Dann beerdigte man die Frau und ihren Kopf. Sie war jetzt ganz. Das Kollektiv war wieder ganz geworden – untereinander und in seinem Bezug zum Universum. Die Scheidung – symbolisiert durch den abgetrennten Kopf der toten Frau und den Stacheldraht der fremden Bohrer – war aufgehoben.

Gewiss, den Totenschädel hat man nicht gefunden und der Zaun steht noch real in der Landschaft. Von einer bestimmten Warte aus können wir herablassend oder sogar höhnisch sagen:

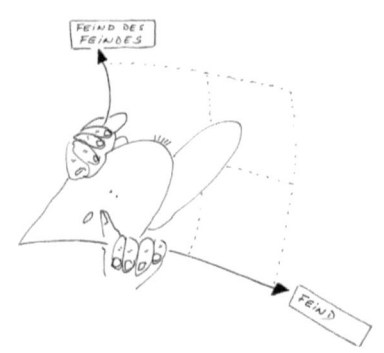

»Ich kann doch nicht«, rief sich ein verzweifelter Mr. Fivehair Mut zu, »mein Leben im Widerspruch suspendieren – ich muss doch entscheiden!«

arme Indianer! Oder wir können selber den inneren Ring des Labyrinths verlassen, um noch weiter ins Innere vorzustoßen – in einen Bereich, wo wir jenseits des Widersprüchlichen in uns das Gegensätzliche des Lebens schlechthin entdecken.

Reich der Paradoxe

Dort stehen wir vor Gegensätzen, die nicht nur unserer Verfügungsgewalt, sondern auch unserer Gestaltung entzogen sind.

Wir verlassen das Feld unseres binären Denkens, wo das eine feindlich dem anderen gegenübersteht und wir den Konflikt durch Kampfpause, Waffenruhe und Kompromiss lösen. Wir müssen im realen Leben Entscheidungen treffen, sind aber frei, es dabei nicht bewenden zu lassen.

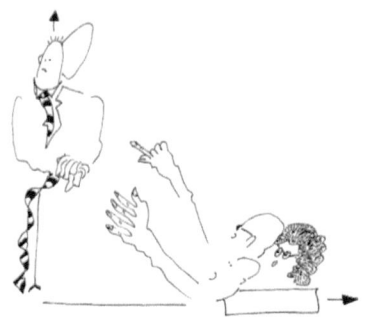

»Ich muss doch«, rief sich Mr. Fivehair Mut zu, »nachdenken, bevor ich entscheide!«

Wir verlassen das Feld des komplementären Denkens, wo das eine dem anderen ergänzend gegenübersteht und wir den Konflikt zu lösen versuchen durch Rücknahme unserer Projektionen und durch Befreundung mit den Unwert-Seiten unserer Werthaltungen. Wir begeben uns jenseits der Selbstkritik des äußeren Rings und der Selbstzweifel des inneren Rings. Wir gelangen ins Reich der Paradoxe und ...

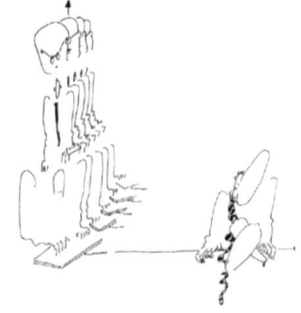

Mr. Fivehair ist – ohne uns – nicht.

Georg Engeli

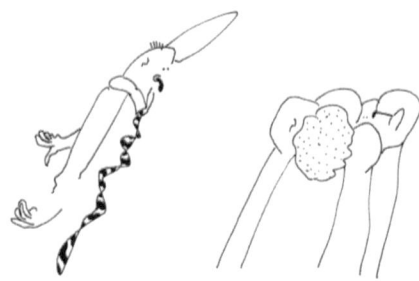

Wir sind – ohne Mr. Fivehair – nichts

... der Mythen: nicht mehr an der Wasseroberfläche, wo schon der kleine Wind Wellen schlägt, die wir glätten möchten und hinter denen wir die kommende nicht sehen. Wir sind nicht mehr 40 Meter tief im Wasser, wo selbst das Unterseeboot noch schaukelt, in dem wir uns angstvoll geschützt wähnen. Wir sind kilometertief im Wasser, wo Strömungen so langsam ziehen, dass ein Leben nicht genügt, sie wahrzunehmen. Wir sind im wortlosen Bereich der Poesie, in der Stille der Musik. Wir sind zwischen Gegensätzen – und sind die Gegensätze selbst.

So stellte sich – aus der Tiefe des Wassers an die Oberfläche blickend – Mr. Fivehairs Spiegelbild sein Bild vor: souverän, klar umrissen, durstig.
Dann strich ein Wind daher.

Zunächst war es nicht mehr als ein Gefühl, das Mr. Fivehair beschlich: »Ich bin die Mauer«.

Integration

Die Bewohner des Indianerdorfes haben sich auf ihre Weise in diesen Tiefenbereich hinuntergelassen. Die Weltkarte ihres Universums besteht aus den Polen der Götter (im Norden) und der Seelen (im Süden), der Natur (im Westen) und der Gemeinschaft (im Osten). Zu allen steht der Einzelne in einem engen Bezug: Götter und Natur als Gaben, die Gemeinschaft und die Toten als kollektive Gestalten des Lebens. Den Konflikt mit dem Mineralkonzern, der das »Gold« aus der Natur gräbt, verstehen sie als szenisches Zeichen dafür, dass sie selbst den Zustand der Ganzheit, der Harmonie und des Verbundenseins mit den zentrierenden Energien suchen müssen. Das ist keine der romantisierenden »Eingeborenenphantasien«, die wir in unserer westlichen Zivilisation heute wieder in ausgeprägtem Maß hegen, weil hinter unserem Lächeln über das Totenkopf-Ritual mit dem Stäbchen-Zaun ja vielleicht auch eine Sehnsucht steckt. Die Dorfbewohner haben

Dann war es nicht mehr als eine Ahnung die Mr. Fivehair ergriff: »Ich bin die Mauer und beide Seiten«.

den Anwalt beauftragt, nun die Verhandlungen mit der Regierung und dem Multi unter Ausschöpfung aller Rechtsmittel zu führen. Die Bewohner dieser Hochebene haben sich entschlossen, auf alle anderen Mittel – etwa zivilen Ungehorsam, Formen der Gewalt – zu verzichten. Aus den vergangenen Konflikten zwischen den Interessen der multinationalen Wirtschaft, Regierungen und Landeigentümern liegt die Vermutung nahe, dass – nach den Kriterien des äußeren Ringes des Labyrinthes – die Konfliktlösung eher nicht zuungunsten des Konzerns ausfallen wird. Werden dann diese Dorfbe-

Georg Engeli

*»Mr.« oder »Five« oder »Hair«?
Jede verschieden und alle eins.*

wohner also verloren haben? Ihr Anwalt würde das so sehen – sie selbst wohl nicht.

Der Konflikt im mythischen Bereich stellt uns die Aufgabe, Gegensätze zu leben – sie nicht bloß auszuhalten, sondern zu halten.

Das Paradox des Lebens ist, dass sich unsere Zerrissenheit erst dadurch ergibt, dass wir das Widersprüchliche verbinden und zwischen Gegensätzen entscheiden wollen.

Mediator
Salomon oder Alchemist?

Was tun wir Mediatoren eigentlich? Wir sind keine Richter, keine Schiedsrichter, keine Parteivertreter oder Gutachter. Wir tragen – nach eigenem Bekunden – keine Lösungsverantwortung, sondern eine Lösungsweg-Verantwortung. Wir sind neutral und im Kern doch beteiligt. Wir halten Streithähne auseinander und wollen sie zugleich zusammenbringen. Wir treten mit innerer Distanz an und doch mit unserer eigenen Haut. Und, wie steht es mit

Schön und gut, die Mauer also durch eine Blumenvase ersetzt ... misstrauisch wartete Mr. Fivehair und sein Feind auf den nächsten Zug des Mediators.

unserer eigenen Lust am Konflikt? Was zieht uns hin zur Konfliktlösung – unsere Sehnsucht nach Frieden, unsere Destruktivität und Aggressivität, welche die Streitenden uns abnehmen und mit der wir auf dem Weg der Mediation friedlich umgehen können?

Salomons Urteil: Liebe knallhart

Im Alltag reden wir vom »salomonischen« Urteil ähnlich wie vom »brüderlichen« Teilen: Wir kennen das Bild einer »weisen« Entscheidung mit einem Schuss Fifty-Fifty. Mediatoren entscheiden zwar nicht, aber ein bisschen salomonisch wollen wir schon sein und die Phantasie der Brüderlichkeit geistert auch in unseren Köpfen herum. Wir übersehen dabei leicht, dass Salomon ein Urteil gefällt hat, das wir heute als »knallhart« bezeichnen würden: keine Spur von Besuchsrechten, gemeinsamem Unterhalt – die eine Frau erhielt das Kind als eigenes, die andere musste es als fremdes abgeben.

Mr. Fivehairs Apltraum als Mediator, nachdem sich die Parteien – endlich – auf das Prinzip der Einvernehmlichkeit festgelegt hatten: Was, wenn sich die Frauen vor Salomon übereinstimmend auf die Teilung des Kindes geeinigt hätten.

Im Mythos des Salomon ist Weisheit nicht vom Resultat her gedacht, sondern von jenem innersten Bereich des Labyrinthes: Salomon hat seinen Entscheid aufs Fundament der Liebe gestellt. Sind wir Mediatoren salomonisch? Mit dem Mythos gesprochen: Um welche Kraft bitten wir unseren Gott, wie jener junge König es bei seinem Amtsantritt tat?

Georg Engeli

Vermittlungsfalle

Im äußeren Ring des Labyrinths liegt eine wesentliche Aufgabe darin, neben den Bewegungen innerhalb dieses Ringes – zwischen Ansprüchen und Positionen – den Parteien vor allem den Eintritt in den inneren Ring zu öffnen. Das aber leistet die traditionelle Mediation anglosächsischen Zuschnittes meist nicht: Sie ist stark »ergebnisorientiert in dem Sinne, dass sie – salopp gesprochen – die Justiz durch anwaltliche Verhandlungen ersetzt. Dass diese Art der Mediation eine Domäne der Anwälte und Berater geblieben ist, überrascht hier nicht. Sie leistet gewiss Gutes in dem Sinne, dass sie vermittelt und zur Annäherung von Anspruchshaltungen und Positionsbezügen führt. Aber ich bleibe der Feind meines Feindes und meine »Konzessionen« sehe ich wettgemacht durch die »Verluste« des Gegners. Der rasche Abschluss verhindert den Lernprozess. Mediation kann mehr und sie muss mehr können wollen. Hier können wir den Konflikt »anreichern«; etwa durch den Einbezug anderer Sparten als nur jener, in denen sich der Streit manifestiert. Der Spitzensportler, der Historiker, der Nuklearbiologe, der Mediziner, der Künstler kann entscheidend dazu beitragen, dass sich neue Blickwinkel und Perspektiven öffnen – auch wo es anscheinend um eine ganz andere Sachfrage geht. Eine Möglichkeit der Mediation besteht darin, den Eintritt in den zweiten Ring zu ermöglichen, indem der Konflikt ent-sachlicht und näher zum Kern der Frage geführt wird.

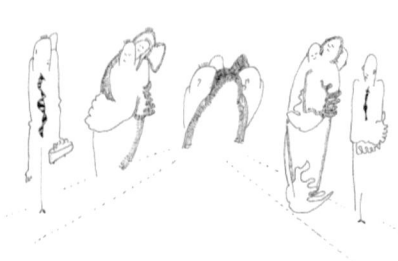

Mr. Fivehairs tiefe Sehnsucht: nicht mehr Feind seines Feindes zu sein.

Therapiefalle

Im inneren Ring des Labyrinths ist die Aufgabe des Mediators ähnlich jener des

Therapeuten. Entsprechend der rein sachlichen »Abschluss-Mediation« besteht hier ebenfalls ein einseitiges Modell, in dem – unbeschwert von Fachkenntnis und in großer Unbekümmertheit um reale Aufgaben der Konfliktparteien – tatsächlich eine Ver-Psychologisierung stattfindet: Der Scharlatan sitzt dem Therapeuten ebenso wie dem Anwalt im Nacken. Wo dies der Fall ist, haben fachliche Fragen zu wenig Raum. Auch hier liegt jedoch für die Integration ein enormes und meist ungenutztes Potential. Hier, im inneren Ring, wo wir den Feind in uns – und uns im Feind – zu sehen beginnen, können wir als Mediatoren Momente der Stille schaffen.

Frieden braucht Mauern

Die Aufgabe besteht weniger darin, der einen oder der anderen Partei »den Spiegel« vor die Nase zu halten, sondern die Gegner dieses Bild selbst zeichnen zu lassen. Wir sollen ihnen nicht die Leinwand ihrer Heimkinos wegnehmen oder den Filmprojektor auf sie selbst richten, sondern sie nebeneinander setzen, damit sich ihr Blick – zuerst parallel, und dann allmählich mit gemeinsamem Focus – auf die Wand vor ihnen richte. Es ist entscheidend, dass wir Mediatoren hier nicht der Versuchung unterliegen, Wände einreißen zu wollen, weil wir sie als trennend ansehen oder weil sich die Parteien an ihnen die Köpfe einrennen: Die Mauer ist ein fundamentaler Teil des Prozesses der Selbsterkenntnis, des Verständnisses und des Verstehens.

Und noch weiter im Inneren des Labyrinthes? Hier sind wir nicht mehr Vermittler und Therapeuten – hier reden Mythen und Märchen. Der Mediator als Märchenerzähler?

Ja!

Es geht natürlich nicht um die süffige Sufi-Story, die ein Berater am Flipchart zu Beginn jeder Session erzählt. Die Parteien selbst –

ob Individuen oder große Kollektive – haben ihre eigenen Mythen. Ihnen müssen wir Raum geben. Raum beinhaltet Stille. Was hindert uns, in einer Mediation zwischen zwei Unternehmen die Märchenerzähler jedes Kollektivs zu Worte kommen zu lassen, in der Vermittlung zwischen ethnischen Gruppen deren Story-Tellers, im gesellschaftlichen Konflikt die Erzähler der Beteiligten? Das sind oft nicht die Figuren, die wir uns in unseren Sitzungszimmern vorstellen – und vielleicht ist das Sitzungszimmer ja auch gar nicht der Raum, wo Mythen Raum finden.

Wenn wir willens sind, Frieden zu schaffen, müssen wir bereit sein, tief ins Labyrinth zu steigen und uns jenseits der Vernunft und der Worte begeben: dahin, wo Bilder sprechen und wo Bewegungen Bewegungen ausdrücken, damit es uns – vielleicht – gelingt, wenn wir wieder auftauchen in die Realität des sichtbaren Lebens, dieses zu erreichen:

Politische und interkulturelle Mediation

Das Baum-Modell

Eine psycho-politische Herangehensweise zur Verminderung ethnischer oder anderer Spannungen zwischen Großgruppen

Vamık Volkan

Wenn sich benachbarte Großgruppen (z. B. ethnische, nationale, religiöse Gruppen) miteinander in Konflikt befinden, sind die meisten ihrer politischen, gesetzgeberischen, ökonomischen, militärischen und anderweitig »weltlichen« Belange auch immer mit psychologischen Fragestellungen erfüllt. Diejenigen, die auf einer offiziellen Ebene damit beauftragt sind, mit diesen Konflikten umzugehen (wie etwa die Außenministerien), entwickeln kurz- und langfristig angelegte Strategien – »Spielregeln« – und mobilisieren Mittel, um ihre Ideen umzusetzen. Indem sie so handeln, kann es sein, dass sie einen psychologischen Vorteil gegenüber dem »Feind« anstreben, indem sie Elemente der »oberflächlichen Psychologie«, wie bewusste Unterstellungen, dazu nutzen, die Oberhand in Bezug auf nationale oder ethnische Interesse zu gewinnen.

Wie auch immer, es gibt noch eine andere Art Psychologie, welche mehr versteckte, meist unbewusste Widerstände auslöst, die friedliche, praktikable Lösungen nationaler und ethnischer Konflikte – ganz besonders zwischen Nachbarn – behindern. Es ist meine Absicht, in diesem Aufsatz diese zweite Art von Psychologie zu erforschen und kurz eine interdisziplinäre und inoffizielle Methode zu beschreiben, mit der ihr destruktiver Einfluss zurückgewiesen und in eine »spielerische«, neue Beschäftigung beider gegnerischer Parteien miteinander verwandelt werden kann. Ich glaube, dass in bestimmten, lang anhaltenden Konflikten – wie etwa jenem zwischen Türken und Griechen, jenem zwischen Georgiern und Süd-Osseten oder jenem zwischen Israelis und Palästinensern – ein Verstehen dieser zweiten Art von Psychologie sehr wichtig dafür ist, kreativen Lösungen zur Reduktion der Spannungen zwischen den Feinden zu finden. Im Zentrum dieser Psychologie liegen die Konzepte von Großgruppen-Identität und Großgruppen-Ritualen, welche, wenn sie verstanden werden, helfen können, einige der scheinbar irrationalen Aspekte von Konflikten zu erklären. Die hier im Weiteren beschriebene Methode bezieht eine Team einer »neutralen« dritten Partei ein, das darum bemüht ist, den gegnerischen Parteien dabei zu helfen, realistischere Diskussionen zu führen und angemessenere Strategien im Umgang mit ihren Konflikten zu entwickeln.

I. Großgruppen-Identität

Phänomenologisch gesehen kann Ethnizität oder andere Elemente von Großgruppenidentität als ein subjektives Gefühl der Gleichheit (Erikson 1965) definierte werden, welches mit Tausend oder Millionen anderen Menschen geteilt wird – selbst wenn die meisten sich nie kennenlernen oder sehen werden. Eine einfache Definition von Ethnizität und anderen Konzeptionen von Großgruppen ist jedoch nicht ausreichend, um deren Macht auf politische, gesetzgeberische, ökonomische und militärische Vorgänge ebenso zu erklären wie deren Macht, scheinbar irrationale Widerstände gegenüber Veränderungen zu erzeugen. Sigmund Freuds (1921) Auffassung von Großgruppen kann man symbolisch mit dem Bild von Tänzern beschreiben, die Hand in Hand (sich miteinander identifizierend) um einen Maibaum tanzen (der Maibaum symbolisiert den Führer der Großgruppe). Nach Freud identifizieren sich die Mitglieder einer Gruppe – ähnlich wie der Sohn, der sich nach der gelungenen Überwindung des ödipalen Konflikts mit dem Vater identifiziert, – mit dem idealisierten Führer. Heute wissen wir, dass Freuds Beobachtungen nur für regredierte Gruppen unter Stress gelten und nicht für Gruppen, in denen noch Individualität bewahrt werden kann.

Das Baum-Modell

Darüber hinaus hob er die Bedeutung der Gruppenidentität nicht weiter hervor. Meine Untersuchungen über Großgruppen in Konfliktsituationen (Volkan 1988, 1997, 199b) lehrten mich, dass Mitglieder solcher Gruppen mit der Aufrechterhaltung der Großgruppenidentität völlig in Anspruch genommen werden. Meine Erklärung der Großgruppenidentität beruht auf der Idee mehrerer Fäden, die – miteinander verwoben – metaphorisch eine Plane über dem Maibaum bilden. Tausende oder Millionen von Individuen, die unter dieser »Plane« leben, haben ihre eigenen Subgruppen, die aus ihrem Geschlecht, dem Alter, ihren Berufen erwachsen, ebenso wie Familien- und Clanverbindungen. Wie auch immer, wenn dies Plane wackelt (wie bei einer gemeinsamen Bedrohung der Großgruppenidentität) beginnt jeder die Plane anzuziehen als wäre es eine gemeinsame »Superhaut«. Die Einzelnen sind damit beschäftigt, die Plane zu stabilisieren und ihre Abnutzungen und Risse auszubessern. Der dominierende gemeinsame Grund, warum Menschen unter Stress sich um den Führer versammeln, ist es, den Maibaum zu stützen, damit die Plane nicht einstürzt. Es ist nicht die Absicht dieses Kapitels, Einzelheiten dieser verschiedenen Fäden zu nennen, welche zusammen verwoben die Plane bilden (für Einzelheiten siehe Volkan 1999a). Dennoch will ich zwei Fäden beschreiben – gewählte Ruhmesblätter[1] und gewählte Traumata – weil ihnen besondere Bedeutung in der Großgruppenidentität zukommt, wenn sich Großgruppen in Konfliktsituationen befinden: Sie werden insofern kritische Faktoren, weil sie neben den laufenden gesetzgeberischen, militärischen und ökonomischen Überlegungen direkt und indirekt die Verhandlungen zwischen den gegnerischen Parteien beeinflussen. Gewählte Ruhmestaten und gewählte Traumata beziehen sich auf geteilte neutrale Darstellungen historischer Ereignisse und die damit verbundenen Figuren. Es ist leicht, Beispiele von Ruhmestaten der Großgruppe zu erkennen, wenn diese von den Erwachsenen – besonders zu den Jahrestagen solcher Ereignisse – in den Großgruppen gefeiert werden. Es ist ebenso nicht schwer zu erkenne, wie sich die Kinder dabei mit ihren Eltern, Verwandten und Lehren identifizieren und ihre eignen Auffassung von diesen Ruhmestaten dazu benutzt werden, ihr Selbstwertgefühl zu steigern und gleichzeitig eine Verbindung zu anderen der gleichen Großgruppe herzustellen. Ein politischer Führer mag absichtlich eine gewählte Ruhmestat und die damit verbundenen Figuren dazu benutzen, seine Leute zu elektrisieren und ihre gemeinsame Identität zu betonen. Zum Beispiel war Saddam Hussein dafür bekannt, das Bild von Saladdin (ironischerweise zwar Muslim aber Kurde) und seinen Triumph über die Kreuzfahrer dafür zu gebrauchen, das irakische Gemeinschaftsgefühl und die Differenz zur westlichen Welt zu stärken. Insoweit sind gewählte Ruhmestaten ein Faden der Großgruppenidentität. Nichtsdestotrotz, als »Merkmal« einer Gruppe sind gewählte Ruhmestaten, wie die oben beschriebenen, nicht so stark, wie die von der Gruppe »gewählten Traumata«. In Zeiten von Stress entwickelt sich ein gewähltes Trauma zu einem hervorstechenden Faden der Großgruppenidentität. Der Grund für diese Tatsache ist, dass mehr noch als gewählte Ruhmestaten, gewählte Traumata mit geteilten überwiegend unbewussten psychologischen Prozessen verbunden sind, die von Generation zu Generation weitergegeben werden (Volkan, Ast und Green 2002).

Ein gewähltes Trauma ist die mentale Darstellung eines vergangenen Ereignisses, in dessen Verlauf eine Großgruppe einen Verlust erlitten oder Hilflosigkeit und Demütigung im Konflikt mit einer benachbarten Gruppe erlebt hat. Waren die Mitglieder einer Gruppe nicht in der Lage, ihren Verlust zu betrauern, die Demütigung oder Hilflosigkeit zu überwinden und sich selbst zu behaupten, so werden sie wahrscheinlich das Bild dieses Ereignisses an die nächste Generation weitergeben, wo es sich verfestigt und Hass gegen die »andere« Gruppe erzeugt. Mitglieder nachfolgender Generationen erhalten die Aufgabe, die unvollendete Geschichte der Vorfahren aufzuarbeiten, um die Trauer abzuschließen und die Hilflosigkeit und Demütigung aufzuheben. Wenn ein vergangenes Trauma ein

Das Baum-Modell

gewähltes Trauma wird, so ist die historische Wahrheit nicht länger wichtig. Was zählt ist der gegenwärtige Umgang der Gruppe mit dem Bild des Traumas, um ein Gemeinschaftsgefühl untereinander zu erzeugen. Das gewählte Trauma wird so ein sehr entscheidendes ethnisches oder anderes »Merkmal« der Großgruppe. Wenn diese gegenwärtige Gruppe nun in eine Auseinandersetzung mit einem feindlichen Nachbarn gerät und seine gemeinsame Identität stärken muss, reaktiviert sie ihr gewähltes Trauma. Wahrnehmungen, Ängste und Erwartungen, die sich auf das vergangene Geschehen beziehen, verschlingen sich mit denen des aktuellen Konflikts. Was aus der Vergangenheit erinnert, heute gefühlt und für die Zukunft erwartet wird, kommt in einem so genannten »Zeit-Kollaps« zusammen. In diesem Prozess mögen die Wahrnehmungen und Ängste überhöht werden. Ein Zeitkollaps kann zu irrationalen und oftmals sadistischen Aktionen führen, die aus den mit dem gewählten Trauma verbunden Gefühlen nach Rache und den Gefühlen, im Recht zu sein, erwachsen. Im ehemaligen Jugoslawien z. B. reaktivierten Slobodan Milosevic und seine Partei das gewählte Trauma der serbischen Niederlage gegen die osmanischen Türken in der Schlacht im Kosovo (Amselfeld) von 1369. Dies führte zu einem Zeitkollaps, der den Hass gegen die bosnischen Muslime (die mit den osmanischen Türken assoziierten wurden) in den frühen 90er Jahren anheizte (vgl. Volkan 1997).

II. Rituale von Großgruppen

Indem man untersucht, wie Großgruppen funktionieren, kann man bestimmte Rituale benennen, die dazu benutzt werden, die Großgruppenidentität zu stärken oder abzusichern. Das Feiern oder Erinnern von Gedenktagen gewählter Ruhmestaten oder gewählter Traumata sind Formen, mit denen Mitglieder von Großgruppen den Zusammenhalt der Gruppe stärken. Wenn das Zelt wackelt, neigen die Mitglieder darunter dazu, sich um ihren Führer zu versammeln (die Zeltstange) und sich noch enger miteinander zu identifizieren – wie es von Freud beschrieben wurde (1921).

Ebenso gibt es Rituale, die zwischen Großgruppen stattfinden (Volkan 1999c). Kein Zelt einer Großgruppe steht isoliert; da sind immer Nachbarn. Rituale zwischen großen Gruppen dienen in der Regel dazu, verschiedene Elemente der Großgruppenidentität zu bekräftigen, und werden tendenziell von zwei Prinzipien bestimmt:
1. Gegnerische Gruppen müssen ihre Identität als gegenseitiges Unterscheidungsmerkmal erhalten (Prinzip der »Ungleichheit«);
2. Gegnerische Gruppen müssen eine eindeutige Trennungslinie zwischen sich erhalten.

Beide Prinzipien beziehen sich auf einen weiteren Faden der Großgruppenidentität, welcher hier kurz angeführt werden sollen: die Absorbtion »schlechter« Eigenschaften der anderen. Dieser Faden ergibt sich aus der Tatsache, dass Personen unter einem Zeltdach die Tendenz dazu haben, bestimmt ungewollte Elemente zu externalisieren und auf andere zu projezieren – gleichsam als würden sie Lehmklumpen auf die Leinwand der Anderen werfe; die Flecken bleiben als ein Merkmal der Großgruppe (sichtbar auf der Leinwand der Anderen haften). Oft versucht der Empfänger nun aber, den Lehm auf den Absender zurückzuwerfen: Und somit wird die eigene Grenze erhöht, um zu verhindern, dass der Lehm wie ein Boomerang zurückkommt.

Ein Ritual, welches sich zwischen gegnerischen Großgruppen abspielt, besonders wenn sie sich im Konflikt miteinander befinden, hat mit geringen Unterschieden zwischen den beiden Gruppen zu tun. Freud (1917a, 1921, 1930) diskutierte ein solches Ritual aber arbeitete nicht heraus, wie signifikant und tödliche es in internationalen Beziehungen werden kann. Kleine Unterschiede erlangen große Wichtigkeit, um die Unterscheidungen zwischen den beiden Gruppen und die Grenze zwischen ihnen aufrecht zu erhalten. Wenn die Spannungen anhalten, kann eine Gruppe damit beginnen, die andere Gruppe als weniger menschlich wahrzunehmen, so dass sie passender für externalisierende Projektionen wird. Zuerst wird die andere Gruppe als menschlich »schlecht« angesehen; später werden sie entmenschlicht (Bernard, Ottenberg und Redl 1973).

Elemente anderer Großgruppenrituale, wie »Reinigungen«, tauchen während des Konfliktes zwischen den Gruppen auf. Sie finden sich in den Propagandaanstrengungen zur Viktimisierung von Gruppen und in der extremen Form: der ethnischen Säuberung. Gewöhnlicherweise werden die Großgruppenrituale erst nach dem Ende der Kämpfe systematisiert, institutionalisiert und bezeichnend für die Änderung der Großgruppenidentität. Wenn die Kämpfe beendet sind und die Einzelnen versuchen, ihre Großgruppenidentität wieder neu zu stabilisieren, fragen sie sich: »Wer sind wir jetzt?« Säuberungen vertiefen die Identifikation einer Gruppe, indem die ungewollten Aspekte abgestoßen werden und die Gruppe und ihre Abgrenzungen verfestigt werden. Zum Beispiel säuberte Griechenland in den 30er Jahren des 19. Jahrhunderts nach dem Unabhängigkeitskrieg seine Sprache von türkischen Wörtern; als hundert Jahre später die moderne Türkei geboren wurde, eliminierten die Türken arabische und persische Wörter aus ihrer Sprache. Das »Säubern« von Friedhöfen und die Vernichtung von anderen kulturellen Symbolen – die Umfunktion einer Kirche in eine Moschee und umgekehrt, die Umbenennung von Dörfern oder Städten – sind andere Beispiele für die Stärkung der eigenen Identität im Gefolge eines Konflikts mit einer benachbarten Gruppe (ausführlicher Volkan 1999c).

III. Das »Baum-Modell«

Das *Universitiy of Verginia's Center for the Study of Mind and Human Interaktion* CSMHI hat zur Lösung von Konflikten eine Methode entwickelt – das so genannte »Baum-Modell« –, welches auf unserem Verständnis von dem basiert, was eine Großgruppenidentität konstituiert und welche Rituale angewendet werden, um die gemeinsame

Identität zu schützen, zu erhalten oder zu reparieren. Der Ansatz beruht darauf, dass eine inderdisziplinäres und unterstützendes Team einer Dritten Partei – zusammengesetzt aus Psychoanalytikern und anderen Klinikern, die auf internationale Beziehungen spezialisiert sind, gemeinsam mit Diplomaten, Historikern und anderen Sozialwissenschaftlern – den gegnerischen Parteien dabei helfen kann, die psychologische Vergiftung zwischen ihnen zu vermindern oder zu überwinden, so dass sie in realistischere Verhandlungen eintreten können. Diese Methode unterscheidet sich in vielfacher Hinsicht sehr von den Aktivitäten zur »Konfliktlösung«, wie sie in den Programmen der vergangenen Jahrzehnte vieler Nichtregierungsorganisationen (NRO) praktiziert wurden. Die meisten Bemühungen von NRO's zur Konfliktlösung versuchen, die psychologische Wand, die zwischen verfeindeten Gruppen verfestigt wurde, einzureißen. Die Methode von CSMHI besteht darin, diese Wand zu erhalten, um die mit den Faktoren der Großgruppenidentität zusammenhängenden Ängste zu vermindern. Sie erlaubt den gegnerischen Gruppen – ohne sie zu beraten – ihre antagonistischen Rituale in friedlichere Rituale umzuwandeln und macht die trennende Wand flexibel und durchlässiger.

Das Baum-Modell stellt einen langjährigen Prozess das, der aus drei Komponenten besteht:
1. psycho-politische Diagnose (Wurzeln des Baumes)
2. psycho-politischer Dialog (Stamm des Baumes)
3. Aufbau von Institutionen (Äste des Baumes)

A. *Die psycho-politische Diagnose (Wurzeln des Baumes)*
Der erste Schritt jeglicher Bemühungen inoffizieller Diplomatie sollte eine Einschätzung oder Diagnose der anzugehenden Probleme sein. CSMHI glaubt, dass Probleme von Großgruppen nur vor Ort vollständig erfasst werden können. Vor der Reise in eine bestimmte Region oder in ein bestimmtes Land, um dort mit der Arbeit zu beginnen, studiert das interdisziplinäre Team von CSMHI also die

Das Baum-Modell

Geschichte und Kultur der gegnerischen Parteien, sammelt Informationen über die aktuelle Situation und benennt Probleme. Es ist klar, dass von Anfang an inderdisziplinäre Zusammenarbeit nötig ist. Selbst wenn der Historiker im Team kein Experte für ein bestimmtes Land ist, bringt er eine Methode und eine Art zu denken ein, welche auf einzigartige Weise zum Verständnis der gesammelten Informationen beträgt. Kliniker bringen Erkenntnisse über die mentalen Repräsentanten historischer Ereignisse mit und wie diese von den Mitgliedern der Großgruppen geteilt werden können. Regionale Experten werden konsultiert, wie lokale Zeitungen – wenn möglich – und andere Quellen. Nach dem Führen von tiefgreifenden Interviews mit Erlaubnis vor Ort und am Ende dieser Vorbereitungszeit erstellt das Team eine Liste mit (bewussten und unbewussten) geteilten Problemen, lokalen Ansprechpartnern und potentiellen Partnern, die in der Lage sein können, weitere Kontakte und Informationen zur Verfügung zu stellen.

Jeder Konflikt hat seine »heißen« Orte. Dies können nationale Ehrengräber, Gedenkstätten der in Großgruppenkonflikten Getöteten, und andere historisch wichtige oder symbolische Orte sein. Indem solche Plätze mit Mitgliedern der sich im Konflikt befindlichen Gruppen besucht werden, stößt das unterstützende Team schnell zum Herzen dessen vor, was diese Stätten darstellen und warum sie als »heiß« in Zusammenhang mit dem Konflikt wahrgenommen werden. Ähnlich wie ein Einzelner seine Träume in einer Psychoanalyse wieder entdeckt, kann der Besuch dieser Stätten einen direkten Weg zu versteckten und symbolischen Aspekten des psychologischen Umfeld eröffnen sowie eine Einschätzung des Einflusses gewählter Ruhmesblätter und gewählter Traumata ermöglichen. Indem man Mitglieder gegensätzlicher Gruppen physisch zu Stätten bringt, die mit traumatischer Bedeutung durchdrungen sind, kann man oftmals unterdrückte Wünsche, Gefühle, Affekte und Gesinnungen an die Oberfläche bringen, die sonst verborgen bleiben.

In dieser Sondierungsphase untersuchen wir, wie Elemente einer Großgruppenidentität bei Bedrohung und unter Stress erhöht werden und dabei verschiedene Fäden der Großgruppenidentität reflektieren. Ebenso können wir beobachten, wie sich diese Elemente in der besonderen Großgruppe, mit der wir arbeiten, manifestiert haben. Diese Vertiefung färbt alle Aspekte des Konflikts und die Beziehung mit der gegnerischen Gruppe sichtbar ein. Indem die spezifischeren Aspekte der Großgruppenpsychologie untersucht werden – wie gewählte Traumata und Ruhmestaten – können wir besser verstehen, warum sich bestimmte Gruppen auf bestimmte Weise verhalten. Nach dem Zusammenstellen von Daten und nach der Auswertung der einschlägigen Erhebungen wird eine umfassende psycho-politische Diagnose formuliert und die Gruppe stellt eine Liste von konkreten Problemen, die angegangen werden sollten, zusammen, ebenso wie die »versteckten Spielpläne« (Harris 1994), welche unter der Oberfläche liegen. Versteckte Spielpläne sind unausgesprochen Vorurteile oder Gefühle, die zur Identität einer Gruppe gehören oder zu anderen kollektiven Antrieben. Diese heizen oft Widerstände an und laufen effektiven Diskussionen über konkrete Probleme zuwider. Darum müssen sie irgendwie aufgedeckt und angenommen werden, um den Weg für umsetzbare Lösungen bestimmter Probleme zu ebnen.

Die Esten waren z. B. natürlich euphorisch nach dem Erhalt der Unabhängigkeit von der Sowjetunion 1991. Durch intensive Interviews mit einer große Anzahl von Esten und durch Besuche der »heißen« Plätze, wie etwa den sowjetische Stützpunkt nuklearer U-Boote in Palsiski, war aber das CSHMI in der Lage, andere, weniger offensichtliche Aspekte der estländischen Ansicht bezüglich ihrer Beziehung zur großen Russisch sprechenden Minderheit im Land (1/3 der Bevölkerung), die alle von den Esten als Russen wahrgenommen werden, sowie bezüglich des Post-Unabhängigkeits-Konfliktes mit Russland aufzudecken. Was wir fanden war, dass die Esten unter einer unterschwelligen Angst vor dem »Verschwinden«

als ethnischer Gruppe, dem Auslöschen ihrer Existenz, litten. Mit Ausnahme einer kurzen Periode der Unabhängigkeit zwischen 1918–40 lebten die Esten für Tausend Jahre unter der Herrschaft anderer. So war ihr gewähltes Trauma nicht nur ein einzelnes Ereignis, sondern die mentale Repräsentation, ein Millenium lang unter fremder Herrschaft gelebt zu haben. Als sie schließlich ihre Unabhängigkeit 1991 erlangten, blieben sie ängstlich, dass sie erneut von einer benachbarten Gruppe geschluckt werden könnten (in diesem Fall von den Russen). Obwohl genügend konkrete Probleme da waren, denen man sich hätte zuwenden können, erzeugte die Wahrnehmung, Estland würde »verschwinden«, Widerstand gegen eine Politik der Integration der »nicht Esten«, die in Estland lebten: Sollte sich estländisches und russisches »Blut« vermischen, würde die Einzigartigkeit der Esten – deren Sinn für Identität es fertig gebracht hatte, trotz ihrer geringen Anzahl und widriger Umstände über Jahrhunderte zu bestehen – nicht überleben. Unsere Diagnose zeigte die Notwendigkeit, den Esten bei den Verhandlungen mit den benachbarten Russen und Führern der Russisch sprechenden Esten zu helfen, zwischen realen Problemen und fantasierten Ängsten zu unterscheiden, so dass sie angemessener mit der Integration der Russisch sprechenden Menschen, die in Estland lebten, umgehen könnten.

B. *Psycho-politische Dialoge (Stamm des Baumes)*
Der nächste Schritt nach der Diagnose besteht darin, eine Serie von psycho-politischen Dialogen zwischen Mitgliedern der gegnerischen Gruppen einzuberufen – oder innerhalb einzelner Gruppe bei internen Fraktionierungen. Zehn bis 15 Teilnehmer werden dabei von jeder Seite ausgewählt, idealerweise sind es prominente »Offizielle« und »Politiker«, die sich in einem konsequent inoffiziellen Rahmen treffen.

Bei unserer Arbeit in Estland in den frühen 90er Jahren, z. B., ermöglichte das CSMHI Dialoge zwischen einflussreichen Esten (inklusive des aktuellen Präsidenten von Estland) und hochrangigen Russen aus Moskau und Führsprechern der Russen, die in Estland lebten.

Wir treffen uns für je vier Tage mehrmals im Jahr über einen Zeitraum von zwei bis drei Jahr (oder mehr, falls die Situation es erfordert). Jedes mal sollten die gleichen Teilnehmer eingeladen werden, denn die Diskussionsgruppen werden ein »Laboratorium« für das, was in den großen Gruppen vor sich geht, die sie repräsentieren. In diesem Laboratorium können die Unterstützer die Komplikationen, die Fragen der Großgruppenidentität betreffen, und die Rituale, welche aktiviert werden, um die Großgruppenidentität zu stützen, sehen und zu benennen helfen. Einige dieser Rituale sind dabei bösartig und behindern einen rationalen Fortschritt hin zum Frieden, einer Entspannung und einem Zusammenleben.

Zum Beispiel waren zwischen einflussreichen Türken und Grieche, die ihre Konflikte über die Ägäis und Zypern diskutierten, die frustrierenden Gefühle an den ersten Tagen eines Treffens, welches von einem CSMHI-Team unterstützt, begleitet und ermöglicht wurde, hoch als die Teilnehmer ihre Vorstellungen vom »Feind« zum Ausdruck brachten. Am Abend beim Essen empfanden sich die Teilnehmer jedoch als »Freunde«. Auf dem Treffens am nächsten Morgen sprach eine griechische Teilnehmerin von ihrer Konfusion: sie hatte sich verletzt und ärgerlich am Tag gefühlt und freundlich beim Abendessen. Wie sollte sie sich verhalten? Die Unterstützer halfen ihr dann zu sehen, wie ihre persönliche Identität und die Großgruppenidentität verbunden sind und dass sie während des Treffens unvermeidlich eine Sprecherin der Großgruppe geworden sei, während beim Abendessen ihre individuelle Identität überwogen hätte. Sie und die anderen griechischen und türkischen Teilnehmer wurden aufgefordert, die Zeltplane ihrer Großgruppenidentität während des Treffen als ihre Kleidung zu tragen. Dies sei der einzige Weg die Psychodynamiken der türkisch-griechischen Interaktionen aus der Nähe zu beobachten.

Das Baum-Modell

Mit andere Worten, CSMHI versucht nicht, eine emotional zivile Atmosphäre auf solchen Treffen zu erzwingen, sondern zielt vielmehr darauf, Emotionen, inklusive Angst und Zorn, auf einem angemessenen Niveau auszudrücken. Die Kliniker des CSMHI-Teams versuchen, dafür Sorge zu tragen, dass solche Emotionen nützlich für Einblicke in den Konflikt bleiben, und dass die Gefühle weder auf ein destruktives Niveau degenerieren oder so verleugnet werden, dass nur abgespaltene intellektuelle Stellungnahmen während des Treffens gemacht werden. Die psycho-politischen Dialoge sind sehr wichtig für den Erfolg des »Baum-Modell«. Wie bereits angemerkt, ist das Unterstützer-Team interdisziplinär und umfasst Diplomaten, Historiker und andere Wissenschaftler genauso wie Psychoanalytiker und Psychiater. Die Kliniker sind entscheidend für den Prozess, weil sie auf der Grundlage ihrer jahrelangen Erfahrung im klinischen Setting solche Treffen leiten können. Ihre Können beinhaltet die Fähigkeit, multiple Bedeutungen hinter Äußerungen der Teilnehmer zu »hören«, Affekte zu tolerieren, Teilnehmern beim Verständnis ihrer Großgruppen-Wahrnehmungen, den Fragen ihrer Großgruppenidentität und Ritualen zu helfen und als Beispiel für ein empathisches Verstehen des »Feindes« zu dienen. Bei der Wahl des Ortes für die Dialoge sollte große Sorgfalt angewandt werden, da es wichtig ist, sich an einem Ort zu treffen, der von den Teilnehmern gegnerischer Gruppen als neutral empfunden wird. Wenn die gegnerischen Gruppen innerhalb des gleichen Staates leben, ist es möglich und angemessen, die meisten oder alle Treffen am gleichen Ort abzuhalten. Sind die Teilnehmer aus unterschiedlichen Nationen, ist es wünschenswert, wenn die Treffen abwechselnd in dem einem und dann in dem anderen Land stattfinden. In allen Fällen sollten die Unterstützer sensibel gegenüber möglichen Kränkungen sein, die von den Teilnehmern gefühlt werden – manchmal unbewusst – und mit dem Ort und der Umgebung des Treffens zu tun haben.

Es gibt bestimmte Schlüsselmuster von Verhalten, Konzepten und Strategien, die den Prozess der psychodynamischen Dialoge charakterisieren. Sie bilden sich heraus und wiederholen sich im Verlauf eines jeden vier Tage umfassenden Treffens ebenso, wie in dem größeren Prozess über die gesamte Folge von zwei oder drei Jahren (Julis 1991). Die folgenden Beschreibungen sind kurze Beschreibungen (ausführlicher siehe Volkan 1998) verschiedener Verhaltensmuster, welche CSMHI während psycho-politischer Dialoge zwischen Esten und Russen, Arabern und Israelis, Türken und Griechen, Süd-Ossieten und Georgiern und zwischen Serben und Bosniern beobachtet hat:

Verschiebungen auf einen Kleinkonflikt: Manchmal, am Anfang eines Treffens, bildet sich eine konflikthafte Situation heraus und absorbiert die Aufmerksamkeit und Energie der Teilnehmer. Solch eine Situation ist in der Regel mit einer dramatischen Dringlichkeit behaftet, obgleich der Inhalt der »Krise« um einiges unwichtiger ist als die stummen Aspekten der ethnischen oder nationalen Konflikte um derentwillen die Dialoge organisiert wurden. Mich an die ersten Debatten erinnernd ist so etwas wie, wer wo am Konferenztisch sitzt, manchmal dringlicher, als die wichtigen Verhandlungen zwischen den Nationen. Ich nenne das Kleinkonflikte und obwohl sie unverständlich und unpassend scheinen – ganz wie die Masken, die eine elisabethanische Tragödie einleiten – nehmen sie verdichtet und symbolisch suggestive Handlungsschemata für das vorweg, was sich erst später im »Stück« dramatisch enthüllen wird.

Das Echo-Phänomen: Wenn Repräsentanten von gegnerischen Seiten eine Diskussion eröffnen, kann sich oft das Echo kürzlich zurückliegender Ereignisse, in die die jeweilige Großgruppe verwickelt war, in ihren Ausführungen widerspiegeln. Ebenso können diese Ereignisse Gefühle auslösen, die Widerstände gegen eine produktive Diskussion verstärken. Im Laufe von psycho-politischen Gesprächen habe ich den Schatten einiger kurz zurückliegender militärischer oder politischer Entwicklungen über die Arbeit der Gruppe fallen sehen. Es wird dann nötig, diesen Schatten und seine Bedeutung für beide Seiten bewusst wahrzunehmen und aufzunehmen, bevor die wirklichen Verhandlungen weiter gehen können.

Wettstreit um die Darstellung gewählter Traumata und gewählter Ruhmesblätter: Die Mitglieder gegnerischer Gruppen, die sich im Gespräch miteinander befinden, treten häufig miteinander in einen Wettbewerb um die Aufzählung historischer Leiden (gewählter Traumata) und vergangener Triümpfe (gewählte Ruhmestaten). Zusätzlich zu den ursprünglichen Traumata und Ruhmestaten selbst werden auch weitere, jüngerer, damit zusammenhängende Ereignisse aufgezählt.

Die Weitergabe vergangener Ruhmestaten an die nächste Generation involviert keine komplizierten psychologischen Prozesse. Wie bereits ausgeführt, werden dagegen massive soziale Traumata der Vergangenheit mit Hilflosigkeit, Scham und Demütigung assoziiert sowie mit der Unfähigkeit der »Gruppe der Opfer«, die Verluste zu betrauern, sich selbst zu behaupten oder aggressiv zu sein. Wenn die Bilder geteilter Traumata der nächsten Generation weitergegeben werden, werden diese von Aufgaben begleitet, die meist unbewussten von der älteren Generation an die nächste Generation weiter gegeben werden. Die Aufgabe besteht darin, ihre Vorfahren zu betrauern, Hilflosigkeit und Demütigung umzuwandeln und zu dem freien Ausdruck der Selbstbehauptung zurückzukehren. Jene, welche von den »gegnerischen Gruppen im Konflikt« zu den Gesprächen zusammenkommen, befinden sich auf dem einem oder anderen Niveau immer unter dem Einfluss reaktivierter gewählter Traumata. Die Unterstützer müssen diese Tatsache im Kopf behalten.

Auf offiziellen Gesprächstreffen scheint der Wettbewerb um die Auflistung von Leiden, ganz besonders am Anfang, unfreiwillig und tritt nach dem Prinzip »Egoism of victimization« (Mack 1979) auf: Da gibt es kein Verständnis für die Verluste und Verletzungen der anderen Seiten. Die Aufgabe der unterstützenden Gruppe besteht also darin, als Beispiel für empathisches Zuhören zu dienen.

Das Akkordeon-Phänomen: Nachdem die gewählten Traumata und gewählten Ruhmestaten oder ihre Derivate herausgelassen wurden und wenn eine verständnisvollerer Kommunikation beginnt, erleben die gegnerischen Gruppen oftmals eine Annäherung. Auf diese

Nähe folgt dann ein plötzlicher Rückzug voneinander und dann wieder Nähe. Das Muster wiederholt sich mehrere Male. Ich vergleiche es mit dem Spielen eines Akkordeons – welches man zusammen presst und dann wieder auseinanderzieht. Die anfängliche Distanzierung ist ein Abwehrmanöver, um die aggressiven Einstellungen und Gefühle aufrecht zu erhalten; schließlich könnten sich die Opponenten, sobald sie zusammen kommen, gegenseitig verletzen – zumindest in ihrer Fantasie –, oder im Gegenzug Ziel von Vergeltungsaktionen werden.

Wenn gegnerische Teams zusammen in einen Raum gesperrt sind, wo sie bewusst Anstrengungen für den Frieden oder zumindest für eine ausgehandelte Lösung gemeinsame unternehmen, müssen sie manchmal aggressive Gefühle verleugnen, indem sie in Form einer illusionären Vereinigung zusammenrücken. Sobald diese Vereinigung bedrückend wird, wird die Nähe als gefährlich empfunden und es tritt eine erneute Distanzierung ein. Die wirklichen Diskussionen finden dann statt, nachdem das Unterstützer-Team das Akkordeon eine Weile hat spielen lassen, bis das Zusammendrücken und das Distanzieren weniger extrem geworden sind.

Projektionen und projektive Identifikation: Mitglieder einer sich im Konflikt befindlichen Gruppe versuchen, ihre Identität durch die Externalisierung unerwünschter Teile ihrer selbst auf den Feind, auf den sie ihre unerwünschten Gedanken, Vorurteile und Wünsche projezieren, zu definieren; beispielsweise so: Nicht wir sind die Unruhestifter, sondern sie. Oftmals reflektieren die Projektionen auf die gegnerische Gruppe eine »Wir« und »Sie«-Dichotomie rigider Positionen: Wir sind »gut« und sie sind »schlecht«. Im Verlauf einer Dialogserie können die Projektionen auch eine komplexe Beziehung zwischen den Repräsentanten der zwei gegnerischen Gruppen in Form eines Musters ähnlich dem Mechanismus projektiver Identifikation (Klein 1946) bilden, wie es Psychoanalytiker bei einzelnen Patienten erleben. Auf der Gruppenebene passiert es, dass eine Partei ihre eigenen Wünsche darüber, wie die Gegenseite fühlen oder sich benehmen sollte, auf die andere Partei projeziert. So identifiziert sich das erste Team mit dem Anderen, das ihre Projektionen beherbergt – der Andere wird wahrgenommen, als handle er entsprechend den Erwartungen der Ersteren. Im Endeffekt wird die eine Partei zum »Sprecher« für die andere Partei und – da der Prozess unbewusst geschieht – glaubt die erste Partei tatsächlich ihren Äußerungen über den Feind. Wie es auch sei, die daraus resultierende »Beziehung« ist nicht real, da sie auf dem Prozess nur einer der beiden Parteien basiert. Das unterstützende Team sollte die Entwicklung von projektiven Identifikationen interpretieren und darin eingreifen, denn sobald sie sich einmal entwickelt hat, ist die Wahrnehmung der Realität beeinträchtigt.

Persönliche Geschichten: Die Teilnehmer von Gesprächen bringen stets persönliche Geschichten mit, die mit dem aktuellen Großgruppenkonflikt zusammenhängen. Anfänglich reflektieren die persönlichen Geschichten eine Psychologie des »Wir« und »Sie« in einem Schwarz-Weiß-Schema – der Andere wird als nur »schlecht« gesehen, während die eigene Gruppe als nur »gut« erlebt wird. Dies ist ähnlich wie der Spaltungsmechanismus, den Kliniker bei bestimmten Patienten beobachten, die sich spalten und sich selbst, ihnen nahestehende Personen und ihre mentalen Darstellungen entweder als nur »gut« oder nur »schlecht« erleben.

Wenn die Empathie, wie auch immer, wächst, beginnen die Geschichten Ambivalenzen einzubeziehen. Diese Ambivalenzen bedeuten, dass man beginnt, den Anderen als eigenständiges Wesen wahrzunehmen, welches beides ist, gleich und verschieden, gemocht und abgelehnt. Der Andere wird menschlicher.

Kleinere Unterschiede: Wie bereits gesagt, können Parteien, wenn sie erstmalig mehr Verständnis für einander aufbringen, die Angst entwickeln, sich dem Feind gegenüber als zu ähnlich wahrzunehmen. Sobald die eigenen Projektionen unerwünschter Aspekt instabil werden, weil der Anderen als ähnlich wahrgenommen wird, neigen die Teilnehmer dazu, die Bedeutung geringer Unterschiede zu übertreiben, um ihre getrennten Identitäten zu behalten. In den Gesprächen ist es wichtig, sich an diese beiden Prinzipien zu erinnern, einschließlich der Tatsache, dass kleine Unterschiede dazu dienen, die wahrgenommene Identität aufrecht zu erhalten. Eine scheinbar triviale Disparität kann so eine monumentale Bedeutung gewinnen und kann positive Diskussionen vermiesen. Für uns war es schwieriger, psychologisch mit den kleinen Unterschieden zwischen gegnerischen Gruppen umzugehen als mit den großen Differenzen, wie Sprache oder Religion. Wenn die kleinen Unterschiede zu Widerständen werden, versucht das unterstützende Team die Identität jeder Gruppe zu stärken und zu bestätigen, so dass die kleinen Unterschiede klein bleiben.

Den Konflikt symbolisieren und damit »spielen«: Im Fortgang der Gespräche kann innerhalb des Dialoges ein Symbol oder eine Metapher auftauchen, die wichtige Aspekte des Konflikts repräsentiert. So kann sich z. B. die schwächere Partei als Maus bezeichnen, während sie dem stärkeren Feind den Elefanten zuweist. Schließlich fangen die Teilnehmer an, mit dieser Metapher zu »spielen«, sie wie einen Ball herum zu kicken. Je weiter die Dialogserie voranschreitet, kann die Metapher die Aufmerksamkeit der Teilnehmer gefangen nehmen und diffuse Gefühle und vernebelte Realitäten in ein konkretes Verständnis des Problem verwandeln. Die spielerische Metapher verbindet die Teilnehmer, erlaubt ihnen, an dem Spiel teilzunehmen, während sie gleichzeitig ein ernstes Problem thematisiert. Im Laufe des Spiels beginnen die giftigen Gefühle zu verschwinden und oft begleitet Lachen diese Neckerei. Eine realistische Diskussion über die Probleme kann dann folgen. (Es ist wichtig anzumerken, dass das unterstützende Team keine Metapher oder ein »Spielzeug«, mit dem die Teilnehmer spielen können, konstruieren oder einführen sollte – es muss von den Teilnehmenden selbst geschaffen oder bereitgestellt werden.)

Entflechtung der Zeit: Sobald gewählte Traumata und ihre Derivate reaktiviert werden – wenn nicht schon zuvor geschehen – werden die

Gefühle und die damit verbundenen Wahrnehmungen so erlebt, als hätte das Trauma sich erst kürzlich ereignet. Die Traumata mischen sich mit Gefühlen und Empfindungen, die mit der Gegenwart verbunden werden oder sogar in die Zukunft projeziert werden. Verständlicherweise verkompliziert dieser Zeit-Kollaps die Versuche, die Konflikte sofort zu lösen. Um diesem Phänomen entgegenzuwirken und um eine Entflechtung der Zeitebenen zu erreichen, müssen die Unterstützer Diskussionen zulassen, die ebenso das gewählte Trauma selbst wie die mit dem Konflikt der Großgruppe verbundenen persönlichen Traumata der Teilnehmenden betreffen. Erst wenn die Emotionen und Probleme in Bezug auf die Vergangenheit »distanziert« und von den gegenwärtigen Problemen getrennt werden, können die aktuellen Probleme realistischer diskutiert werden.

Trauer: Gegnerische Parteien kommen zu inoffiziell diplomatischen Treffen mit Erwartungen, Hoffnungen und Ansichten die dazu neigen, starr und unrealistisch zu sein. Eine erfolgreiche Serie von Gesprächen strebt danach, diese Position abzuschwächen und aufzulockern. Aber es ist schwierig, wenn die Verluste, die aus einer veränderten Situation oder einem veränderten Status resultieren, nicht betrauert werden. Aus klinischer Sicht müssen Menschen trauern, wenn sie etwas aufgeben oder eine verbissen gehaltene Position verlieren. Trauer in diesem Sinn bezieht sich nicht auf sichtbares Verhalten, wie Weinen, sondern auf psychodynamischen Prozesse, die nach einem Verlust auftreten (Näheres zu diesen psychodynamischen Prozessen siehe Freud 1917b; Polock 1989; Volkan 1981; Volkan und Zintel 1993). Die neutralen Unterstützer müssen für den Prozess der Trauer und für die Befreiung und die Akzeptanz von Veränderungen, die er eröffnet, sensibel sein.

C. *Aufbau von Institutionen (Äste des Baumes)*
Das unterstützende Team leitet und interveniert in die Diskussionen, gestützt auf die Beobachtungen und das Verständnis der oben

geschilderten Prozesse, wie sie im Verlauf der Dialoge stattfinden, um die psychologischen Hindernisse zu glätten und um die Teilnehmenden in die Lage zu versetzen, realistischer miteinander zu reden. Im Lauf der Zeit beginnen sie, kreative Ideen für die Verbreitung und die Anwendung dieser neuen Wege des Denken und Handelns zu entwickeln.

So beinhaltet die dritte Komponente des Baum-Modells die Übertragung von Einsichten aus den Dialogen in konkrete Aktionen, die sich auf die beteiligten Gesellschaften auswirken. In Zusammenarbeit mit den Teilnehmenden der Dialoge und mit lokalen Kontaktpersonen, die in der CSMHI-Methode ausgebildet wurden, versucht das CSMHI-Team, Stillstand oder einen Rückfall zu verhindern, indem der erlebte Prozess institutionalisiert wird. Da Identitätsprobleme die Wurzel der ursprünglichen, starren Positionen sind, werden die Teilnehmenden weder die Notwendigkeit erkennen noch den Willen zu Veränderungen entwickeln, solange sie nicht erkennen, dass die bisherigen Strategien versagt haben. Die Situation muss durch die Ermutigung zur zeitlichen Entflechtung, durch die Abschwächung von Projektionen, durch das Erkennen versteckter Spielpläne, durch eine Modifizierung des Schwarz-Weiß-Denkens, durch die Ermöglichung von Trauer und durch die Erweiterung des psychologischen Zeitrahmens der Teilnehmenden angegangen werden.

Es wird als eine Erweiterung des Unterstützer-Teams eine lokale *Kontaktgruppe* – bestehend aus Klinikern, die darin geübt sind in dem beteiligten Gesellschaften auf der Graswurzel-Ebene zu arbeiten – aufgebaut, um praktische Projekte als Modelle der Zusammenarbeit und des Zusammenlebens zu schaffen. Letztendlich sollte die Kontaktgruppe sich zu einer Nicht-Regierungs-Organisation (NRO) entwickeln, die sich der Förderung von Verständigung zwischen Gruppen und der Verminderung von Spannungen widmet, indem sie eine kommunale Unterstützung aufbaut. Wenn sich das Unterstützer-Team zurückzieht, um zunehmend eine beratende Rolle einzu-

Das Baum-Modell

nehmen, übernimmt die Kontaktgruppe eine neue Führungsrolle, nachdem sie die Techniken des Unterstützer-Teams angenommen und ein tieferes Verständnis der bewussten und unbewussten Wurzeln des Konfliktes gewonnen hat. Um die programmatischen Aktivitäten der NRO fortzuführen, bemüht sich die Kontaktgruppe um Finanzierungsquellen. Außerdem versucht sie, ihr Programm über kritische Tagesordnungspunkte auf den Treffen der psychopolitischen Dialoge und über die Kontakte, die dort geknüpft wurden, in andere Teile des Landes zu verbreiten.

In Estland z. B. gelang es uns innerhalb der ersten drei Jahre, die auf die psycho-politischen Dialoge folgten, modellhafte Projekte des Zusammenlebens in zwei Dörfern aufzubauen, in denen die Bevölkerung je zur Hälfte aus Esten und Russen besteht. In Mustvee, einer ländlich geprägten Stadt, die von Landwirtschaft und Fischfang lebt, lebten Esten und Russen friedlich über Generationen hinweg zusammen. Als jedoch die Esten die Unabhängigkeit erlangten, verlor Mustvee seinen wichtigsten Absatzmarkt (St. Petersburg). Es war das Ziel des CSMHI, den Einwohnern von Mustvee dabei zu helfen, auf friedlichem Wegen eine neue Industrie aufzubauen, um ihre Ökonomie anzukrubeln. Die fehlende Vertrautheit mit unabhängigen Entscheiungsfindungen und die Schwierigkeit, sich auf einen echten Dialog miteinander einzulassen, um Entscheidungen herbeizuführen, schien das größte Hinderniss für die Gemeinschaft in Musvee. Es erwies sich als eine Herausforderung für die Gruppe in Mustvee zu lernen, wie man Entscheidungen im Team fällt, und die verschiedenen Bedürfnisse der Stadt in einer Prioritätenliste zusammenfasst, um Vorschläge für eine Finanzierung durch da CSMHI zu machen. Schließlich entstand eine lokale NRO und unterbreitete Projektvorschläge. Sie entwickelte eine Reihe von Anstrengungen, um eine neue Industrie – den Tourismus – in der Region voranzutreiben und zu unterstützen: Sie richtete ein Touristeninformationszentrum in verschiedenen Sprachen ein, druckte Werbematerialien, stellte Hinweisschilder auf und besuchte professionelle

Branchen-Treffen und Tourismusmessen. Während dieses Prozesses leitete die lokale Kontaktgruppe in Estland die psycho-politischen Dialoge zwischen einflussreichen estnischen und russischen Bürgern in Mustvee, während das Unterstützer-Team des CSMHI als Berater für die Kontaktgruppe agierte.

Ganz anders war die Situation in Klooga, einem armen Dorf in der Nähe einer ehemaligen sowjetischen Militäranlage. Aufgrund der militärischen Aktivitäten waren Teile von Klooga bis zur Schließung der Basis von den Esten abgeschirmt, so dass die meisten Esten, die heute dort leben, erst kürzlich dahin kamen. Die Russen in Klooga – vor allem junge Frauen mit Kindern, die zurückblieben, als die Basis geschlossen wurde, – sind überwiegend keine Staatsbürger. Beide Gruppen verfügen nur über eine unzureichende Ökonomie und als das CSMHI eintraf, fehlte selbst eine einfache Infrastruktur. Kriminalität und Vandalismus gehörten zum Leben, es existierte in dem Sinne keine Gemeinde und die ethnische Teilung war deutlich. Da die Bewohner von Klooga nur geringe Hoffnung für die Zukunft hatten, sahen sie in der estnischen Kontaktgruppe und im CSMHI-Team eine ernsthafte Hilfsquelle. Die lokale Kontakgruppe erhielt für sie die Funktion eines »Externen Egos«, welches sie langsam internalisieren und für die Entwicklung einer Gemeinschaft nutzen könnten. In den nächsten drei Jahren kamen die Russen und die Esten in Klooga zusammen, organisierten eine politisch informierte, demokratische NRO, mieteten und renovierten eine alte Sowjet-Bibliothek der Stadt und verwandelten sie in ein Gemeindezentrum. Heute ist das Gemeindezentrum ein Ort der Weiterbildung für alle (z. B. Computerkurse, Sprachkurse in Englisch und Estländisch) und des Spielens. Kinder haben einen sicheren Ort, wo sie nach der Schule hingehen können. Auch Teenager kommen dort zusammen und das Zentrum stellte die Räume der ganzen Gemeinde für Feste in den Ferien zur Verfügung. Der Dokumentarfilm »The Dragon's Egg« des kanadischen Filmemachers Allan King zeigt die Bemühungen des Zentrums in Klooga in seiner zeitlichen Entwicklung und stellt eine Methode zur Evaluation des Projektes dar (Dragon's Egg 1998).

Das dritte Gemeinschaftsprojekt von CSMHI in Estland schuf ein Modell zur Unterstützung der Integration von estnischen und russischen Schulkindern und beeinflusste den Sprachtest, welcher für Russen nötig ist, um estnische Staatsbürger zu werden. Der Vorort Mustamäe von Tallin hat eine hohe Anzahl junger Kinder und viele Schulen. In Estland sind russische und estnische Schulen getrennt und unterrichten in der jeweiligen Sprache. Die Gruppe in Mustamäe bestand aus estnischen und russischen Lehrern und Eltern, die Programme zur Integration von estnischen und russischen Kindergartenkindern (im Alter zwischen drei und sechs Jahren) entwickeln wollten.

Psycho-politische Dialoge, die von der lokalen Kontaktgruppe unter der Supervision des CSMHI über einen Zeitraum von 18 Monaten geführt wurden – diesmal mit Lehrern – mündeten in die Publikation von informierender Textbücher, mit denen die estnische Sprache und Kultur russischen Kindern beigebracht werden kann. Die Gruppe der Gemeinde stellte sieben Lehrer ein, die Estländisch in Klassen mit russischen Kindergartenkindern unterrichteten. Ebenso beinhaltete ihr Programm die Möglichkeit für russische Kinder der Sprachenklassen, sich mit estnischen Kindern zu treffen und mit ihnen zu spielen, sobald sie sich einige sprachliche Fähigkeiten angeeignet hatten. Es gab Ausflüge, gegenseitige Besuche der Schulen und ein Sommerlager gemeinsam für russische und estnische Kinder. Nach den ersten Jahren wurde das Sprachprogramm so beliebt, dass die Nachfrage bald die Anzahl der Plätze überstieg. Nachdem das CSMHI sich zurückgezogen hatte, stellte die Regierung Estlands Gelder für diese neu formierte NRO bereit und unterstützte sie als ein Modell für weitere Integrationsarbeit an den Schulen des Landes.

Für die Phase der Gemeindeprojekte des Baum-Modells war nicht nur die einfache Implementierung sinnvoller Programme zur Unterstützung eines inter-ethnischen Zusammenlebens an drei Orten in Estland das oberste Ziel des CSMHI. Das übergreifende Anliegen war – ebenso wie in den Dialogen auf nationaler Ebene – die Initiierung eines Prozesses aufrichtiger Kommunikation zwischen estnischen und Russisch sprechenden Nachbarn, um ihnen die Möglichkeit zu geben, sich gegenseitig kennen zu lernen, ihre Ängste, Hoffnungen und Gefühle zu verstehen und um einen Weg der Zusammenarbeit zu finden bei dem die Unterschiede aufrecht erhalten bleiben. Es war das Ziel, eine Art des Zusammenlebens zu finden, die keine Diskriminierung, Gewalt oder Aggression gegen die Mitglieder der anderen Gruppe beinhaltet.

Damit ein solcher Prozess anhält und sich nachhaltig entwickelt, muss die Initiative in einer Veränderung der Kommunikationsformen und der Beziehung zwischen Esten und Russen, die in Estland leben, münden, die von den Teilnehmende selbst getragen werden, so dass sie Mittel in die Hand bekommen, selbstständig weiterzumachen. So war es die wichtigste Aufgabe in allen Gemeindeprojekten, die Menschen auf der Graswurzel-Ebene zu »unterrichten«, so dass sie sich politische Macht aneignen konnten, und den lokalen Kontaktgruppen dabei zu helfen, sich als effektive NROs aus estnischen und russischen Mitgliedern zu entwickeln.

Diese Projekte an drei unterschiedlichen Orten illustrierten auf wertvolle Art und Weise die Notwendigkeit von Flexibilität im Umgang mit solchen Unternehmungen. Ein Modell passt nicht allen beim Aufbau inter-ethnischer Gemeinschaften und die Rolle des CSMHI variirte von Lokalität zu Lokalität entsprechend den spezifischen Bedürfnissen der Teilnehmenden und des Ortes. Es war absolut, wichtig von Anfang an ein tiefes und verstehendes Verständnis für die Einwohner, von ihrer Geschichte und ihren Beziehungen zu erhalten, um in der Lage zu sein, die unterschwellige Bedeutung der späteren Debatten, Auseinandersetzungen und Ereignisse zu verstehen und zu interpretieren. Um als Außenseiter hilfreich zu sein, muss man als jemand wahrgenommen werden, der zugleich neutral aber auch an den Belangen, Hoffnungen und Ängsten der Menschen interessiert ist. Es erleichtert den Prozess, wenn man soviel Zeit wie möglich mit den Beteiligten verbringt. Ebenso erweitert es die Wirkung des Projekts über die Mitglieder der Gemeinde hinaus und hilft anderen Bewohnern, sich mit dem, was die Gruppe zu erreichen versucht, vertraut zu machen.

Es war nicht die Roll der Unterstützer-Gruppe (CSMHI), Lösungen aufzudrängen, sondern vielmehr dabei zu helfen, Schwierigkeiten auf dem Weg zu benennen und auszuräumen, so dass die Teilnehmenden selbst voranschreiten konnten. Sobald die Interaktionen der Gemeindegruppen ins Stocken gerieten oder wenn Spannungen auftraten, war die Kontaktgruppe – mit der Hilfe des CSMHI – in der Lage, den Teilnehmenden zu zeigen, dass diese Hindernisse ein normaler Teil des Prozesses und zeitweise sogar ein Zeichen des Fortschritts waren. Während dieser Phase fuhr das CSMHI fort, sich mit Esten und Russisch sprechenden Bürgern, die in Estland lebten, im Rahmen der ursprünglich auf höherer Ebene angesiedelten Dialogserie zu treffen, um sie in die Ausweitung dieser Beispiele friedlichen Zusammenlebens einzubeziehen.

V. Abschließende Bemerkungen

Die Veränderung von Großgruppen, die sich im Konflikt befinden, ist eine langfristiger, mehrere Jahre umfassender, systematischer Prozess. Durch psycho-politische Dialoge, die psychologische Hindernisse ausräumen, entwickelt sich eine zentrale Gruppe einflussreicher Bürger (bestehend aus Mitgliedern beider Parteien) zu Partnern und Initiatoren, die Institutionen aufbauen, um eine friedliche Umsetzung zu stabilisieren. Dieser Prozess ist wie das Wachsen einen Baumes. Man kann keine Zweige haben, bevor der Baum nicht fest verwurzelt ist und sich der Stamm herausgebildet hat.

Natürlich gibt es auch Grenzen dieses Modells. Erstens ist es nötig, dass Psychoanalytiker und andere Kliniker Kenntnisse über internationale Beziehungen entwickeln und mit Diplomaten, Politikwissenschaftlern und Historikern zusammenarbeiten. Der Aufbau eines interdisziplinären Teams birgt seine eigenen psychodynamischen Herausforderungen.

Zweitens benötigt der Baum Wasser (finanzielle Unterstützung) und es kann schwierig sein, Sponsoren für einen Prozess zu finden, der viele Jahre braucht, bevor die Früchte des Baumes für alle sichtbar werden. Nichtsdestotrotz gibt es in dem Maße, in dem die Welt sich verwandelt, einen wachsenden Bedarf, ernsthafte Methoden zur Prävention von Konflikten und zur Verminderung von Spannungen zwischen gegnerischen Gruppen zu finden. Das Baum-Modell bietet eine Methode für eine neue Art von präventiver oder korrigierende Diplomatie an, welche systematisch von einer Dritten Partei getragen wird. Mit entsprechenden Modifikationen kann diese Methode in einem breiten Spektrum von Situationen angeboten werden, um dabei zu helfen, Spannungen zu vermindern, gewaltsamen Konflikten vorzubeugen, traumatisierte Gesellschaften zu heilen und ein friedliches Zusammenleben zu fördern.

Aus dem Amerikanischen von Katja Kochalski

Eine umfangreichere und ausführlichere Version dieses Beitrages erschien bereits in: Volkan, Vamik D. (1999): The Tree Model: A comprehensive psychopolitical approach to unofficial diplomacy and the reduction of ethnic tension. Mind and Human Interaction, 10, 142–210

Anmerkung:
1   Volkan verwendet im Englischen den Begriff »chosen glories«, der schwer ins Deutsche zu übersetzen ist. Im Bemühen um eine begriffliche Einheitlichkeit wird hier die in der deutschen Übersetzung des Buch »Das Versagen der Diplomatie« (2000, Psychosozial-Verlag) gewählte Übersetzung »gewählte Ruhmesblätter«, bzw. »gewählte Ruhmestaten« verwendet (vgl. ebd. S. 70ff.).

Literatur:

Akhtar, Salman (1992). Broken Structures: Severe Personality Disorders and Their Treatment. Northvale, NJ: Jason Aronson.

Bernard, Viola W., Ottenberg, Perry, and Redl, Fritz (1973). Dehumanization: A composite psychological defense in relation to modern war. In: N. Sanford and C. Comstock eds. Sanctions for Evil: Sources of Social Destructiveness. San Francisco: Jossey-Bass 102-124.

The Dragon's Egg: Making Peace on the Wreckage of the Twentieth Century. (1998) Directed by Allan King. Allan King Associates. Videocassette.

Erikson, Erik H. (1956) The problem of ego identification. Journal of the American Psychoanalytic Association (4) 56-121.

Freud, Sigmund (1917a) Taboo of virginity. Standard Edition. London: Hogarth Press 1961 (11) 191-208.

Freud, Sigmund (1917b) Mourning and melancholia. Standard Edition. London: Hogarth Press 1961 (14) 237-260.

Freud, Sigmund (1921) Group psychology and the analysis of the ego. Standard Edition. London: Hogarth Press 1955 (18) 63-143.

Freud, Sigmund (1930) Civilization and its Discontents. Standard Edition. London: Hogarth Press 1964 (21) 64-145.

Julius, D. A. (1991) The practice of track two diplomacy in the Arab-Israeli conferences. In Unofficial Diplomacy at Work, vol. 2 of The Psychodynamics of International Relationships, ed. V. D. Volkan, J. V. Montville, and D. A. Julius, pp. 193-205. Lexington, Mass.: Lexington Books.

Kernberg, Otto (1976) Object Relations Theory and Clinical Psychoanalysis. New York: Jason Aronson.

Kernberg, Otto (1980) Internal World and External Reality. New York: Jason Aronson

Klein, Melanie (1946) Notes on some schizoid mechanisms. International Journal of Psychoanalysis (27) 99-110.

Mack, John E. (1979) Foreword. In: Volkan, V. D. Cyprus—War and Adaptation: A Psychoanalytic History of Two Ethnic Groups in Conflict. Charlottesville, VA: University Press of Virginia ix-xxi.

Mahler, Margaret (1968) On Human Symbiosis and the Vicissitudes of Individuation. New York: International Universities Press.

Pollock, George H. (1989) The Mourning-Liberation Process. Madison, CT: International Universities Press, 2 vols.

Volkan, Vamik D. (1981) Linking Objects and Linking Phenomena: A Study of the Forms, Symptoms, Metapsychology and Therapy of Complicated Mourning. New York: International Universities Press.

Volkan, Vamik D. (1988) The Need to Have Enemies and Allies: From Clinical Practice to International Relationships. Northvale, NJ: Jason Aronson.

Volkan, Vamik D. (1997) Bloodlines: From Ethnic Pride to Ethnic Terrorism. New York: Farrar, Straus & Giroux. Also in German: Bluts-Grenzen: Die historischen Wurseln und die psychologischen Mechanismen ethnischer Konflikte und ihre Bedeutung bei Friedensverhandlungen. Tr. Von Klaus Kochmann. Zurich: Scherz Verlag (1999).

Volkan, Vamk D. (1998) The tree model: Psychopolitical dialogues and the promotion of coexistence. In: Handbook for Interethnic Coexistence. New York, NY: The Abraham Fund 343-349.
Volkan, Vamik D. (1999a) Psychoanalysis and diplomacy, part one: Individual and large-group identity. Journal of Applied Psychoanalytic Studies (1) 29-55.
Volkan, Vamik D. (1999b) Das Versagen der Diplomatie: Zur Psychoanalyse nationaler, etnischer und religiöser Konflikte. Giessen, Germany: Psychosozial Verlag.
Volkan, Vamik D. (1999c) Psychoanalysis and diplomacy, part two: Individual and large-group identity. Journal of Applied Psychoanalytic Studies (1) 223-247.
Volkan, Vamik D., Ast, Gabriele, and Greer, William F. (2002) The Third Reich in the Unconscious: Transgenerational Transmission and its Consequences. New York: Brunner-Routledge.
Volkan, Vamik D. and Zintl, E. (1993) Life After Loss: The Lessons of Grief. New York: Charles Scribner's Sons. Dt.: Wege der Trauer. Leben mit Tod und Verlust. Gießen, Psychosozial-Verlag, 2000.

(Inter)kulturelle Mediation

Benedikta Gräfin v. Deym-Soden

Einleitung

»Interkulturelle Mediation ist ganz essentiell, denn wir leben in einer zunehmend multikulturellen Gesellschaft. Fast ständig misslingen Begegnungen zwischen Menschen verschiedener kultureller Herkunft, entstehen multikulturelle Konflikte. Diese Konflikte müssen gelöst werden. Interkulturelle Mediation ist dafür nötig.« Solche oder ähnliche Meinungen können wir häufig hören und sie sind gut zu begründen.

Warum liest man dann aber in der Fachliteratur doch relativ wenig über interkulturelle Mediation? Literatur über Mediation im Allgemeinen erlebt einen beachtenswerten Boom. Es ist erstaunlich wenig über interkulturelle Mediation darunter. Woran mag das liegen?

Zunächst ist die Grundlage einer fachlichen Beschäftigung mit multikulturellen Konflikten zu klären und ggf. zu vereinbaren. Was verstehen wir unter interkultureller Mediation? Meinen wir dabei alle das Gleiche? Interkulturelle Mediation ist kein klar vereinbarter und damit eindeutiger Begriff. Es gibt viele Definitionen für Kultur. Wie ist Kultur hier definiert? Und welche Kulturen sind an der Begegnung beteiligt – hat das einen Einfluss auf die Methodik der interkulturellen Mediation? Schaut man genauer auf die in Frage kommenden Definitionen von Kultur und von interkultureller Mediation, entstehen neue Fragen. Ist dann nicht nahezu jeder Konflikt interkulturell und jede Mediation sollte interkulturell angepasste Methodik einsetzen? Dann wäre interkulturelle Mediation der Normalfall und das Adjektiv »interkulturell« würde aus praktischen Gründen nicht mehr jedes mal eigens erwähnt werden? Gibt es wenig

Literatur zum Thema weil das Thema aus dem einen oder anderen Grund gegenstandslos ist?

Wäre interkulturelle Mediation der Normfall, so müsste die Methodik dennoch in jeder Mediation aufgrund der jeweils beteiligten spezifischen Kulturen angepasst werden. Bei aufmerksamem Hinsehen und Nachfragen kann aber festgestellt werden, dass in der Mediations-Praxis gar nicht so oft bewusst auf kulturelle Eigenheiten eingegangen wird. Es ist gar nicht so oft, wie wir es vermuten müssten, wenn wir obigen Aussagen Glauben schenken zum Thema schneller Wandel, Globalisierung und zu der multikulturellen Gesellschaft, in der wir leben. Egal, ob über Fälle oder über Methodik gesprochen wird, ob es um Standards geht oder um Gebühren, es wird doch überwiegend über »das« eine Mediationsverfahren gesprochen, das wir, gelegentlich ein bisschen variiert, alle leicht wiedererkennen, wenn es uns beschrieben wird.

Wir vertreten in diesem Buchbeitrag die Meinung, dass dies, wenn es wirklich so wäre, schnellstmöglich geändert werden sollte. Wir sind der Auffassung, dass Mediation sich den jeweiligen kulturellen Gegebenheiten bewusster und gezielter stellen muss.

Das ist zum einen nötig, um der Situation gerecht zu werden und für den spezifischen Konflikt und für die jeweiligen Parteien Mediation wirksam zu machen. Findet die Anpassung an deren Kulturen nicht statt, so wird es zu einer Frage des Zufalls ob die Mediation doch glückhafterweise unterstützt, ob sie wirkungslos bleibt, oder ob sie sogar Schaden anrichtet. Das würde nicht nur diesen Klienten schaden und dem betreffenden Mediator/in sondern der Mediation als Ganzem. Es würde einen erheblichen Schaden für die Chancen zukünftiger Mediationsfälle darstellen, wenn es sich herumspräche, dass Mediation nur etwas für Menschen mit bestimmten Wertvorstellungen und Kompetenzen sei. Ein konkretes Beispiel ist die Frage ob Mediation Individualisten methodisch besser bedient als Kollektivisten? Unterstützt Mediation durch ihre Methodik Menschen stärker und besser, die es von klein auf gewohnt sind, sich als Individuen selbstverantwortlich zu verhalten, als solche, die dieses Verhalten weniger anwenden und weniger beherrschen? Mediation würde dann Menschen weniger gut vertreten, die es von klein auf gewohnt sind, sich als Gruppenmitglied gruppenverantwortlich zu verhalten, Gruppeninteressen zu vertreten und im Gegenzug von ihrer Gruppe mit gutem Grund zu erwarten, dass diese unter anderem ihre (Gruppenmitglieds-) Partikular-Interessen vertritt. Solche Menschen halten häufig das individualistische Vertreten ihrer Einzelinteressen für verachtenswert, peinlich, unangebracht, schlechten Stil.

Für kulturell sensible Mediationen müssten methodische Überprüfungen und ggf. Anpassungen an die jeweiligen Situationen und an die betreffenden Kulturen erfolgen. Dies ist ein zum großen Teil fachlich nicht genug aufbereitetes Feld. Es gibt jedenfalls nicht in ausreichenden Zahl Veröffentlichungen zum Thema. Und diese Anpassungen haben nicht in ausreichendem Maß Eingang in die berufliche Praxis gefunden. Im Zuge der EU-Osterweiterung und weltweiter Migration wird dieser Bereich der Mediation heute und hier noch hoffnungslos unterbewertet. Wir sind der Meinung, dass diese Anpassungen in den allermeisten Fällen möglich wären. Wir sind der Meinung, dass dann Mediation auch in einer Überzahl multikultureller Fälle die beste Konfliktintervention wäre.

Unser Beitrag in diesem Kapitel soll es sein, Definitionen zu geben und einige grundlegende systematische Erörterungen darzulegen. Dazu wird es nötig sein, zunächst auf allgemeine (nicht auf Konflikte bezogene) interkulturelle Kommunikation einzugehen und dann erst zur interkulturellen Mediation überzugehen. Letztlich soll der Beitrag auch offene Fragen bewusst stellen.

Der fachliche Hintergrund der Autorin ist dabei Folgender:

Die Autorin war langjährig als Führungskraft in einem forschungsintensiven Konzern tätig. Sie leitete ein Forschungszentrum in Italien, führte zahlreiche internationale Verhandlungen, koordinierte vom Headquarter aus weltweit virtuelle Teams und leitete komplexe Entwicklungsprojekte. Sie studierte berufsbegleitend in den USA »Intercultural Relations«, machte Ausbildungen in Mediation in Deutschland, in interkultureller Mediation in den USA und (international) in internationaler Organisations- und Systementwicklung, NLP (Master), Improvisationstheater. Sie ist seit einigen Jahren anerkannte und praktizierende Mediatorin und Organisationsberaterin mit einer eigenen Firma. Als erste Vorsitzende leitete sie in den vergangenen Jahren ehrenamtlich den Bundesverband Mediation und hat daher einen intensiven Einblick nicht nur in diesen Verband sondern in die Mediationsszene im deutschsprachigen Raum. Sie gründete mit Anderen die Fachgruppe interkulturelle Mediation im Bundesverband Mediation und den Verein zur Förderung der interkulturellen Mediation in der Schweiz.

»Kultur«
Unter Kultur verstehen wir die durch Gruppenzugehörigkeit geprägten und übernommenen Verhaltensweisen, Werte, Haltungen und Glaubenssätze.
Formulierung durch die Fachgruppe Interkulturelle Mediation im BM
in Anlehnung an die Interkulturelle Kommunikationsforschung

Wichtiger Wirkmechanismus für die Prägung von Kultur in diesem Sinne ist u.a. die innerhalb der Gruppe gegenüber außerhalb der Gruppe häufigere und intensivere verbale und nonverbale Kommunikation.

Mit Kultur ist nicht Kultur im Sinne von Kunst wie zum Beispiel Schauspiel, Konzerte, Theater, Bildhauerei gemeint. In Bezug gesetzt zum obigen Begriff könnten sich in der Kunst gelegentlich auch Einflüsse der Kultur in unserem Sinne ausdrücken. Ob das jedoch überhaupt so ist und welcher Art diese Einflüsse wären, ist nicht definiert.

Es gibt sprachliche Wendigen wie »*Dieser Mensch hat Kultur*«. Das bedeutet gleichzeitig, ohne dass es ausgesprochen wird: »*andere Menschen haben keine Kultur*«. Solche »Persönliche Kultur« im Sinne von Verfeinerung, (edle) Eigenschaften, die eine Person im Auftreten oder Verhalten im Sinne einer Qualitätseigenschaft hat oder nicht hat ist mit unserem Kulturbegriff NICHT gemeint.

»bi- pluri- und multikulturell« bezeichnen die gleichzeitige Präsenz von zwei oder mehr Kulturen. Ob diese einfach nebeneinander existieren oder ob sie interagieren wird durch die Begriffe zunächst nicht ausgesagt.

Nur »interkulturell« bezeichnet eindeutig Beziehungen und Interaktionen zwischen Kulturen.

Ein kulturell begründetes Modell der Identität
Das Modell

Die Autoren auf dem damals neuen Gebiet der interkulturellen Kommunikation, welche seit den 50 er Jahren des letzten Jahrhunderts zunächst vor allem in den USA tätig waren, hatten ganz praktische Ziele vor Augen. Eines der erklärten Ziele war es, Wege zu finden, wie junge hochbegabte und bestens ausgebildete Akademiker und Akademikerinnen gesund aus dem noch relativ neuen amerikanischen Entwicklungsdienst zurück kommen könnten. Sie hatten sich seit Beginn des Peace-Corps jeweils verpflichtet für einige Jahre als Entwicklungshelfer im Peace Corps zu arbeiten und verbrachten je ein bis zwei Jahre oft ganz allein oder maximal zu zweit im Ausland, beispielsweise auf einer Südsee-Insel. Einige von ihnen mussten mit Psychose-ähnlichen Krankheitssymptomen vorzeitig nach Hause geholt werden. Die dramatischen Identitätskrisen, die sie unvorbereitet erlebt hatten, stellten eine Bedrohung ihrer geistigen Gesundheit und ihrer späteren Karrieren dar. Zunächst glaubte man, besonders labile Menschen vor der Ausreise nicht erkannt zu haben. Erst im Laufe einiger Zeit konnte man das quasi gesetzmäßige Auftreten von Kulturschocks als Ursache der schweren Identitätskrisen (die Psychosen ähnlich sind) in solchen isolierten Situationen näher beschreiben und die Ausreisenden durch entsprechende Vorbereitung und Begleitung besser vor deren Folgen schützen. Dass Kulturschocks so besonders unerwartet und so stark waren, wird heute auch damit erklärt, dass die Außengrenzen der USA im Alltag wenig erlebbar sind und damit das eigene Identitätsmodell selten erschüttert wird. Die Aufgabe, diese schwerwiegende Problematik zu lösen, war der Grundstein für das neue Forschungsgebiet der Interkulturellen Kommunikation. Dass das Wissensgebiet Interkulturelle Kommunikation in den USA eine frühe und besondere Ausbreitung erfahren hat, wird wesentlich auf diese historischen Begebenheiten zurückgeführt.

Heute können wir den damaligen Forschungen einen neuen Rahmen geben. Es geht, auf Basis obiger Definition um ein »Kulturmodell der Identität«. Das ist ein Modell der Identität, welches sich wesentlich auf unsere kulturellen Eigenheiten stützt, auf die durch Zugehörigkeiten zu bestimmten Gruppen geprägten Identitätsmerkmale. Wenn früher von der sozialen Prägung eines Menschen gesprochen wurde, so wohl mehr oder weniger mit dem Gedanken an eine einzige oder zumindest wichtigste Prägung. Wir dachten an strukturelle Zugehörigkeit z. B. zur sozialen Schicht der Eltern, welche nicht nur die eigene Schicht, sondern unter Umständen auch die der Kinder, Enkel und Urenkel festlegte. Die Schichten waren wenig durchlässig. Generationen von Menschen gehörten der gleichen Schicht ihrer Ahnen an.

Dieses Modell der Sozialisation können wir aufgrund der höheren Durchlässigkeit der westlichen Gesellschaft und aufgrund der weltweiten Mobilität ablösen durch die Vorstellung, dass Menschen von verschiedenen Gruppen geprägt werden mit denen sie jeweils in intensivem Austausch sind oder waren, gewollt oder ungewollt. Diese Zugehörigkeiten geschehen lebenslang immer wieder neu. Dadurch gehört also jeder Mensch mehreren Kulturen nacheinander und gleichzeitig an und weist gleichzeitig all deren verschiedene Prägungen auf.

Die kulturellen Zugehörigkeiten und Prägungen haben nicht alle das gleiche Gewicht. Faktoren für das unterschiedliche Gewicht sind zum Beispiel die Aufnahmebereitschaft während der Zugehörigkeit zu einer Gruppe – ist der Mensch in der Zeit der Zugehörigkeit besonders offen, besonders formbar? Ein Beispiel dafür wäre, dass jemand sehr jung und flexibel ist. Ein anderes Beispiel wäre, dass er stark zu beeindrucken ist, wie er von seiner bisherigen Gruppe sehr isoliert ist. Ein drittes Beispiel wäre, dass die früheren Prägungen ohnehin im Wanken sind, weil man eben eine Lebenskrise durchlebt. Ein weiterer Faktor, mit dem ersten zusammenwirkend, ist die Bedeutung der Gruppe für das Mitglied – wie lange und wie intensiv, wie unausweichlich war die Zugehörigkeit? Beispiel hierfür ist das Kind in der Familie. Beispiel ist die jugendliche Staatsbürgerin in einem totalitären Regime. Ein dritter Faktor liegt in der Art der Gruppenstrukturen und der Gruppenregeln – gibt es strenge oder losere Regeln, gibt es Sanktionen bei Regelüberschreitungen und wie existentiell sind diese Sanktionen? Beispiele für Gruppen mit sehr strengen Regeln und Sanktionen können Jugend-Gangs oder Sekten sein.

Die Zugehörigkeit zu einer Kultur muss weder frei gewählt noch bewusst sein. Es reicht, dass man mehr oder bedeutungsvollere Kommunikation mit dieser Gruppe hat als mit Menschen anderer Gruppen. In der Literatur wird auf bestimmte solche Gruppenzugehörigkeiten besonders eingegangen wegen ihrer empirisch festgestellten Bedeutung. Fast immer genannt werden Religionszugehörigkeit (der Eltern ebenso wie die eigene), Nationalität, Geschlecht, Peergruppe, Beruf, Arbeitsplatz.

Es gibt keine offizielle Skala dafür, wie stark der Einfluss mindestens sein muss, um von einer Gruppenkultur sprechen zu können. Es ist aber leicht verständlich, dass aus pragmatischen Gründen die wenig prägenden Gruppen, z. B. die zusammengewürfelten Menschen in einem U-Bahn-Waggon während einer einzigen Fahrt normalerweise nicht erwähnt werden. Gäbe es allerdings ein schicksalhaftes Ereignis während einer solchen Fahrt, dann könnte man sicherlich auch die Kultur dieser Gruppe als nennenswert einstufen.

Da diese Punkte so grundlegend sind für die weiteren Darlegungen, seien sie und wichtige Schlussfolgerungen noch einmal stichwortartig zusammengefasst:

- Kultur in diesem Sinne entsteht durch Kommunikation innerhalb von Gruppen, denen der Mensch angehört.
- Jeder Mensch gehört mehreren Kulturen gleichzeitig an.
- manche kulturelle Zugehörigkeiten sind in ihren Einflüssen wichtiger, andere sind weniger bestimmend.
- Es entstehen durch die Zugehörigkeit gemeinsame kulturelle Sprachformen, gemeinsame kulturelle Verhaltensweisen, kulturelle Werte und Normen.
- Die gemeinsamen Formen sind sehr oft implizit vorhanden, werden nicht explizit diskutiert und verhandelt und sind daher häufig nicht voll bewusst. Gerade die Tatsache, dass viele Normen nicht explizit behandelt werden, macht sie besonders wirksam.
- Die Regeln haben oft eine große Wirkung. Zum Beispiel werden an bestimmten Verhaltensweisen automatisch die Insider erkannt, bzw. am »Fehlverhalten« die Outsider identifiziert. Fehlverhalten eines Insiders führt unter Umständen zu dessen Ausschluss.
- Das Zusammenspiel aller kulturellen Prägungen einer Person und ihres ganz individuellen spezifischen Kerns (der Anlass für weitere Überlegungen ist) macht dann (irgendwie) die Identität einer Person aus.
- Durch unsere hohe Mobilität und den schnellen gesellschaftlichen Wandel gehören nur noch wenige Menschen jeweils der gleichen »Kulturmischung« an.

Umgang mit dem kulturellen Modell der Identität

Die Güte des Kulturmodells der Identität muss sich zeigen am praktischen Nutzen und muss sich auch ethisch hinterfragen lassen. Die Frage ist, ob mit ihm Situationen besser beschrieben und ob besser mit ihnen umgegangen werden kann als mit Hilfe anderer Modelle.

Nach unserer Erfahrung bewährt sich das Modell gerade in der Vermittlung im Konflikt zwischen Menschen recht unterschiedlicher

Prägung – also auch in der Mediation in multikulturellen Situationen. Die Charakteristika des Modells weisen es aus als nicht hierarchisch, nicht wertend, detailliert, dynamisch und offen. All diese Eigenschaften passen zu den Prinzipien und Werthaltungen der Mediation und zur Vielfalt multikultureller Situationen.

Kritik an dem Modell wäre dann angebracht, wenn der Umgang mit dem Modell Stereotypisierung unterstützen würde. Das wäre dann der Fall wenn die Beschreibung eines Unterschiedes zwischen Menschen aufgrund ihrer unterschiedlichen Zugehörigkeiten von einer temporären Zustandsbeschreibung dieser Menschen umkippt zu einer festen Zuschreibung bestimmter Eigenschaften zu allen Menschen dieser Gruppe. Das kann auf der Basis dieses Modells tatsächlich geschehen. Dann wäre der Stereotypisierung Vorschub geleistet. Es ist aber nicht zwingend, dass diese geschieht.

Zuschreibungen werden dann gefördert, wenn die Beschreibung von spezifischen Gruppen mit bestimmten Eigenschaften verknüpft bleiben. In der interkulturellen Fachliteratur der 50er Jahre wurde das häufig so betrieben. Nehmen wir als Beispiel einen Vergleich von Deutschen mit Amerikanern. Menschen werden in solchen Studien häufig nach ihren Nationalitäten unterschieden, z. B. als Deutsche oder Amerikaner. Dann werden Eigenschaften erfasst und verglichen. Es ergibt sich vielleicht, dass die Deutschen in dieser Untersuchung es häufiger als beispielsweise die untersuchten Amerikaner besonders wichtig fanden, Vereinbarungen wörtlich einzuhalten, während die untersuchten Amerikaner es wichtiger fanden, das einzuhalten, was sie als den Geist der Vereinbarung verstanden hatten. Wenn nun nach der Lektüre dieser Untersuchung *alle* Deutschen als regeltreu und *alle* Amerikaner als flexibel eingestuft würden, so wäre eine verallgemeinernde Zuschreibung geschehen. So geschieht es unserer Meinung nach leider in mancher zeitgenössischen Veröffentlichung und in gar manchen interkulturellen Trainings.

Wenn einzig aufgrund der Zugehörigkeit einer Person zu einer bestimmten Gruppe Rückschlüsse auf ihre Eigenschaften gezogen werden, dann wird stereotypisiert. Die Wahrnehmung der tatsächlichen Eigenschaften der Menschen wird dann nicht unterstützt. Eine solche Verallgemeinerung wäre unzulässig, weil Menschen in Gruppen nicht uniform sind. Sie wäre unzulässig, weil Menschen und Gruppen sich ändern. Diese Verallgemeinerung stünde auch deshalb auf wackeligen Beinen, weil die Beobachtungen immer vom Beobachter und dessen eigener Kultur gefiltert sind. Die Verallgemeinerung ist auch deshalb ungültig, weil sie den Bezug zum Vergleichssystem verloren hätte. Die Beschreibung der Eigenschaften war ja ursprünglich aus einem Vergleich zwischen spezifischen Gruppen entstanden, z. B. von Deutschen mit Amerikanern, nicht von Deutschen mit allen Menschen der Erde.

Ein ganz anderer Ansatz wäre es, ganz auf solche Klassifizierungen und Abgrenzungen zu verzichten. Es kann aber sinnvoll und der Verständigung förderlich sein, wenn wir uns klar machen, welchen Gruppen zwei Menschen, die uns gegenüber sitzen, angehören. Es kann dadurch vorübergehend leichter werden, Verständnis für den Unterschied zwischen Menschen aufzubauen. Das Gewicht der Verantwortung des Einzelnen für die Eigenschaften kann reduziert werden.

Da die Versuchung von Verallgemeinerungen sehr groß sind, halten wir es für essentiell, die beiden Schritte zu trennen. Dann würde in unserem obigen Beispiel festgestellt, 1) dass Amerikaner sich von Deutschen stark unterscheiden können und 2) dass Menschen hinsichtlich ihres Regelverständnisses stark unterschiedlich sein können. Die Stereotypisierung wäre aufgehoben. Auf die zwei Aspekte Gruppenzugehörigkeit einerseits und Gruppeneigenschaften andererseits wird in den folgenden beiden Abschnitten eingegangen.

Kulturell prägende *Gruppen* benennen

Es gibt mindestens zwei praktikable Wege, den Kulturen auf die Spur zu kommen. Der eine, wohl leichtere Weg ist die Suche nach kulturformenden Gruppen im Sinne der eingangs beschriebenen Kulturdefinition. »Welchen prägenden Gruppen gehören Menschen an« ist die Frage.

Nehmen wir als Beispiel Organisationen als Feld unserer Suche nach kultur-formenden Gruppen. In den Organisationen können wir zwischen Gruppen und den durch sie hervorgerufenen Kulturen unterscheiden, die für die Organisation typisch sind, also den eigentlichen »Organisationskulturen«. Das sind beispielsweise die Kultur der Gesamtorganisation, die verschiedenen produktbereichsspezifischen Kulturen, Abteilungskulturen, Funktionskulturen, Berufsgruppenkulturen.

Es gibt des weiteren Kulturen, welche in der Organisation zwar bedeutungsvoll sind, evtl. auch gepflegt werden, die aber an anderen Orten entstanden sind. Nennen wir diese »mitgebrachte« Kulturen. Die »mitgebrachten Kulturen« können nationale Kulturen sein, ethnische, regionale, geschlechtsspezifische, schichtspezifische (Eltern), ausbildungsspezifische, religionsspezifische/kirchliche der Eltern, die eigene religiöse Kultur/Religionsgemeinschaft, altersbedingte im Sinne der historischen Zeit, in der ein Mensch aufgewachsen ist oder als Erwachsener lebt, Gewerkschafts-Kulturen, die Kulturen von politischen Parteien und viele andere Kulturen.

Kulturell geprägte *Eigenschaften* benennen

Der zweite Weg geht über die Suche nach bestimmten Einstellungen, Überzeugungen, Werten, Verhaltensweisen, die durch – egal welche – Gruppenzugehörigkeiten entstanden und für eine nennenswerte Zahl von Menschen bedeutungsvoll geworden sind. Hier geht es also nicht um die verursachende Zugehörigkeit sondern um die Eigenschaften und Haltungen, in denen Menschen sich unterscheiden können. Mit anderen Worten suchen wir empirische Auswirkungen kulturformender Einflüsse. Wenn wir auf diesem Weg sind, sprechen wir vielleicht von »direkten« oder »indirekten« Kulturen, von mehr »individualistischen« oder von mehr »kollektivistischen Kulturen«.

Das Unterscheidungskriterium nach »Individualismus« und »Kollektivismus« halten wir für Mediation in unserer Zeit für besonders bedeutungsvoll und wollen diese Frage weiter unten in einem eigenen Abschnitt näher beleuchten.

Einige wenige Beispiele aus der Literatur für als signifikant befundene Unterschiede zwischen untersuchten kulturellen Gruppen sind die Unterschiede in folgenden Aspekten:
- das Zeitverständnis : lineares oder zirkuläres Zeitverständnis – die Zeitqualität kehrt zirkulär immer wieder, oder die Zeit vergeht und zerrinnt in linearer Form. Zerrinnende Zeit muss genutzt werden, wenn der Mensch sie nicht verlieren will, zirkuläre Zeit dagegen kann der Mensch getrost fließen lassen, die gleich Zeitqualität kehrt ja wieder.
- die Rolle des Menschen im Verhältnis zur Welt: der Mensch als Subjekt oder der Mensch als Objekt, das ist ein das Leben gestaltender Mensch oder einer, der es erlebt, erduldet, fließen lässt. Das ist ein Mensch, der mehr im Tun und Haben oder mehr im Sein ist, der eher aufgefordert ist zu verändern und zu gestalten oder der eher das Bestehende zu bewahren hat.
- das Ausmaß an explizitem oder impliziten Denken und Kommunizieren : Hier geht es um die Frage, ob sprachlich direkt ausgesprochen wird und direkt mit der Person, welche letztlich gemeint ist, oder ob indirekt kommuniziert wird, nämlich über den Kontext, durch indirekte Formulierungen, Andeutungen, Bilder und letztlich auch über Kontaktpersonen und indirekte und inoffizielle Vermittler.

Es gibt eine Vielzahl weiterer solcher beschriebener Unterschiede wie Idealismus kontra Realismus (»Fundi« vs. »Realo«), egalitäres Weltbild versus hierarchisches Weltbild und viele mehr. Dass deren Zahl überhaupt überschaubar bleibt ist unter anderem auch Auswirkung der »ordnenden Hand« der Autoren. Die Vielfalt menschlicher Eigenschaften ist so groß, dass letztlich Grenzen nicht klar zu ziehen sind. Die Beschreibung von Unterschied oder von Ähnlichkeit bleibt damit immer auch subjektiv.

Das Beispiel Individualismus und Kollektivismus

Zum gegenwärtigen historischen Zeitpunkt ist ein ganz zentraler Aspekt die unterschiedliche Grundeinheit der Gesellschaft auf der das Menschen- und Gesellschaftsbild der jeweiligen Kultur aufbaut. Das Identitätsverständnis der einzelnen Mitglieder der Kultur baut auf diesem Konzept auf.

Ist die Grundeinheit der einzelne Mensch, dann sprechen wir von individualistischer Kultur. Der einzelne Mensch bestimmt sein Schicksal selbstverantwortlich. Er oder sie empfindet sich vor allem als einzelne Person, die selbstverantwortlich Beziehungen zu anderen Individuen aufnimmt und pflegt oder ruhen lässt. Wenn dieser Mensch etwas von einer Gruppe will, so geht er davon aus, er oder sie muss das speziell und explizit aushandeln. Er selbst muss aktiv um diese Leistung ansuchen und wird vermutlich eine spezifische Gegenleistung erbringen müssen.

In einer mehr kollektivistischen Kultur ist die Gruppe die Grundeinheit. Der einzelne Mensch empfindet sich vor allem als Teil der größeren Einheit. Er oder sie pflegt die Beziehungen zu seiner Gruppe ein bisschen so wie ein Individualist seine Beziehung zu sich selbst pflegt. An dieser Stelle wird vielleicht deutlich, dass die beiden Identitäts-Konzepte nicht gut vergleichbar sind. Die Gruppe ist ja nur nach dem Verständnis des Individualisten nicht identisch mit dem Selbst. Der radikale Kollektivist und die Gruppe sind im Prinzip eins, oder zwei Untereinheiten eines Ganzen. Wenn ein Kollektivist überhaupt »ich« sagt ist das ein anderes »ich« als das des Individualisten. Wenn ein Individualist überhaupt »wir« sagt, ist das ein anderes »wir« als das des Kollektivisten.

Wenn ein Kollektivist etwas von seiner Gruppe bekommt, so ist das ebenso eine Selbstverständlichkeit wie der eigene Einsatz für die Gruppe. Wer was für wen tut folgt eher der empfundenen Angemessenheit oder Notwendigkeit für die Gruppe, weniger einem individuellem Wollen und Wünschen. Von der Gruppe oder ihren Vertretern kann dieser Mensch erwarten, dass sie erkennt, was er benötigt, er muss sie nicht darum bitten. Die anderen Mitglieder der Gruppe können das Gleiche von ihm erwarten. Kollektivismus und indirekte Kommunikation gehen daher oft einher, ebenso wie direkte Kommunikation und Individualismus gut zusammenpassen.

Wofür hat der Mensch Verantwortung, wird hier gefragt und woraus zieht er seine Befriedigung. Ist er wesentlich nur für sich selbst oder ist er unmittelbar für seine Gruppe verantwortlich? Und welche Aufgabe hat die Gruppe in Bezug auf das Mitglied? Wodurch erhält die Existenz Befriedigung – durch Einzel-Lebensäußerung (individuelle Ziele, Werte, Leistung) oder durch die Eigenschaften, Errungenschaften und den Status der Gesamtheit der Gruppe (Wesen, Ziele, Werte)?

In der Mediation wird von Selbstverantwortung gesprochen. Wird dies aus einem individualistischen Selbstverständnis verstanden, so kann leicht der Irrtum entstehen, ein Kollektivist übernehme vielleicht gar keine Verantwortung – er übernimmt sie ja nicht in diesem individualistischen Sinn. Es kann leicht interpretiert werden, er oder sie seien unterdrückt, wenn er oder sie sich gern von einem ranghöheren Mitglied der Gruppe vertreten lassen möchte oder wenn er oder sie nur in einer Gruppe an der Mediation teilnehmen möchte.

Ist eine der Parteien Teil einer individualistischen Kultur, die andere Partei Teil einer kollektivistischen Kultur so geschehen leicht Fehler durch mangelhafte Beachtung dieser konzeptionellen Unterschiede, durch »Übersetzungslücken«. Mediatoren weisen vielleicht im Gespräch darauf hin, alle sollten doch bitte nur von sich selbst sprechen und nicht »wir« sagen. Mediatoren bitten vielleicht um »Selbstvertretung« – ohne zu berücksichtigen wie unterschiedlich dies aufgefasst wird. Dass dies zu grundlegenden Problemen führt werden die Mediatoren vielleicht nicht einmal bemerken! Die individualistische Partei empfindet solche Aufforderungen vermutlich als normal, hat also keinen Grund zum Kommentar.

Die kollektivistische Partei hat die Mediatoren entweder sowieso nicht akzeptiert oder sieht sie als akzeptable Führungspersönlichkeiten. Im ersten Fall läuft die Mediation ohnehin nicht. Im zweiten Fall werden die Kollektivisten die Mediatoren vermutlich nicht darauf aufmerksam machen, dass sie eine solche Aufforderung nicht stimmig empfinden oder befolgen können. Sie kommentieren das deshalb nicht, weil es aus ihrer Sicht die Verantwortung der Mediatoren wäre, die Bedürfnisse aller Anwesenden als Teil einer Gruppe zu erkennen oder zu erforschen. Es wäre deshalb aus der Sicht eines Kollektivisten für alle Anwesenden peinlich, das Unmögliche an der Aufforderung auszusprechen. Diese kollektivistische Partei wird aber innerlich abschalten, wenn weiter die Mediatoren weiter auf den (individualistisch verstandenen) Ich-Botschaften beharren würden. Dann wäre eine katastrophale Situation eingetreten. Nicht nur die Mediation dieses spezifischen Konfliktes wäre misslungen. Mediation bekäme dann die Färbung, nur für Individualisten zu funktionieren, für Kollektivisten dagegen ganz außerhalb der Bedürfnisse zu liegen.

Stereotypisierung und Gleichmacherei als Fehler beim Beschreiben von Gleichheit und von Vielfalt

Als »Fehler der ersten Art« beim Versuch, Vielfalt zu erfassen und zu würdigen, bezeichnen wir Fehler, durch welche Menschen und Gruppen von Menschen als »anders« bezeichnet werden, die gar nicht anders sind. Sie werden als auf bestimmte Art unterscheidbar stereotypisiert. Eine bestimmte Eigenschaft wird ganzen Gruppen von Menschen zugeschrieben, wird als im Unterschied zu anderen Menschen stehend bezeichnet, wird als signifikant angenommen. Die Eigenschaft trifft aber auf diese Gruppe oder auf eine bedeutsame Menge an Personen im Falle des Fehlers überhaupt nicht zu. Gedanklich haben wir dann die Zuschreibung: »Jeder Mensch einer bestimmten Gruppe, z. B. alle, die in dem Ort »XYZ« geboren sind, sind »besonders«, oder auch »anders« und zwar in bestimmter Weise anders als die übrigen Menschen. Alle Bewohner von XYZ sind zum Beispiel langsamer als andere.

Kategorisierung entspricht menschlicher Grundnotwendigkeit, Wahrnehmung zu ordnen. Ohne diese Fähigkeit müssten wir täglich neu untersuchen und prüfen, welche Dinge beispielsweise essbar sind und welche nicht, was schädlich oder gefährlich ist und was nützlich ist. Aus dieser tiefsitzenden Grundnotwendigkeit entsteht leicht eine unzulässige Vereinfachung und Verallgemeinerung. Da äußere Merkmale leicht erfassbar sind, innere Eigenschaften nicht so leicht, werden oft gedanklich äußere Merkmale mit inneren Eigenschaften gekoppelt. Daraus wird dann eine Aussage (und Überzeugung) wie die obige.

Stereotypisierungen haben viele Nachteile, solche für die Menschen welche diese Einschätzungen hegen (in der folgenden Liste nennen wir sie die »Besucher von XYZ«) und solche für Menschen, die so eingeschätzt werden aufgrund äußerer Merkmale, die aber nicht so sind (nennen wir sie die Bewohner von XYZ).

Die Besucher von XYZ:
- werden im Falle starker stereotyper Vorstellungen nichts anderes wahrnehmen, als was sie erwarteten.
- Oder sie werden sehr enttäuscht sein
- Wer vom Besuch in XYZ zurückkommt und etwas anderes von XYZ berichtet, als was alle stereotyp erwarten, wird nicht ernst genommen: »Klar, die Ausnahme bestätigt die Regel, sicher hast du lauter Ausnahmen getroffen«

Die Menschen, welche in XYZ wohnen, aber den Stereotypen nicht entsprechen werden aufgrund der Stereotypisierung
- nicht wahrgenommen, wie sie sind
- nicht ernst genommen, als unehrlich eingestuft,
- als unreflektiert wahrgenommen (sie haben sich selbst noch nicht wirklich erkannt),

- als »nicht typische, nicht echte Bewohner von XYZ« angesehen, als seltsam wahrgenommen.

Ein Beispiel aus einer internationalen Stundentengruppe. In dieser Gruppe, die interessanterweise interkulturelle Beziehungen studierte, gab es nur zwei Deutsche. Die Mehrzahl der anderen Studenten war überzeugt, dass Deutsche eigentlich keinen Humor haben. Nun gelang es den beiden Deutschen eines Tages, ihren Humor so zu zeigen, dass auch die anderen Studenten mit ihrem kulturell bedingt ganz anderen Humor überzeugt waren. Nun geschah etwas Seltsames. Die anderen Studenten betonten wieder und wieder, wie schön es sei, dass es doch »auch Deutsche gebe mit Humor«. Die eigene Beobachtung von Deutschen mit Humor reichte nicht aus, das Stereotyp zu brechen. Es war nach wie vor klar, »Deutsche sind humorlos«. Diese beiden Deutschen mit Humor mussten also eine Ausnahme sein, nicht wirklich typisch deutsch, damit das Stereotyp aufrecht erhalten werden konnte.

Solche festen Meinungen werden oft genug durch die Betroffenen selbst übernommen. So glauben viele Frauen, technisch unbegabt zu sein, ohne einen stichhaltigen Vergleich dafür zu kennen bzw. ohne es jemals ausprobiert zu haben. So glaubt eine Überzahl von Männern (und nicht die schweigsamsten) sie redeten in Gegenwart von Frauen deutlich weniger. Dabei sind sie doch in den Situationen anwesend und könnten das auch statistisch signifikant nachgewiesene Gegenteil life beobachten!

Die Beschreibung solcher Unterschiede kann durchaus ein gutes Abbild der Wirklichkeit sein unter Umständen durchaus gegenseitiges Verständnis fördern. Für andere Teile der Gruppen stimmen sie sicher nicht, etwa wie in folgenden Abbildung von Trompenaars und Hamden-Turner dargestellt.

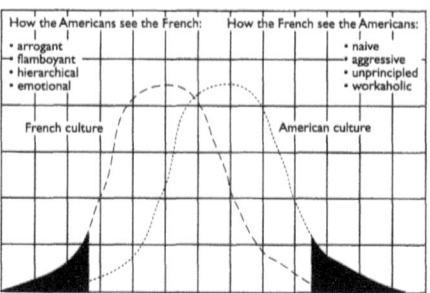

Warum und wie wir Andere als »anders« sehen – und »Fehler der ersten Art«: Unterschiede herbeireden – nach Trompenaars/Hampden-Turner

Als »Fehler der zweiten Art« bezeichnen wir Fehler, durch welche Menschen und Gruppen von Menschen als »gleich« bezeichnet werden, obwohl es deutliche und den Personen selbst unter Umständen sehr wichtige Unterschiede gibt. Der »Fehler der zweiten Art« ist die Gleichmacherei. Ein vorhandener Unterschied wird hier nicht anerkannt : »Alle Menschen sind wie wir im Ort XYZ«. Es kann ein Festmachen an Äußerem dazu kommen: »Alle Menschen sind wie wir XYZ'ler und alle Menschen sind daran zu erkennen, dass sie aussehen wie wir.«

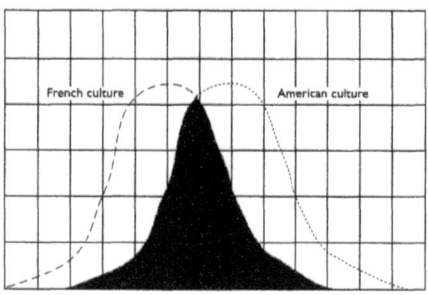

Warum und wie wir Andere als »die sind wie wir« sehen – oder »Fehler der zweiten Art«: Gleichmacherei
Nach Trompenaars/Hampden-Turner

(Inter)kulturelle Mediation

Was ist daran das Problem? Warum bezeichnen wir es als »Fehler«? Auch Gleichmacherei hat viele Nachteile, solche für die Menschen welche andere nicht in ihren Besonderheiten sehen. Es hat auch Nachteile für Menschen, deren Besonderheiten ignoriert werden.

Die Besucher von XYZ aber auch die Bewohner von XYZ
die feststellen dass Menschen nicht alle gleich sind, dass auch sie selbst sich unterscheiden, dass sie also der Vorstellung des Gleichseins nicht genügen – für alle gilt, dass sie und ihre Beobachtungen nichteingeordnet werden wie sie sind.

Die Bewohner von XYZ
die sich als übereinstimmend mit ihrer eigenen Annahme der Gleichheit empfinden. sie werden nichts anderes wahrnehmen, als was sie erwarteten. Dadurch entgeht ihnen ein großer Teil der Welt, den sie nie wahrnehmen, nie verstehen und nie genießen können werden (sie werden den Mangel allerdings wohl kaum bemerken). Oder sie werden, falls sie doch etwas merken, sehr enttäuscht sein und vermuten, die Welt stürzt ein (was ja auch stimmt, denn ihre Welt würde dann tatsächlich einstürzen).

Die Gefahr besteht allerdings auch hier, dass sie ihren XYZ-Freunden von ihren Wahrnehmungen berichten und nicht ernst genommen werden (»Klar, die Ausnahme bestätigt die Regel, sicher hast du eine Ausnahme getroffen«) und dann zu ihrer, für sie viel sichereren ursprünglichen Gleichheitsannahme zurückkehren.

Es lässt sich leicht erkennen, dass die beiden Fehler miteinander verknüpft sind : Ganze Gruppen können sich ja nicht von anderen Gruppen gänzlich unterscheiden, wenn sie nicht in dieser Eigenschaft im Inneren als ganz gleich aufgefasst werden. Die Zuschreibung von Unterschied im Außen bedingt also eine Gleichmacherei im Innen. Menschen, die rufen, »Alle Menschen sind gleich« sind dann vielleicht auf dem gleichen abschüssigen Pfad wie solche, die rufen »wir wollen keine Fremden«? Das Unrecht beginnt nicht erst bei der negativen Bewertung von Andersartigkeit oder bei der

Verwechslung von Gleichwertigkeit mit Gleichartigkeit. Es beginnt bei der Verdrehung der Wahrnehmung.

Wie den Fehlern von Gleichmacherei und Stereotypisierung entgehen?

Wenn das Ziel ist, Menschen zu verstehen, so wie sie eben gerade sind, warum dann überhaupt diesen Umweg über das Verständnis ihrer prägenden, ihre Lebenskontexte bewältigenden und sinnstiftenden kulturellen Gruppen gehen? Wäre es nicht viel sinnvoller, Menschen in all ihren Unterschieden »einfach« anzunehmen?

Andererseits können feste gedankliche Verknüpfungen zwischen äußeren Kennzeichen und inneren Merkmalen uns darauf vorbereiten, anderen Menschen adäquat zu begegnen. Es ist tatsächlich vielen Menschen hilfreich, Kulturen zu erkennen und sie dann bewusst adäquat zu berücksichtigen. Unsere Millionen von Jahren alte Entwicklung scheint uns die Verwendung von »Schubladen« in unserem Denken als Grundstruktur mitgegeben zu haben. Zum Überleben ohne Unterstützungssysteme benötigen wir definitiv Kategorien und wir benötigen wohl auch Vereinfachungen. Soweit das zutrifft werden wir weiterhin dazu neigen, Menschen leichter über unsere Kategorien zu verstehen als in ihrer ganzen verästelten Vielfalt. Diese Kategorisierung birgt Gefahren in sich, das haben wir festgestellt.

Es wird für diese Dilemma keine einfache Entscheidung in die eine oder andere Richtung gegen. Es wird um »Polarity management« gehen. Es wird um Kontext-orientierte Wahl des Schwerpunktes mehr auf den einen oder den anderen Aspekt gehen. In der Vorbereitung auf eine Mediation und zu deren Beginn mag es notwendig sein, sich noch stärker auf allgemeines Wissen über kulturelle Unterschiede zu stützen. Ab dem Moment, in dem eine Chance besteht einem Menschen persönlich zu begegnen wird der Fokus mehr auf der Wahrnehmung des Spezifischen liegen.

Wir denken dann im Vorfeld einer Mediation beispielsweise über Individualisten und Kollektivisten nach und versuchen, deren unterschiedliches Identitätsverständnis zu verstehen, weil einer der Medianden von diesem Thema gesprochen hat. Wir denken und behaupten aber nicht, irgendeine bestimmte Gruppe von Menschen seien (alle) Individualisten – wie es in vielen Büchern zu lesen steht.

Die Identitätsentwicklung in Mehrheits- und in Minderheitssituationen
Die Gefahr der blinden Flecken und was ist die Norm?

Der wichtigste Aspekt ist vielleicht folgender. Wir können uns vor allem zuerst und vor allem darauf konzentrieren, unsere eigenen Kulturen zu reflektieren. Letztere sind es, die wir einigermaßen einschätzen können. Sie sind es auch, die es uns hoffentlich ermöglichen, eigene Filter, blinde Flecken, unsere Spezifika wahrzunehmen und dann bewusster zu handeln.

In Abwandlung eines bekannten Gebetes »Herr schenke uns deinen Frieden und fange bei mir an« (Gebet eines chinesischen Christen) könnten wir dann bitten: »Herr lass mich Menschen in ihren (kulturellen) Eigenarten erkennen und verstehen und fange bei mir an«

Ein Fisch weiß nicht, dass er von Wasser umgeben ist, da er normalerweise nie an Land kommt. Der Fisch hat also weder Bewusstsein für »Lebenselixier überhaupt« noch dafür, dass es unterschiedliche Lebensgrundlagen geben könnte. Für ihn existiert in diesem Zusammenhang noch nicht einmal eine Frage – dazu müsste er Philosoph sein. Das Lebenselixier ist wie es ist. Übertragen auf Mediation wäre eine solche Annahme, es gebe nur einen Weg, z. B. nur eine Art von Mediation. Der »Fisch« weiß nicht, dass es muntere Lebewesen an Land gibt.

Gerät ein »Fisch« dann doch in eine andere Umwelt, dann stellt er fest, dass etwas ver-rückt ist. Um im Bild zu bleiben stellt er fest,

dass er sich hier sterbenselend fühlt (es fehlt ja sein Lebenselixier), die anderen Lebewesen aber keine Probleme zu haben scheinen. Grundsätzlich hat er drei Möglichkeiten der Interpretation:
- er hält die Anderen für »falsch«, irre oder unpassend, schlecht,
- er hält sich selbst für »falsch«, irre, unpassend, schlecht
- oder er hält die Situation, den Kontext für verrückt, schlecht.

Die Entscheidung zwischen diesen Optionen hängt unter anderem von der Definitionsmacht der dominanten oder der Mehrheitspositionen ab bzw. von der Frage, ob unser Fisch in der Mehrheits- oder in der Minderheitsposition ist. Nach der Wahrscheinlichkeit wird ein Mensch in einer Mehrheits- Position (»wir« sind mehr Leute als »die«) sich selbst als passend empfinden. In einer Dominanzposition geschieht das Gleiche, die Anderen werden als »falsch« empfunden. Im Wasser ist Fisch-Sein die Norm, das Lebenselixier ist Wasser, und dies wird nicht einmal kommuniziert, denn es ist ja die Norm. Eine Maus im Wasser muss versuchen mit dem Wasser klar zu kommen. Sie muss versuchen, so zu sein wie die Fische.

Der Mensch, welcher Teil einer Minderheit ist, entwickelt oft eine Identität, die sich wesentlich an den Werten, Haltungen und Überzeugungen der Mehrheit orientiert. Anpassung wird gelernt, bewährt sich und wird als solche geleugnet. Gibt es Punkte, welche an einem solchen Menschen unleugbar »anders« sind (z. B. Geschlecht, Hautfarbe, starke Charaktereigenschaften) so setzt auch hier Selbstverleugnung ein. Das geht bis hin zur chirurgischen Veränderung. Drastische Beispiel aus der amerikanischen Gesellschaft sind die Identifikationen vieler afroamerikanischer Jugendlicher mit der weißen dominanten Kultur (das »Lebenselixier« ist »weiß«). Im Extrem betrieben von Michael Jackson, der so weit ging, sich dafür sogar äußerlich umoperieren zu lassen. Weniger drastische aber dennoch traurige Beispiele dafür sind Frauen, die in Männerwelten Karriere machen und auf dem Weg nach oben sich männliches Verhalten so stark angewöhnen, dass sie hinterher nicht mehr genau sagen können, was ihr eigener Stil ist (das »Lebenselixier« ist männlich geprägt).

Kulturschock – Der Mensch verzweifelt an sich selbst

Der Mensch, welcher erst als Erwachsener in eine absolute Minderheitenposition gerät, wird unter Umständen an sich selbst irre. Ein gut untersuchtes Beispiel dazu ist der Kulturschock (Oberg) beim längeren Aufenthalt als Einzelperson in einer anderen Kultur.

Der Kulturschock tritt nicht immer auf. Eine Voraussetzung ist, dass die betreffende Person nicht durch Stellung (z. B. Topmanager in der ausländischen Filiale) oder Ressourcen (z. B. der immer relativ reiche deutsche Urlauber im ländlichen Süd-Italien) oder sonstigen Einfluss, (z. B. Stars und Idole) um sich herum wieder eine vor Neuem und vor »Verwandlung« schützende Dominanzposition aufbaut.

Außer der mitgebrachten Dominanzposition gibt es wesentliche weitere Faktoren, welche die Wahrscheinlichkeit und das Ausmaß von Kulturschock beeinflussen. Das können bereits erlebte und reflektierte Kulturschocks oder auch bereits erlebte und unreflektierte Kulturschocks sein. Faktoren können kulturelle Prägungen sein, wenn die Ursprungskultur z. B. besonders flexibel sind oder besonders starr, wenn sie mehr auf Harmonie oder mehr auf Dominanz hin orientiert sind. Es kann um kollektives versus individualistisches Selbstbild gehen. Auch biologische Unterschiede beeinflussen Sensibilität und Flexibilität.

Im Bild der Natur wäre die Entwicklung des Frosches eine Entwicklung, die der schockierenden Sammlung von interkultureller Erfahrung entspräche : Er ist zuerst wie der Fisch im Wasser und nur im Wasser. Ein dramatische Veränderung geschieht mit ihm wenn er lernt, sich zu verwandeln. Vom Wasser mit Kiemenatmung geht es an Land mit Lungenatmung, das entspricht wahrlich einem Schock. Der Frosch ist einerseits immer noch das gleiche Lebewesen aber auf dramatische Art verändert. Der »Frosch« ist einer, der vom Unterschied weiß, kein Wunder dient er im Märchen als Beispiel für die Verwandlungskunst.

Kultur und Konflikt
Beispiele für kulturell unterschiedliche Konfliktbewältigung *in* Kulturen

Augsburger listet in seinem Buch »Conflict Mediation across Culture« verschiedene Verhaltensnormen auf, wie in bestimmten Kulturen auf ein Verhalten reagiert wird, das mit dem Wertesystem der Gruppe in Konflikt steht. Dabei unterscheidet er jeweils zwei Intensitätsstufen. Die beiden Stufen sind als Haltung demjenigen gegenüber, welcher im Konflikt zur Gruppe steht als noch »wohlwollend«, und dann als bereits »missbilligend« bezeichnet. Wir würden den beiden Stufen vielleicht Eskalationsstufen zuordnen und im ersten Fall von wenig eskaliert, im zweiten Fall von stark eskaliert sprechen. Nehmen wir nun nur zwei Beispiele aus zwei Ländern.

In einem bestimmten Land wird im Fall des Konfliktes »höfliches Übersehen« als Verhaltensnorm genannt, im eskalierten Zustand »Schneiden«. In einem anderen Land steht »Beschützen« und, eskaliert, »Bestrafen«. Wir können uns nun leicht vorstellen, dass diese Unterschiede der Verhaltensnormen für den Umgang mit der Konflikthaften Situation in den beiden Ländern beim Zusammentreffen der beiden Kulturen zu einer Potenzierung der Problematik führen.

Eine kulturell auf diese Situation nicht angepasste Mediation brächte vermutlich das Fass zum Überlaufen. Nehmen wir das Verhalten im ersten Land als Beispiel. Würde das Problemverhalten, der Konflikt, durch die Mediatoren zum Beispiel direkt angesprochen, so könnte das aus Sicht der meisten Mediatoren als ein ganz normaler Vorgang bezeichnet werden. In diesem Land jedoch wäre dieses direkte Ansprechen sowohl im eskalierten wie im nicht eskalierten Fall sehr unangebracht. In diesem geschilderten Land würde diese Sache niemals so direkt angesprochen. Dort ginge man dem Mensch ja aus gutem Grund aus dem Weg. Dieser Mensch hat dabei keine Probleme zu verstehen, was damit gemeint ist, denn er teilt ja die Normen. Aufgrund seiner eigenen kulturellen Normen kann er gut verstehen, wie es gemeint ist. Das direkte Ansprechen dagegen würde allen Beteiligten inklusive den Mediatoren das Gesicht kosten. Eine Deeskalation wäre vermutlich – mit diesen Mediatoren nie wieder denkbar. Es wäre jedenfalls extrem schwierig. Dieser Fall kulturell unsensibler Mediation hätte den Konflikt deutlich unlösbarer gemacht.

Unterschiedliche Normen für Konfliktverhalten in bestimmten Kulturen (nach Augsburger):

Länder/ Kontinente	wohlwollend	missbilligend
I.	höfliches Übersehen	Vermeiden, Schneiden
II.	passives Akzeptieren	gewalttätige Rache
III.	Decken	Mit Gleichem Vergelten
IV.	Beschützen	Bestrafen
V.	Übersehen	Missetäter muss ausgleichen (Erwerb von Verdiensten)
VI.	Entschuldigen	Ausstoßen

Reaktionen auf »fremde« Formen der Konflikt-Bewältigung

Beim Lesen der unterschiedlichen Konfliktnormen in der obigen Tabelle oder beim Betrachten der Grafik unten könnte man sich selbst befragen, wie es einem selbst ergeht bei der Vorstellung, man säße in einer Mediation und da würden Verhaltensnormen etabliert, wie sie in der Tabelle aufgelistet sind. Wählen Sie die Norm aus der Liste aus, die Ihnen am meisten widerstrebt. Wie denken und empfinden Sie über diese Regel? Wie würde sich die Mediation ihrer Meinung nach dann entwickeln?

Was würden Sie tun, wenn Sie Mediator wären und an einem Medianden erkennen, dass er oder sie nur solche Konfliktverhaltensweisen akzeptiert, die Ihnen besonders widerstreben. Das ist für den Medianden möglicherweise eine sehr wichtige Frage, weil es in seiner Kultur so gemacht wird. Würden Sie auf ihn eingehen?

Kulturelle Vielfalt der Konfliktbearbeitung:

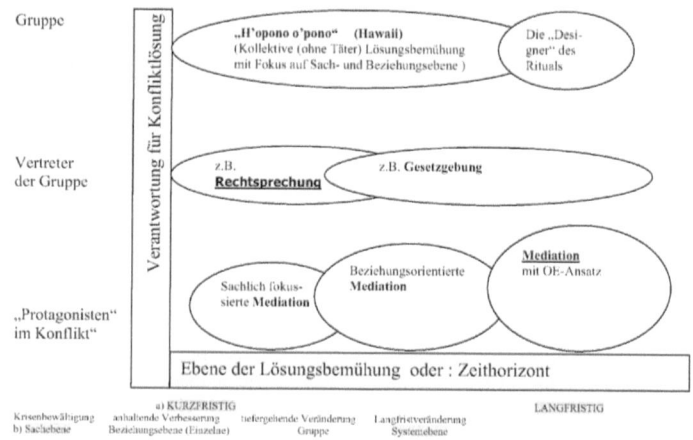

Typische Konflikte *zwischen* Kulturen

Wir stellen hier eine Liste interkultureller Konflikt-Typen vor. Sie beruht auf in der Praxis erlebten Fällen. Motivation und Kriterien für die Liste war weniger Ursachenforschung als das Erstellen einer praxisrelevanten Basis für die Wahl geeigneter Bearbeitungsmethoden in der Mediation. Neben einer möglichst kompletten Abbildung vorkommender Situationen ging es um größtmögliche Übersichtlichkeit und Handlungsrelevanz. Können zum Beispiel mehrere Konfliktanstöße mit der gleichen Intervention sinnvoll beantwortet werden, so wurden diese Punkte zu einem Listeneintrag zusammengefasst.

Konflikttypologie häufig beobachteter interkultureller Konflikte (B. Deym-Soden, erstmalig veröffentlicht 1999 in Düsseldorf):

I) **Verallgemeinerte Gleichheitsannahme und ihre Folgen**
   A Pseudoverstehen: das Nicht-Erkennen von Unterschied und die Folgen
   B Befremdendes Erleben: Das Erkennen von Unterschied und das nicht-damit-Umgehen-können
II) **Lasten der Vergangenheit**
   C Persönliche Ressentiments: Wertungen von Gruppen aufgrund eigener Erlebnisse
III) **Verallgemeinerte Ungleichheitsannahme und ihre Folgen**
   D Stereotypen und Vorurteile: tradiertes, kulturell verfestigtes Einordnen und Bewerten von Gruppen
   E Diskriminierung und Rassismus: das Handeln bestimmendes Einordnen von Gruppen

I) Verallgemeinerte Gleichheitsannahmen und ihre Folgen

A) »Pseudoverstehen« (*wie die »falschen Freunde« aus derFremdsprachen-Didaktik*): *das Nicht-erkennen von Unterschied und die Folgen*
Gemeint ist das zunächst nicht bewusst werdende Nichtverstehen bei welchem zunächst keine Dissonanz entsteht. Es herrscht beste Stimmung. Der aufkeimende Konflikt wäre durch Aufklärung zu diesem Zeitpunkt sehr rasch zu beseitigen. Das zunächst unerkannte Nichtverstehen hat Folgen. In den darauf aufbauenden Interaktionen kommt es irgendwann und überraschend zu Unstimmigkeiten. Die Unstimmigkeiten werden dann aber nicht als (einseitiges oder wechselseitiges) Nichtverstehen interpretiert, sondern als Fehlhandlung des Gegenübers. Man selbst hat in der eigenen Wahrnehmung nur folgerichtig gehandelt. So geschieht es, dass die Ursachen der Unstimmigkeiten dem jeweils Anderen zugeschrieben werden. Jetzt ist der Konflikt wahrnehmbar. Die Dynamik ist ab hier die eines Konfliktes, auch wenn der Startpunkt »nur« ein Missverstehen war.

Ein Beispiel aus der Wirtschaft: Eine deutsche und eine amerikanische Firma schließen einen Liefer-Vertrag. Die deutsche Firma ist Auftraggeber und legt besonderen Wert auf die Qualitätsstandards der zu liefernden Produkte. Aus technischen Gründen werden nicht nur die messbaren Standards des Endproduktes festgelegt sondern auch Qualitätsstandards für einzelne der Produktionsschritte. Diese müssen im laufenden Produktionsverfahren überprüft werden, das heißt vor Ort. Sie bestimmen die Langzeit-Qualität des Produktes. Die Auswirkung der zweiten Gruppe von Standards ist am Endprodukt messtechnisch zunächst nicht feststellbar, erst nach ca. ein bis zwei Jahren.

Die Vertragspartner gehen nun erst mal davon aus, dass sie wechselseitig genau verstanden haben, was vertraglich festgelegt wurde. Sie bemerken zunächst nicht, dass die Deutschen ein anderes Verständnis ihrer vertraglichen Vereinbarungen haben als die amerikanischen Partner. Sie gehen gerade aufgrund ihrer Wertschätzung füreinander in die Falle der Gleichheitsannahme. Tatsächlich gibt es aber eine wichtige Ungleichheit zwischen ihnen. Die Amerikaner gehen davon aus, dass sie den Vertrag nach den beabsichtigten Zielen erfüllen werden, nach dem Geist der Vereinbarung. Aufgrund der hohen Bedeutung der Deutschen als Auftraggeber *streben die Amerikaner es an, den Vertrag zu übererfüllen. Die Deutschen erwarten jedoch, dass die getroffenen Vereinbarungen wörtlich zu erfüllen sind.* Deshalb haben sie sich auch so viel Mühe gemacht, die technischen Kriterien wissenschaftlich genau zu bestimmen und die zweite, an der Lagerqualität orientierte Standard-Definition auf wissenschaftlich fundierte sichere technische Basis zu stellen. Es wurden dazu Langzeitstudien herangezogen.

Das Produkt wird geliefert, die Qualität des Endproduktes stimmt. Die Deutschen gehen davon aus, dass auch die Standards für den Produktionsschritt erfüllt worden sind, dass also die Partner dies während des Verfahrens überprüft haben. Dann kann ein Teil der Lieferung nicht in der folgenden Kampagne abgesetzt werden. Es wird in die nächste Saison überlagert. Vor Beginn der neuen Kampagne wird ein Qualitätsverlust an der Ware festgestellt.

Bei den nun folgenden Untersuchungen und Verhandlungen zeigt sich, dass die Amerikaner die unmittelbare Qualität des Endproduktes durch eine Abwandlung des Produktionsprozesses gesteigert haben. Die Qualität des Endproduktes war also über dem Soll – es war ja Ziel der amerikanischen Partner gewesen, den Geist des Vertrages zu erfüllen und möglichst gute Qualität zu liefern.

Rein rechtlich war der Konflikt nicht kompliziert: Gerichtsort war Deutschland, so wurde der Vertrag nach deutschem Vertragsrecht interpretiert. Das Vertrauensverhältnis zwischen den Firmen war jedoch geschädigt. Auf kommunikativer Ebene war die Frage, ob die deutsche oder die amerikanische Vertragsinterpretation korrekt war nämlich nicht so eindeutig zu klären. Die Interpretationen des Verhaltens der Amerikaner durch die Deutschen reichten von »Schlamperei« bis »Betrug«, die Deutschen wurden durch die Amerikaner als »zwanghaft«, »diktatorisch« und »rechthaberisch« bezeichnet.

B) *Befremdendes Erleben durch Fehlinterpretation*: Das Erkennen *von Unterschied und das Nicht-damit-umgehen-können*
Hier geht es um nicht bewusstes Nichtverstehen durch Fehlinterpretationen, bei denen die Situation sofort negativ interpretiert wird wegen der (vermeintlichen oder tatsächlichen) Diskrepanzen. Es besteht ein ungutes Gefühl und Negativ-Rückschluss auf den Anderen als Person. Auch hier wird die Fehlinterpretation nicht als solche erkannt.

Ein Beispiel ist die Situation, in der ein aus Respekt gesenkter Blick durch das Gegenüber falsch interpretiert wird. Die Interpretation erfolgt durch den Angehörigen der jeweils anderen Kultur aufgrund der eigenen Normen und nicht aufgrund der Normen der Person, die den Blick senkt. Der als Beweis für Respekt und Achtung gesenkte Blick wird dann z. B. fälschlich als Beweis für Verschlagenheit, Unehrlichkeit oder für Mangel an Energie und Initiative fehlinterpretiert. Zwischen den Beteiligten entsteht innere Distanz, es wird weniger direkt kommuniziert, oft wird impulsiv zum vermeintlichen »Gegenschlag« ausgeholt, es kommt zu Beleidigungen, zu denen man sich berechtigt fühlt (denn der andere hat ja vermeintlich »damit« angefangen). Die Dynamik entwickelt sich als die eines tief sitzenden Konfliktes.

Nicht in der Liste: Befremdendes Verhalten mit zugrundeliegendem anderem Werte-System
Die Kategorie »Wertunterschiede« wird an dieser Stelle in unserer Liste vielleicht erwartet und vermutet. Sie kommt in unserer Liste spezifische interkultureller Konflikte nicht vor. Wertunterschiede sind kein Spezifikum für multikulturelle Konflikte. Sie wurden nicht in diese Liste aufgenommen, weil sie auch in intrakulturellen Konflikten vorkommen und dort unter Umständen noch gravierendere Wirkungen haben. Sie sind insofern aus unserer Sicht nicht geeignet, interkulturelle Konflikte in besonderer Weise zu charakterisieren, was der einzige Grund wäre, sie in die Liste aufzunehmen.

Im Gespräch über multikulturelle Konflikt wird nicht selten betont, Wertunterschiede seien besonders charakteristisch für multikulturelle Konflikte, sie haben problematischere Auswirkungen und sie seien schwerer zu lösen. In dieser Form stimmen wir dieser Aussage nicht zu.

Es spricht einiges dafür, dass Wertunterschiede zwischen Kulturen *häufiger* anzutreffen sind als innerhalb von Kulturen. Kulturen sind ja gerade Orte, an denen gemeinsame Werte entstehen und tradiert werden. Die Folgen auftretender Wertkonflikte können jedoch *innerhalb Kulturen von schwerwiegenderen Folgen* sein als mit anderen Kulturen. Des weiteren stellt die Einigung bei Wertekonflikten zwar grundsätzlich eine besondere Herausforderung dar, das gilt aber genauso innerhalb von Kulturen. Was die Bewältigung von Konflikten zwischen Kulturen schwieriger macht als innerhalb ist das hinzukommende Verständigungsproblem. Dies wiederum gilt für alle Arten von Konflikten, nicht nur für Wertekonflikte.

Können Wertekonflikte innerhalb von Kulturen tatsächlich gravierendere Folgen haben als interkulturell? Wie mit Unterschieden in jeder einzelnen Kultur umgegangen wird, ist für die Konfliktdynamik und für die Konfliktbearbeitung ein wesentlicher Faktor. Werden Wertunterschiede innerhalb von Kulturen eher gefördert, eher toleriert oder werden sie geahndet? Gibt es Sanktionen für bestimmte Arten des Hervorbringens von Wertunterschieden in einer Kultur? Wird es beispielsweise belohnt oder bestraft, anderer Meinung zu sein? Wie existentiell bedrohlich ist eine solche Belohnung oder die Bestrafung?

Innerhalb einer Sekte sind vermutlich hinsichtlich der meisten Glaubensinhalte keine unterschiedlichen Meinungen zugelassen. Wenn ein Sektenmitglied dennoch andere Werte vertritt, hat es dann nicht eher mehr Probleme mit den anderen Mitgliedern als jemand, der aus einer anderen Kultur kommt und anderer Meinung ist?

In einem Golfclub ist es vermutlich in Relation zur Situation in einer Sekte ziemlich egal, welche religiöse und weltanschauliche Einstellung man hat. Unzulässiges Verhalten mit gewisser Ächtung des Täters gibt es aber auch hier – für das Betreten des Green mit dem falschen Schuhwerk zum Beispiel.

In einem intellektuellen Debattier-Club ist das Vertreten abweichender und origineller Ideen sicherlich ein Faktor, welcher dem eigenen Status sogar förderlich ist. Bedeutet das, Wertunterschiede führen hier nicht zu schweren Konflikten? Das glauben wir nicht. Wir glauben, es geht immer darum, welche Werte jeweils unerlaubt und unerwünscht sind und wie die Reaktion darauf aussieht. Auch in einem äußerst liberalen Club gibt es Grenzen, die absolut nicht überschritten werden dürfen, wenn man nicht massivste Konflikte haben will. Hier wäre eine solche Grenze beispielsweise erreicht, wenn jemand den Wert vertreten würde, alle Mitglieder sollten sich jeweils ein und derselben Meinung anschließen und dürften keine abweichenden Meinungen mehr vertreten. Es würde vermutlich zum Ausschluss führen, wenn ein Mitglied solcherart die hier so wichtige freie Meinungsäußerung unterdrücken wollte. Ein Angehöriger eines anderen Clubs, der die gleiche Meinung vertritt, würde vielleicht nicht besonders geschätzt, aber vermutlich deutlich weniger hart behandelt als das eigene Clubmitglied.

Wo sind die Wertunterschiede problematischer, innerhalb oder zwischen Kulturen? Wir können das nicht beantworten. Wir sehen jedoch den Beweis auch nicht erbracht, dass es zwischen Kulturen in jedem Fall schwieriger sei.

II) Lasten der Vergangenheit

C) Persönliche Ressentiments: *Wertungen von Gruppen aufgrund eigener Erlebnisse*
Nicht aufgearbeitete, dramatische, traumatisierende Erlebnisse aus der Vergangenheit im Zusammenhang mit Vertretern der gleichen Gruppe können zur Basis von Ressentiments gegenüber allen Vertretern diese Gruppe werden. Die im Moment anwesenden Vertreter der bewussten Gruppe müssen dabei nicht ursächlich an dem damaligen Erleben Teil gehabt haben. Es genügt, dass die Erinnerung an das Negativ-Erlebnis eng mit dieser Gruppe verknüpft ist. Die Ereignisse können Einzelpersonen betroffen haben oder ganze Personengruppen.

Es kann sich um die Erinnerung an feindliche Übernahmen im Geschäftsleben handeln mit schweren Folgen, z. B. Massenentlassungen. Es kann um einen erlebten Krieg mit dem Staat gehen, dem der Mensch, mit dem man es nun zu tun hat angehört, auch wenn er damals noch gar nicht lebte. Es kann um einen erlebten und nicht aufgearbeiteten Kulturschock gehen, um schwere Körperverletzungen, um Mobbing. Es kann um andere schwerwiegende Handlungen gehen, welche Vertreter dieser Gruppe einem angetan haben, oder bei denen sie anwesend waren.

Die Bearbeitung solcher Konflikte ist immer dann besonders schwierig, wenn die eigenen Erlebnisse nicht bewusst erinnert und als im Zusammenhang stehend erlebt werden und wenn sie nicht aufgearbeitet worden sind. Dies sind Fälle, in denen es sinnvoll sein kann, therapeutische Schritte anzuraten. Dies sind auch Fälle, in denen Mediation, wenn sie passt und wenn sie nicht nur kurzfristige oder oberflächliche Ergebnisse erbringen soll, transformatorisch sein sollte.

III) Verallgemeinerte Ungleichheitsannahme und ihre Folgen

D) Tradierte und erworbene Stereotypen und Vorurteile: *tradiertes, kulturell verfestigtes Einordnen und Bewerten von Gruppen*
Das Problem hier ist in erster Linie die Pauschalierung, welche die Wahrnehmung trübt. Man lebt dann in der Annahme, das Gegenüber habe bestimmte Eigenschaften und zwar andere als man selbst. Die andere Gruppe ist nicht unbedingt, nicht grundsätzlich positiv oder negativ bewertet. Das entscheidende Problem ist, dass die tatsächlichen Ereignisse so stark von den stereotypen Überzeugungen überlagert werden, dass sie nicht bis in die Wahrnehmung durchdringen, auch dann nicht, wenn diese Diskrepanz nachgewiesen wird.

E) Diskriminierung und Rassismus: *das Handeln bestimmendes tradiertes Einordnen von Gruppen*
Hier spielt es praktisch keinerlei Rolle, was ein Mensch tut oder sagt, er wird aufgrund äußerer Merkmale in eine Gruppe eingeordnet und als solcher dann meist in seiner ganzen Person negativ bewertet, verurteilt. Mit Rassismus ist dabei heute nicht mehr Bezug genommen nur auf körperliche Unterscheidungsmerkmale, es kann auch um soziale Merkmale gehen, die dann aber jeweils als unveränderlich definiert werden und als äußerlich erkennbar bezeichnet. Weder ihr Gegenüber noch meist die Rassisten selbst können den Film leicht ändern. Er läuft ab. Im Unterschied zu den durch Traumata existierenden Ressentiments ist diese Kategorie meist nicht durch persönliches Erleben entstanden, sondern tradiert. Sie ist häufig ein wichtiger Teil des Fremd- und Selbstbildes, der zu einem Teil der Identität geworden ist. Die Überzeugungen werden ständig durch die Mitglieder der eigenen Gruppe implizit oder explizit bestätigt und verstärkt.

Zu unserem Entsetzen stellen wir fest, dass diese Mechanismen nicht auf äußerst rechte radikale Randgruppen, nicht auf sozial extrem benachteiligte Gruppen beschränkt ist. Auch in »progressiven« Kreisen finden wir muntere pauschale und radikale Aburteilungen, Diskriminierungen, Hass. Sind wir selbst dagegen geschützt?

Rassismus ist aufgrund seiner kryptischen Eigenschaften und Bestärkungsmechanismen nicht einfach durch Bewusstseinsarbeit, nicht durch reines Erkennen von möglichen Ursprungspunkten aufzulösen. Sich selbst hierbei auf die Schliche zu kommen oder andere dabei zu unterstützen, ohne in Selbsthass (das Gleiche in einer anderen Farbe) umzukippen gehört zu den größeren Herausforderungen des Lebens.

Mediation und Kultur

Wie verhält sich »generelle« Mediation zu interkultureller Kompetenz?

Mediation ist geeignet, die Kommunikation zwischen Menschen (im Konflikt) wieder herzustellen oder zu verbessern. Sollte das nicht auch für multikulturelle Situationen gelten? Welche Beziehung besteht zwischen interkultureller Kommunikationskompetenz und Mediation? Könnte es eine positive Korrelation geben? Wie käme die zustande? Wir haben Aussagen aus der Mediations-Literatur über Faktoren der Mediationskompetenz Aussagen aus der interkulturellen Kommunikation über interkulturelle Kompetenz gegenübergestellt.

Menschen in ihrer Subjektivität wahrzunehmen und zu respektieren spielt in der Mediation eine ebenso zentrale Rolle wie in der interkulturellen Kommunikation.

Ed Watzke listet die Aufgabe der Mediatoren in seinem Buch »Äquilibristischer Tanz zwischen Welten« folgendermaßen auf. Mediatoren sollen:
- verschiedene und oft kontroverse Welten an den Tag bringen und offen legen
- diese in einem weiteren Schritt kommunizierbar und austauschbar werden lassen

Als Voraussetzung dafür gilt es,

- von der Verpflichtung zur objektiven Wahrheitsfindung befreit zu sein (Es geht nicht darum, was wirklich geschehen ist, sondern was von den Beteiligten erlebt wurde.

Als Vorgehensweise in der Praxis empfiehlt es sich,
- Mediation als »Mäeutische Kunst«, d. h. im sokratischen Sinne geburtshelferische Tätigkeit betreiben. Mediation kann und soll nur hervorbringen, was in den beteiligten Personen bereits mehr oder weniger bewusst vorhanden ist oder eben erst im Werden ist.
- Es geht um die jeweils subjektiv erlebte Geschichte.
- Unterschiede der verschiedenen Versionen werden heraus gearbeitet.
- Diese Unterschiede hinsichtlich ihrer Problemrelevanz gemeinsam mit den Beteiligten gewichtet.
- MediatorIn enthält sich dabei tunlichst jeder eigenen Wirklichkeitsdefinition.

Ob der Autor hier interkulturelle Mediation besonders im Blick hatte, entzieht sich unserer Kenntnis. Seine Forderungen an MediatorInnen entsprechen jedenfalls in Vielem genau den Eignungskriterien, die für interkulturelle Kompetenz gelten. Zu letzteren siehe beispielsweise Mendenhall, Dunbar und Oddou, zitiert bei Kühlmann im Buch »Mitarbeiterentsendung ins Ausland« in folgender Tabelle.

Tabelle
Persönlichkeitseigenschaften, die für das Leben in einer fremden kulturellen Umgebung bedeutsam sind (Aus : Kühlmann, T.: Mitarbeiterentsendung ins Ausland – Eignungskriterien)

Factor 1 Self-Orientation	Factor 2 Others-Orientation	Factor 3 Perceptual-Orientation
Stress reduction	Relationship skills	Flexible attributions
Reinforcement substitution	Willingness to communicate	Broad category width
Physical mobility	Non-verbal communication	High tolerance for ambiguity
Technical competence	Respect for others	
Dealing with alienation	Empathy for others	Being non-judgemental
Dealing with isolation		Being open-minded
Realistic expectations prior to departure		Field-independence

Auswahlkriterien nach Mendenhall, Dunbar und Oddou (1987, S. 333)

Ist Mediation kulturell neutral?

»Mediation«
1) Mediation ist Vermittlung im Konflikt durch Dritte mit dem Ziel der Konfliktlösung.
2) Mediation orientiert sich an einem Katalog essentieller Voraussetzungen. Das sind Freiwilligkeit, Selbstverantwortung, geschützter Raum, Vertraulichkeit, Allparteilichkeit der MediatorInnen, Anstreben von solchen Lösungen, die von beiden Parteien als Gewinn gesehen werden.
3) Mediation orientiert sich an bestimmten prozeduralen Schritten in einer bestimmten Abfolge.
Das Phasenmodell folgt dabei einer inneren Prozesslogik. Die Abfolge der einzelnen Schritte in der Mediation ist daher nicht beliebig.
Formulierung: Deym-Soden

»Interkulturelle Mediation«
Wenn die Kultur wesentlich den Konflikt oder den Konfliktverlauf beeinflusst oder prägt und der Prozess mit angemessenen Kenntnissen und Methoden gestaltet wird, dann sprechen wir von <u>interkultureller Mediation</u>. (Fachgruppe Interkulturelle Mediation im Bundesverband Mediation e.V.)

Mediation hat historisch gesehen sehr vielfältige kulturelle Wurzeln. Andererseits hat sie, so, wie sie in Europa und USA nun systematisch beschrieben und beruflich praktiziert wird, eindeutig mehr individualistische und von direkter Kommunikation ausgehende Anteile als kollektivistische oder von indirekter Kommunikation ausgehende Anteile. Sie stellt, so wie sie von »uns« praktiziert wird (einer Gruppe miteinander z. B. durch Fachliteratur, Konferenzen, persönlichen Austausch in Kommunikation stehender professioneller MediatorInnen) kulturelle Überzeugungen und Verhaltensweisen dar.

In der Aufstellung auf der nächsten Seite haben wir einen Vergleich essentieller Elemente dieser systematisch beschriebenen und betriebenen Mediation mit einer Auswahl in der Praxis beobachteter und genannter dazu kontrastierender kultureller Vorstellungen angestellt. Die Elemente der Mediation in der linken Spalte haben wir zusammengestellt als eine Schnittmenge sich gleichender Darstellungen der Mediation in Veröffentlichungen, Fachvorträgen und Diskussionen, in den Qualitätsstandards der Verbände. Die Elemente der rechten Spalte haben wir zusammengestellt aus unserer beruflichen Erfahrung als Führungskraft, als Mediatorin in der Wirtschaft, als Mitglied von Mediationsverbänden, aus interkulturellen Mediationsprojekten (z. B. Nürnberg).

Ein Fazit

Wenn es ein Fazit geben kann, würde aus unserer Sicht so lauten: Mediation kann aufgrund unserer jeweiligen kulturellen mitgebrachten Prägungen und aufgrund der Organisationskultur, die der Mediations-Fachwelt eigen ist nicht kulturell neutral sein.

Wir tun daher gut daran, die beteiligten Kulturen der Parteien und ganz besonders auch unsere eigenen als Einflussfaktoren zu erkennen und mit diesem Wissen bewusst umzugehen. Gelingt uns das, dann ist es weiter sinnvoll, die Art des Einflusses der beteiligten Kulturen wenigstens ansatzweise zu verstehen. Beides zusammen erleichtert uns die Anpassung der konkreten Mediation an die Menschen und ihre Bedürfnisse. Das Ergebnis wäre dann die kultursensible Mediation.

Mediation zwischen zwei oder mehr Kulturen, ist noch anspruchsvoller. Wir haben multiple kulturelle Einflüsse und Ele-mente zu berücksichtigen und zusätzlich die spezifischen Mechanismen der ganz besonderen Interaktion. Die mehrfach kultursensible Mediation wird dann ergänzt durch die Elemente der interkulturellen Mediation im eigentlichen Sinn.

Eine kulturbezogene Mediations – Systematik

Es geht für Mediatoren darum, in jedem einzelnen Fall zu entscheiden, ob Kultur für den Konflikt Bedeutung hat und welche Rolle sie im Konflikt spielt. Wenn die jeweilige Kultur bei der Wahl von Ansatz und Methodik der Mediation berücksichtigt werden muss, dann

Benedikta Gräfin v. Deym-Soden

Essentielle Elemente der Mediation und kontrastierende kulturelle Wertungen
(Die zu vergleichenden Aussagen sind jeweils gegenübergestellt)

Elemente und Werte der Mediation	Alternative kulturelle Überzeugungen
Mediation ist Vermittlung im Konflikt durch Dritte Eine dritte (außenstehende) Partei, in der Regel ein bis zwei Personen, die MediatorInnen, unterstützen die Konfliktparteien bzw. die Personen, welche den Konflikt miteinander haben, dabei, ihren Konflikt zu lösen	Konflikte werden nicht vor Fremden besprochen, das wird innerhalb der Gruppe (Familie, Clan, Firma, Abteilung) bearbeitet. Konfliktagenten können und dürfen daher nicht von außen kommen. Darüber wird nicht einmal laut nachgedacht.
Mediation dient der Konfliktlösung. Implizit ist klar, dass Konflikte gelöst werden sollen.	Konflikte müssen angenommen werden. Alles Andere ist Anmaßung und Unrecht.
Freiwilligkeit	Es ist im Interesse der Organisation, der Firma, des Staates, dass diese (xy) Konflikte gelöst werden. Wer nicht daran mitwirkt, wird ausgestoßen.
Selbstverantwortung der Parteien Die Parteien sprechen für sich selbst. Es ist Voraussetzung , dass sie verantwortlich Vereinbarungen treffen können (keine Sucht, ausreichender Realitätssinn, keine organisatorischen Zwänge, die dem entgegenstehen). Die MediatorInnen bieten keine Lösungen an. Die Konfliktparteien nehmen selbst teil (nicht durch eine Vertretung) und entscheiden selbst über die Lösung.	Eine Frau (ein Kind) spricht niemals vor Dritten über ihren Mann (seine Eltern, Lehrer) , und schon gar nicht über einen Konflikt. Wenn überhaupt, dann wird sie (es) vertreten durch einen Familienangehörigen (durch die Eltern) . »Wenn ich zu einem Fachmann gehe, dann muss der mir auch Lösungen vorschlagen, sonst ist er unnütz, nicht kompetent, das beleidigt meinen Anspruch an anständiger Behandlung«.
Allparteilichkeit der MediatorInnen	s. oben : Konfliktagenten sind notwendigerweise Teil des Systems, »sonst verlieren wir das Gesicht«.
Geschützter Rahmen. Der geschützte Rahmen ist sowohl physisch wie psychisch gemeint. Es soll keine Unterbrechungen durch Lärm, Unbeteiligte, andere Termine oder Telefonate geben. Ort und Zeit sollen für alle akzeptabel sein. Schutz durch die Mediatoren vor Gewalt, neuen Beleidigungen oder Schädigungen in der Mediation. Die Mediandem müssen die Zuversicht bekommen können, gut aufgehoben zu sein.	Ein öffentliches (durch die Anwesenheit eines Fremden) Auftreten verletzt mein Schutzbedürfnis. Soll ich dann über Konflikte mit Teilen meiner Gruppe sprechen, so verletzt dies sowohl das Gesicht meiner Gruppe also auch (dadurch) mein eigenes Gesicht. Das wird noch verschlimmert, wenn die Mediatoren mir einreden wollen, meine Gruppengesetze seien nicht gut für mich und für die Konfliktlösung : das beleidigt mich und meine Herkunft.
Vertraulichkeit Die ausgetauschten Zahlen, Daten, Fakten sollen nicht anderweitig verwendet werden. MediatorInnen sagen nicht vor Gericht aus.	Der moderne Mensch hat keine Geheimnisse, vor allem sollten Führungskräfte keine Geheimnisse haben. In einer Organisation beispielsweise kann des Einhalten von Vertraulichkeit auf der Führungsebene als Mangel an Transparenz kritisiert werden. »Da wird doch gemauschelt?« Amigowirtschaft?«
Gewinn/Gewinn–Lösungen Die Mediatoren vergewissern sich, dass beide Parteien mit den Lösungen einverstanden sind, dass sie die gefundenen Lösungen beide als Gewinn sehen, dass es keine Verlierer gibt. Dadurch wird die Spirale unterbrochen, in der die jeweils Unterlegenen immer wieder nach Ausgleich suchen.	»Konkurrenz belebt das Geschäft«. Menschen haben Freude an Leistung und Leistungsvergleich. Wichtiger Bestandteil unseres Entlohnungssystems ist das Ausschreiben von Leistungsprämien. Mit dem Gewinn/Gewinn-Denken wird die Grundlage unseres Geschäftes und unserer Führungsstrategie untergraben.
Phasenmodell Der Ablauf ist unterschiedlich, enthält jedoch meist bestimmte Phasen und methodische Elemente: • Darstellung des Sachverhaltes, je einzeln • aktives Zuhören, Würdigung der Sichtweise aller • Sach- und Beziehungsebene trennen • Bedürfnisse klären • "Vergrößerung des Kuchens"	»Über Gefühle oder Bedürfnisse sprechen, vor Zeugen, vor Gegnern, das ist ein Zeichen von Schwäche. Ich bin darauf angewiesen, mein Image aufrechtzuhalten, sonst bin ich weg vom Fenster, verliere meinen Job«.

werden objektive Kriterien benötigt, um diese Entscheidungen zu treffen. Dann kann entschieden werden, ob »allgemeine«, »kultursensible« oder »interkulturelle« Mediation zum Einsatz zu bringen sind und welche spezielle Anpassung an die jeweils spezifische Kultur bzw. Kulturen gewählt wird.

In einem Konflikt können wir unter Umständen nur eine einzige Kultur beobachten. In diesem Fall erwähnen Mediatoren die Kultur oft nur dann, wenn es nicht die eigene ist. Ist die Kultur den Mediatoren fremd, dann wird sie recht häufig explizit genannt. Ist die entscheidende Kultur nicht fremd, dann wird häufig nicht explizit auf sie Bezug genommen. Das ist verständlich und gleichzeitig leider irreführend.

Kultur spielt ja nicht nur dann eine Rolle, wenn sie die Kultur der Anderen ist. Die entscheidende erste Frage ist vielmehr, ob die beteiligte Kultur oder die beteiligten Kulturen (egal welche) »den Konflikt und dessen Dynamik entscheidend beeinflussen«.

A) Konflikte, in denen Kultur keine Rolle spielt:
Ist die Kultur für die Interaktion im Konflikt unbedeutend, egal welche und egal wie viele Kulturen beobachtbar sind, so könnten wir den Konflikt als »unkulturell« bezeichnen. Der Einsatz allgemeiner Mediation ist hierfür sicherlich genau das Richtige. Mediation wurde ja in der Tat so systematisiert, dass sie möglichst allgemein einsetzbar ist. Ist eine solche »allgemeine Mediation« in Reinform vielleicht *nur* hierfür geeignet?

B) Konflikte, in denen Kultur eine Rolle spielt, in der Sache des Konfliktes und/oder in der Dynamik des Verlaufes
Diese Situationen sind nach unserer Erfahrung in Anzahl und Verbreitung die wesentlich häufigeren als die Situation, in der Kultur keine Rolle spielt. Ihr Auftreten ist zudem auch wahrscheinlicher, weil Kultur unser Verhalten grundsätzlich, in allen Lebenssituationen prägt. Im Konflikt kommt hinzu, dass Kultur in angespannten Situationen, im Stress besonders zur Wirkung kommt. Unsere

ursprünglichen Prägungen spielen im Stress eine größere Rolle als im entspannten Zustand.

Dass Kultur den Konfliktverlauf beeinflusst ist wesentlich wahrscheinlicher als dass das nicht der Fall ist, weil die Regelung von Konflikten in jeder menschlichen Gesellschaft essentiell ist und es daher in jeder Kultur Regelungen und Normvorstellungen zur Konfliktregelung gibt, die genau auf die Beeinflussung des Konfliktverlaufes abzielen. Unter Normen und Regelungen verstehen wir hier sowohl explizite Regulierungen, wie aktiv mit Konflikten zu verfahren ist, als auch implizites Verständnis. Auch die Norm, dass Konflikte nicht aktiv reguliert werden sollen, sondern dass beispielsweise »das Gras drüber wachsen soll«, kann eine solche Regel sein.

Der Fall, dass Kultur in Konflikten eine Rolle spielt ist noch viel wahrscheinlich in bi- oder plurikulturellen Situationen. In solchen Situationen treffen nämlich nicht nur die ursprünglichen Konfliktpositionen aufeinander sondern auch unterschiedliche Vorstellungen, wie mit Konflikten umzugehen ist! Und ein solches Aufeinandertreffen wird den Konfliktverlauf auf jeden Fall beeinflussen.

Nehmen wir einen Moment den Fall, in dem nur eine einzige Kultur beteiligt ist und den Konflikt beeinflusst, also einen »monokulturellen« Konflikt. An diesem einfachsten Fall sollen die weiteren Entscheidungspunkte verdeutlicht werden. In einem monokulturellen Konflikt kann es in Bezug auf Kultur zwei Verhaltensweisen der Mediatoren geben.

Entscheidung der Mediatoren in Bezug auf Berücksichtigung der Kultur: B1) *die Mediatoren führen »allgemeine« Mediation durch*
Wenn die Mediatoren »allgemeine« Mediation anwenden, nennen wir das eine »allgemeine« oder »kulturell nicht modifizierte« oder »unkulturelle« Mediation. Wir vertreten die Meinung, dass dies nicht zielgerichtet genug wäre.

Jedes methodische Vorgehen, auch Mediation, verkörpert

nämlich direkt oder indirekt immer auch Werte und Normen. So bedeutet der Verzicht auf eine bewusste spezifische Überprüfung und ggf. Anpassung der Vorgehensweise der Mediation in einem kulturell geprägten Konflikt automatisch, dass die Kultur der Mediation (oder die Kultur der Menschen, die Mediation ausüben) auf die Kultur der Konfliktparteien trifft. Dann ist es einen Frage des Glückes und nicht der interkulturellen Kompetenz, ob die Mediation gelingt, wirkungslos bleibt oder gar Schaden anrichtet.

Unserer Ansicht nach muss Mediation in Fällen, in denen Kultur eine Rolle spielt, immer kultursensibel angepasst werden und so eingesetzt werden. Eine Erklärung (keine Entschuldigung) für kulturell unsensible Mediation ist der blinde Fleck, der für die eigene Kultur besteht, nämlich für die Kultur der Mediation oder die des spezifischen Mediators. Das funktioniert analog dem Fisch im Wasser, welcher kein Bewusstsein für »Wasser« hat. In der Folge des blinden Flecks fällt es leicht, zu denken, das Handeln in der Mediation sei »überkulturell«. Tatsächlich werden aber möglicherweise die eigenen kulturellen Vorstellungen, die Vorstellungen der Mediation und der spezifischen Mediatoren schlicht dem Konflikt und den Medianden übergestülpt.

Wird durch das Überstülpen von Kultur auch bei der Bearbeitung eines Konfliktes Schaden angerichtet, die eigentlichen Ursachen dafür aber nicht erkannt, so kommt es zu weiteren folgenschweren Fehlschlüssen. Dann werden nämlich die Gründe für nicht gelingende Klärungen den Parteien zugeschrieben. Unter Umständen wird es dann so sein, dass »die Kultur« zum Sündenbock wird. Und in überraschender Schnelligkeit gibt es einen West/ost- Konflikt oder einen Nord/Südkonflikt etc.

Viele dieser irrtümlichen Folgerungen sind nicht nur auf den Fluren der Mediationskongresse zu hören, sie werden publiziert, sie werden zur Unterstützung für Folgemaßnahmen verwendet bis hin zur Kriegführung. Nur ein paar Kostproben: kulturell geprägte Konflikte seien immer besonders schwer zu lösen (wenn nicht unmöglich), bestimmte kulturelle Einstellungen (hier werden dann konkrete Länder genannt) stünden der Konfliktlösung grundsätzlich im Wege, bestimmte Kulturen (hier werden dann konkrete, z. B. religiöse Gruppen genannt) stünden grundsätzlich bestimmten anderen unverträglich gegenüber.

Wir vertreten die Meinung, dass die meisten solcher Aussagen nicht bewiesen und auch nicht zu beweisen sind. Wir meinen, dass sie uns den Blick verstellen für mögliche und gar nicht so komplizierte Konfliktmediation in und zwischen Kulturen. Wir müssen allerdings auf kulturelle Neo-Kolonialisierungen verzichten, auch auf die Missionierung mit dem jeweils eigenen Mediationsverständnis. (mea culpa).

B 2) *Die Mediatoren berücksichtigen bewusst die beteiligten Kulturen*
Gehen wir zunächst wieder vom einfachsten Fall aus, einem Konflikt in dem nur eine Kultur eine Rolle spielt, also von einem *monokulturellen* Konflikt. Werden die Besonderheiten der Kultur in einem monokulturellen Konflikt berücksichtigt, z. B. dass in der betreffenden Kultur ein Konflikt unter Männern vielleicht nur von Männern mediiert werden kann, dann handelt es sich um eine *intrakulturell kultursensible Mediation*. Solche intrakulturelle kultursensiblen Mediationen werden überwiegend keinen besonderen Schwierigkeitsgrad aufweisen. Nur muss die Kultur erkannt, respektiert und bewusst bei der Wahl der Mediatoren, des Settings und der Methodik berücksichtigt werden.

Nun gehen wir davon aus, dass mehrere Kulturen beteiligt sind. Das wäre dann fallweise ein »*bikultureller*«, ein »*plurikultureller*« oder ein »*multikultureller*« Konflikt. Um kultursensibel zu handeln, muss die Überprüfung und ggf. Anpassung der Mediation bewusst mit Blick auf jede der beteiligten Kulturen geschehen. Das wäre dann im ersten Schritt auf jeden Fall ein *mehrfach kultursensible Mediation*.

Interagieren zwei oder mehr dieser Kulturen in diesem Konflikt auf bedeutungsvolle Weise, dann und nur dann handelt es sich um einen *interkulturellen* Konflikt. Und nur wenn die Mediation diese interkulturelle Interaktion mit geeigneten Methoden beantwortet kann die Mediation eine *interkulturelle Mediation* genannt werden. Die Aspekte interkultureller Mediation dürfen natürlich nicht im Gegensatz zur Kultursensibilität gesehen werden oder als Handlungsalternative den kultursensiblen Aspekten gegenüber stehen. Diese Aspekte sollen und müssen sich sinnvoll ergänzen.

Zur bedeutungsvollen Interaktion von Kulturen im Konflikt, das sei noch einmal explizit erwähnt, kann auch das Handeln der Mediatoren beitragen, wenn Mediatoren und Medianden verschiedenen Kulturen entstammen. Der multikulturelle oder eben der interkulturelle Aspekt kommt dann in einer diesbezüglich signifikanten Interaktion zwischen Mediatoren und Klienten zustande. Interkulturelle Interaktion kann durch die Mediatoren andererseits auch modellhaft vorgelebt werden, indem sie bewusst als Co-Mediatoren aus verschiedenen Kulturen zusammenarbeiten und die Aspekte, welche sich daraus ergeben, angemessen transparent und wahrnehmbar machen.

Ist »generelle« Mediation für interkulturelle Konflikte trotz allem gut genug? Wenn unsere Schlussfolgerungen korrekt sind, warum wird dann *in der Praxis* nicht häufiger von der Bedeutung der Kulturen berichtet? Warum wird dann nicht flächendeckend mit Hochdruck an besonders kultursensibler Mediation für Kultur »A bis Z« oder an der Optimierung interkultureller Mediation gearbeitet? Und wenn es so ist, dass wenig ausdrückliche spezifische kultursensible und interkulturelle Methodik zur Verfügung steht, wenig praktiziert wird, warum wird dann nicht laufend von unpassenden, misslungenen, schädlichen Mediationen wegen unterlassener oder mangelhafter kultureller Orientierung und Anpassung berichtet?

Nun könnte man annehmen, Mediation werde in Wirklichkeit eigentlich doch als kultursensible und als interkulturelle Mediation ausgeübt, aber keiner deklariere es so. Das halten wir für sehr unwahrscheinlich. Eine Großzahl von Mediatoren ist auf Werbung im freien Markt angewiesen. »Multikulti« ist ein aktuelles und beliebtes Thema. Die Anwendung kultursensibler und interkultureller Methodik wäre also ein dankbares Thema, mit dem man sich durch entsprechende Veröffentlichungen profilieren könnte. Es wird aber in Relation zur Gesamtzahl der Veröffentlichungen nicht viel publiziert auf diesem Gebiet.

Wir könnten auch annehmen, es gäbe so wenige Fälle in denen tatsächlich überhaupt mediiert wird, dass die Zahl misslungener Interventionen völlig unerheblich ist. Heute wissen wir aber von einer so großen Zahl an Mediationen, dass wir auch diesen Gedankengang als Erklärung verwerfen.

Zwei grundsätzliche weitere Thesen sind denkbar:

A) Der Effizienzverlust durch Nichtbeachtung der Kulturen wäre an sich beachtlich, er wird aber nicht wahrgenommen. Er wäre demnach in der Fachwelt noch ganz unentdeckt oder harrte zumindest der Quantifizierung und auf jeden Fall der handlungswirksamen Veröffentlichung.

B) Der Effizienzverlust ist zwar vorhanden aber er ist nicht so groß, dass es überhaupt einen Druck dahin gibt, ihn zu quantifizieren oder darüber zu schreiben, darüber zu reden oder gar die Mühe auf sich zu nehmen, besondere Methodik zu entwickeln.

Diese beiden Annahmen, die wir mit A) und B) bezeichnet haben, erscheinen uns realistisch genug, sie näher zu betrachten.

A) Der Effizienzverlust durch nicht explizite Berücksichtigung von Kulturen in der Mediation ist tatsächlich beachtlich. Er ist aber (noch) nicht quantifiziert, beschrieben, veröffentlicht

Warum könnte das so sein?

1. »Was ich nicht weiß, macht mich nicht heiß«:

Die geringe Zahl oder der Mangel an Reklamationsfällen beweist nicht, dass jeweils die optimale Mediation verwendet wird. Es gibt noch wenig systematische Arbeiten zur Qualitätsüberprüfung, dies wären interessante Untersuchungsgegenstände. Möglicherweise *ist*

Mediation immer noch besser als alles andere(?), was man bereits versucht hat. Damit entstünde erst mal kein Leidensdruck. Dann wäre es (noch) nicht ganz dringend, Mediation zu verfeinern, anzupassen. Wenn später einmal Mediation zum Standardverfahren geworden sein wird, mag sich das ggf. sehr schnell ändern.

2. »Sich selbst erfüllende Prophezeiung«
Wer viel Aufwand treibt, um Mediator zu werden, möchte Erfolge vorweisen. Wer viel Aufwand treibt, um sich mediieren zu lassen, auch. Viel Aufwand wäre z. B. durch die Medianden nötig, wenn die Inanspruchnahme von Mediation Mut erfordert. Das ist heute sicher häufig noch so. Wenn Mediation eines Tages weitaus häufiger und üblicher geworden sein wird als Gerichtsverfahren, mag sich auch dies ändern. Es ist sicher realistisch, dass nicht nur Mediatoren *eine starke Motivation haben, Mediation zum Erfolg zu machen*. Auch die überwiegende Zahl der Medianden haben eine solche Motivation. Würde dann in der Mediation manches nicht optimal laufen, wären alle Beteiligten dennoch geneigt ein Auge zuzudrücken. Zumindest ist dieser Fall gut denkbar, solange die Konfliktsituation sich wenigstens etwas verbessert hat oder durch Mediation wenigstens nicht grob verschlechtert.

3. »Protest wird nicht geäußert, weil er nicht gehört oder nicht verstanden oder nicht beachtet würde«:
Nehmen wir an, Mediation funktioniere selektiv besonders gut für diejenigen, welche »das Sagen« haben, welche am meisten Gehör finden. Nehmen wir an, Schaden trügen vor allem solche Menschen davon, die ohnehin keine Stimme haben im Land. Nehmen wir an, Mediation funktioniere zumindest selektiv deutlich schlechter ausgerechnet für solche Menschen, die von sich aus nicht (mehr) protestieren, weil das ihre Situation nur verschlechtern würde.

Zugegeben, das wäre eine vernichtende Perspektive ausgerechnet für Mediation, die ja nach Gewinn/Gewinn-Situationen strebt. Können wir sicher sein, dass dies nicht zutrifft?

»Schaden«, den ein Mensch in einer Mediation davontragen kann, muss nicht so offensichtlich sein, dass man ganz leicht mit dem Finger draufzeigen könnte oder so, das jeder das auch verstehen und glauben könnte.

Es können sich leicht auch ein paar der bereits genannten Mechanismen überlagern. Mediation mag immer noch das Beste sein, was der Mensch im Moment in Anspruch nehmen kann. Es mag auch eine hohe Eigenmotivation dabei sein, dass die in Anspruch genommene Mediation ein Erfolg sein soll. Der Schaden mag also insofern klein sein und »nur« darin bestehen, dass die Mediation dem Konfliktpartner (der die zur Mediation zufällig passende Kultur hat) deutlich leichter gefallen ist.

B) Der *Effizienzverlust ist tatsächlich relativ unbedeutend, nicht so groß, dass es sich lohnen würde, darüber zu reden oder gar neue Methoden zu entwickeln* Wann könnte das so sein?
1. Wenn die meisten Mediationen in monokulturellen Situationen stattfänden. Diese These würden wir verwerfen, besonders in unseren Zeiten raschen Wandels und von Globalisierung.
2. Wenn die meisten Mediationen in Situationen stattfänden, in denen eine relativ dominante Kultur allen Anwesenden verfügbar ist. Die dominante Kultur würde dann durch alle Parteien und die Mediatoren (mehr oder weniger bewusst) übernommen und angewandt. Durch diese Akzeptanz entstünde eine relativ hohe Wirksamkeit der Mediation trotz Nichtberücksichtigung der nicht dominanten Kulturen.
3. Wenn Mediatoren und Mediation eine dominante Kultur vertreten und diese und durch die Medianden akzeptiert wird. Durch diese Akzeptanz entstünde eine relativ hohe Wirksamkeit der Mediation auch dann, wenn die verschiedenen kulturellen Zugehörigkeiten der Medianden nicht berücksichtigt würden. Das halten wir für einen tatsächlichen zu beobachtenden Effekt von Mediation, in der ja die Prozesskompetenz der Mediatoren autorisiert wird.
4. Mediation, auch solche, die Kulturen nicht explizit berücksichtigt, ist für interkulturelle Interaktionen geeignet (positive Korrelation der Ergebnisse). Diese Annahme kann belegt werden durch

entsprechende Studien (s. University of Washington). Sie ist im weiteren Verlauf wichtig und es wird daher noch näher ausgeführt, wie das zustande kommt

Thesen für den Umgang mit kulturellem Unterschied in der Mediation

Die Thesen

These 1: Mediation muss kultursensibel angeboten und durchgeführt werden.
Kulturelle Zugehörigkeiten sind Teil des Menschen, also gibt es keine Konflikte ohne Einfluss der Kulturen. Mediation müss(t)e daher immer kulturelle Prägungen berücksichtigen. Wenn Mediation Kultur tatsächlich berücksichtigt dann kann sie bezeichnet werden als »kultursensible Mediation«, welche sich zusammengesetzt denken lässt aus allgemeiner (kulturübergreifender, kulturneutraler) Mediation und den kulturspezifischen Mediations-Elementen, Die kulturspezifischen Elemente nach dieser Definition berücksichtigen ausschließlich die spezifischen Bedingungen der jeweiligen Kultur. Mögliche Interaktionen zwischen allgemeiner und spezifischer Mediation würden in diesem einfachen additiven Modell in den spezifischen Teil mit einfließen. Nun haben in einem Konflikt also mehrere Kulturen ihren je eigenen Einfluss. Dann handelt es sich um einen multikulturellen Konflikt. Wenn die Kulturen in der Mediation berücksichtigt werden, so ist es eine multikulturelle Mediation.

These 2: Die meisten Mediationen müss(t)en auch inter-kulturelle Elemente berücksichtigen
Da kulturelle Einflüsse ubiquitär sind und wir in Zeiten großer Mobilität sowohl zwischen Ländern und Lebensorten als auch in bezug auf Berufe und auf soziale Schichtungen leben, treffen ständig verschiedene Kulturen aufeinander. Die Art und Weise wie die verschiedenen Kulturen nicht nebeneinander sondern miteinander

wirken, ihre Interaktion, spielt häufig eine nennenswerte Rolle in den Konflikten und deren Verlauf. Daher müssten nicht nur die einzelnen Kulturen jede für sich sondern auch gerade diese Interaktionen in der Art der Mediation berücksichtigt werden. Das sind dann die interkulturellen Elemente der Mediation.

These 3: Auch »generelle« Mediation kann von der Optimierung interkultureller Mediation profitieren
Wenn interkulturelle Mediation gewissermaßen die Grenze der allgemeinen Mediation darstellt, dann lernen sie beide voneinander gerade an dieser Grenze (Laura Perls, Leben an der Grenze, 1989). Wenn interkulturelle Mediationen die Spezialfälle der Mediation sind, dann können neue Erkenntnisse über deren Notwendigkeiten die allgemeine Mediation nicht unberührt lassen, das Allgemeine muss ja das Spezielle mit einschließen. Empirisch bestätigt sich dies in unserer Praxis.

Ein additives Modell der (kulturellen) Mediation

Wir stellen hier ein Denkmodell zur Darstellung interkultureller Mediation dar, das wir entwickelt haben. Es soll verständlich und handlungsrelevant sein. Damit muss es möglichst einfach sein. In unserer Praxis bewährt sich der Ansatz sehr. Aus Gründen der Einfachheit und der Anwendbarkeit (und nicht, weil wir Beweise dafür hätten, dass das Leben ursächlich so sei) verwendet es im Grunde einen additiven Ansatz.

Nach diesem Modell wäre die ideale Mediation immer gedacht als eine Summe aus »allgemeiner« Mediation plus Elementen kultursensibler Mediationsmethoden für jede der beteiligten Kulturen plus Elementen interkultureller Mediationsmethodik. Je nach Fall hätte die allgemeine Methodik mehr Gewicht oder die kulturell angepassten spezifischen Elemente oder der interkulturelle Teil.
(kulturelle) Mediation = Allgemeine Mediation plus kultursensible Mediation plus interkulturelle Mediation"

Das Modell addiert ganz vereinfacht a) die Elemente der Mediation, welche immer und überall passen, die »allgemeine Mediation« mit b) den Elementen, welche für jede der beteiligten Kulturen eine spezifische, »kultursensible Mediation« sichern, das ist dann kultursensible Mediation für Kultur A, kultursensible Mediation für Kultur B mit c) den Elementen, welche die Mediation für die Interaktion zwischen den verschiedenen beteiligten Kulturen sichert, die »interkulturelle Mediation«, das ist in unserem Fall die interkulturelle Mediation für die Interaktion von Kultur A mit Kultur B.

Für Mathematiker liest sich dies in als Formel leichter:

M = M (allg.) + M (A) + M (B) + M (ik AB)

(A) und (B) sind die betreffenden Kulturen, AB deren Interaktion, M(ik) interkulturelle Mediation

In einem komplexeren Fall mit drei beteiligten Kulturen A, B und C könnten wir dann betrachten die Elemente interkultureller Mediation aller Zweifach-Interaktionen der Kulturen AxB, BxC, AxC und schließlich die interkulturelle Mediation der Dreifach-Interaktion AxBxC.

Die Berücksichtigung der Interaktion zwischen den allgemeinen Elementen, den kultursensiblen und der interkulturellen Mediation würde die Genauigkeit erhöhen. Der Aufwand für deren Berücksichtigung stünde allerdings u. E. nicht im Verhältnis zum Nutzen.

Fallbeispiel

Nehmen wir einen Fall, in dem ein Arbeitskollege und eine Arbeitskollegin in einen Konflikt geraten sind. Kultur A sei Männerkultur, B Frauenkultur, C Firmenkultur. Andere wichtige Zugehörigkeiten wie Nationalitäten, Religionen, Berufe sind bei Kollege und Kollegin einheitlich, beide kommen aus der gleichen ländlichen Region, sind ursprünglich katholisch, und sind als kaufmännische Angestellte in der Produktion tätig. Mann und Frau arbeiten in der gleichen Abteilung auf gleicher Ebene in einem großen deutschen Konzern der Automobilbranche. Die Arbeitsbeziehung war bisher so, dass die Zusammenarbeit ganz gut geklappt hat. In letzter Zeit gab es jedoch Spannungen. Der Mann sagt nun nach einer fachlichen Auseinandersetzung zur Frau wörtlich »sei nicht so zickig«. Daraufhin bat die Frau um eine Mediation.

Es spielte in diesem Fall eine Rolle, zu verstehen was der Mann als Mann unter »zickig« verstand. Er selbst sagte, das sei doch »gar nicht so bös gemeint, Frauen sind immer gleich so überempfindlich, da muss man doch nicht gleich psychologisieren« (Kultur A). Es ist auch wichtig, was die Frau als Frau darunter verstand. »Männer reden halt oft einen Schmarrn, das kann mir normal nichts anhaben« (Kultur B). In der Interaktion A mit B wäre nach Aussage der Frau ohne den Einfluss von Kultur C, also in der Freizeit dabei herausgekommen, dass sie gedacht hätte »so ein Depp (Idiot), typisch Mann« und sich nicht weiter damit aufgehalten hätte.

Nun kam in der Sache des Konflikts die Kultur und Umwelt C dazu. Die Kultur der Firma wurde durch die Frau als eher hart, sehr Tatenorientiert eingeschätzt. Sie empfand das als »Männer-dominiert«. Der Mann bestärkte das noch, indem er sagte »schließlich sind wir hier zum Arbeiten und nicht zum Schmusen« (Interaktion Kultur A mit C). In dieser Umwelt »werde ich als Frau sowieso dauernd untergebuttert« konterte sie. Gerade deshalb sei ihr Ansehen in der Abteilung so wichtig. (Interaktion Kultur B mit C). Wenn jemand dort als »zickig« bezeichnet werde, dann bedeute das das absolute »Aus«. Zickig dürfe der Mensch in dieser Firma schlicht nicht sein (AxBxC) in der Sache. Das verteufelte sei, wenn jemand dort so beschimpft werde, so gebe es keine Gelegenheit, sich zu wehren. Das sich-Wehren werde von allen als Beweis dafür genommen, dass der Beschuldiger Recht habe mit dem Vorwurf des Zickigseins (AxBxC in der Interaktion).

Dieser Fall wurde mediiert. Es kamen wesentliche Elemente der allgemeinen Mediation zu Einsatz, kultursensible für die Frau und für den Mann und es ging um interkulturelle Fragen, sowohl zwischen der Frauen- und der Männerkultur als auch deren Interaktionen mit der Firmenkultur und in der Dreifach-Interaktion. Unter professionellen Mediatoren dürfte es keine Frage sein, dass Kultur C berücksichtigt werden muss. Auch an Kultur A und B wird vermutlich gedacht. In der Interaktion der Kulturen geht es um das Firmenambiente (C) und die Mann/Frau-Frage (AB) gleichzeitig.

Nehmen wir die Frage, wie hier kultursensibel und interkulturell passend agiert werden kann. Greifen wir die Frage der Wahl der Mediatoren heraus. In diesem Konflikt könnte von der Konflikthandlung zwischen den Parteien her zunächst sowohl einen Mann als auch eine Frau als Mediator/-in möglich sein. Nun kommt aber die Kultur C dazu. Mediator oder Mediatorin sollte also speziell vor dem Firmen-Hintergrund glaubwürdig Allparteilichkeit ausstrahlen (Interaktion ABC).

Ein Mann aus der gleichen Branche als Mediator würde der Frau in diesem Konflikt kaum als gute Idee erscheinen. Die besondere Schwierigkeit entsteht ja gerade durch die Interaktion mit der Firmenkultur. Eine Mediatorin mit anderen als »Kultur C«- Hintergründen, welche als B-nahe empfunden würde, hätte beim Mann vermutlich Ablehnung ausgelöst »Auweh, jetzt muss ich zum Psychiater«. Die Wahl kann hier eine Frau sein (Nähe zu Kultur B) mit einem Hintergrund, der zu Kultur C passt (so fand die Mediation tatsächlich statt). Eine gute Alternative wäre ein Mediatorenpaar. (Der Nachteil läge bei einer Co-Mediatoren allenfalls auf einer anderen Ebene – die Gebühren werden für einen ansonsten wenig komplexen Fall zu hoch.)

Die Umsetzung in die Praxis
1) Die zusammenfassende Checkliste vor dem Beginn der Mediation

Einfluß von Kulturen / Bearbeitung	„Unkulturell" (n) Kulturen ohne Relevanz im Konflikt	Intrakulturell eine beteiligte Kultur mit Relevanz im Konflikt	Interkulturell Zwei bis mehrere Kulturen mit Relevanz im Konflikt
Konflikt erkennen Was ist ein Konflikt Wer benennt ihn Wem wird er benannt Soll er gelöst werden ?	„universelle" Definition egal wer egal wem	Kulturspezifisches Konfliktverständnis Außenseiter erlaubt / sogar erwünscht ? Konflikt dritter Person benennen = Tabu? Wer darf in Wissen einbezogen werden Möglicher Gesichtsverlust der Parteien	Konfliktverständnisse (können) differieren Evtl. Konflikt über Einbeziehen 3. Partei s.oben : z.B. x will 3.Partei, y-z nicht
Konflikt analysieren (welche) Kulturen relevant ? Analyse kultureller Relevanz Allgemeine Analyse	(n) Kulturen = irrelevant nicht nötig wie üblich : „universell"	Kultur „x" = relevant, alle Parteien = „x" Kultur „x" + Konflikte allg. / konkreter K. Analyse an „x" angepasst durchführen (methodisch und inhaltlich berücksichtigen)	Kultur „x", „y", und „z" relevant
Welche Intervention ? Mediation ? Vorgeschaltete Maßnahmen ? Spezialvariante (kreieren) ?	Eskalationsstufe / Bereitschaft ? Parteien an Tisch / Deeskalation Nein, „universell"-Qualität	Alle Elemente v. Med. in „x"-akzeptiert ? Mediation bei „x" einführen oder „x"-spezifische Konfliktbearbeitung anwenden „x"-sensible Variante schaffen ?	„Shuttle" ?
Durchführung Teilnehmer ? Wer kann mediieren: Kompetenz + Akzeptanz ? Ort, Zeit, Methodik ? Kulturmittler/Dolmetsch?		wer soll hinzugezogen werden, die Parteien selbst / oder wer für sie ? müssen Familienangehörige dabei sein ? dürfen Frauen, Kinder in der Öffentlichkeit für sich sprechen ? dürfen die Beteiligten "gegen" Familienangehörige sprechen ? Religiöse und kulturelle Tabus und Vorlieben	Empfehlung : zwei Mediator/innen (je Hauptkultur einer) Evtl. Dolmetscher/in / Kulturmittler

© Dr. B. Gräfin Deym-Soden, Schönau, 6. Januar 2004

LEGENDE: Raster für die systematische Berücksichtigung wichtiger Aspekte unkultureller, intrakultureller bzw. interkultureller Konflikte mit dem Ziele der adäquaten Behandlung der Konflikte aufgrund dieser Aspekte.

Î: »**unkulturelle Konflikte**«: Die Autorin ist überzeugt, dass es »unkulturelle« Konflikte nicht gibt, verwendet diesen Begriff jedoch, um die Spezifika der anderen Fälle darzustellen.

: »**universelle Konfliktbearbeitung**« := ein »gemeinsame Nenner aller Formen der Konfliktbearbeitung«: Dies ist ein Kunstbegriff, um sich hier auf die anderen Fragen konzentrieren zu können. Der Begriff bedarf der Diskussion. Es ist klar, dass die Formulierung der Mediation in ihrer heutigen Form historisch aus dem Interesse, eine solche allgemeine Form zu finden, entstanden ist. Die Meinung der Autorin ist jedoch, dass das Ergebnis, bzw. die heute in Deutschland praktizierte Mediation dennoch mehr oder weniger starke kulturelle Prägungen enthält. Wenn es stimmt, dass es keine unkulturellen Konflikte gibt, weil NICHTS unkulturell ist, dann ist auch eine »universelle« Mediation ohne kulturelle Prägung nicht möglich. Sie wäre dann auch nicht sinnvoll. Genau diese Fragen bleiben zu diskutieren.

Vor der Mediation zu entscheiden: Erfassung »unkultureller«, intra- und interkultureller Konflikte für die systematische Berücksichtigung bei der Konfliktbearbeitung

2. Die Parteien an den Tisch bekommen

Bevor interkulturelle Mediation über methodische Fragen des Mediationsablaufs nachdenken kann, geht es um das Überwinden grundsätzlicher Hürden. Parteien müssen sich überhaupt erst begegnen können, sie müssen »an den Tisch kommen« können.

Die Kommunikation mit Vertreter der anderen Kultur oder Kommunikation in der Mediation für eine der Parteien kann grundsätzlich durch entsprechende Normen verboten sein (z. B. »mit fremden Männern redet Frau nicht«). Lösungen können meist gefunden werden, sie bedeuten unter Umständen die Notwendigkeit der Abwandlung von Mediationsregeln. Statt Selbstvertretung kann eine Partei durch Familienmitglieder vertreten werden. Die Vermittler kann die Parteien einzeln treffen.

3. »Kannitvastan«: eine allererste Kommunikationsbasis finden

Es muß Kommunikation wenigstens in Grundzügen möglich sein. Dazu benötigt es gleiche Sprache. Ist das nicht gegeben, so kann Sprachvermittlung die Brücke bilden, durch die Mediatoren (zweisprachig oder als Tandem) oder durch andere Allparteiliche (Dolmetscher, Kulturmittler). Gelegentlich werden auch Personen, die einer der Parteien nahe stehen als Übersetzer eingesetzt. Letzteres ist theoretisch denkbar, aber in der Praxis schwierig, da für die andere Partei nie klar ist, ob fair, »allparteilich« übersetzt wird. »Falsche Freunde« (auf verführerische Weise »fast identische« Begriffe aus zwei Kulturen, welche tatsächlich jedoch komplett unterschiedliche Bedeutungen haben) müssen in der Verständigung erkannt werden. Gerade ein vermeintliches »Verstehen«, ist wesentlich problematischer als gar nicht zu Verstehen. Im Nicht-Verstehen ist klar, dass Verständigung als besondere Herausforderung noch besteht. Im vermeintlichen Verstehen wird die Illusion gehegt, man habe verstanden, es werden also keine weiteren Anstrengungen unternommen. Nach unserer Einschätzung beruht ein sehr hoher Prozentsatz besonders multikultureller Konflikte auf diesem Mechanismus oder wird durch ihn erschwert.

Beispiel 1: Bayer redet von »wir«, meint aber das, was Norddeutsche nur mit »ich« ausgedrückt haben wollen, Norddeutscher ist deshalb verärgert, hält es für einen Übergriff und fordert, der Bayer solle gefälligst von sich reden. Bayer langt sich an den Kopf, denn genau das hat er ja getan.

Beispiel 2: Südeuropäer fängt an zu reden, während Nordeuropäer noch nicht fertig ist mit Reden. Südeuropäer empfindet das als Zeichen eines angeregten, gemeinsamen Gespräches. Nordeuropäer empfindet das als »Nicht ausreden lassen« und ist verärgert. Die Pausen des Nordeuropäers empfindet Südeuropäer als kalt, uninteressiert.

Um hier zu vermitteln, müssen solche kulturellen (sprachlichen oder nonverbalen) Verständigungshürden erkannt werden und den Betroffenen erläutert werden. Sie können auch auf andere Art aus dem Weg geräumt werden, indem z. B. nachgefragt wird, wie etwas ganz genau gemeint ist. Es gäbe im Verlauf einer Mediation wesentlich mehr solcher »Kommunikationsunfälle«, würden nicht bestimmte in der Mediation übliche Kommunikationswerkzeuge eingesetzt, beispielsweise das Spiegeln. Im Spiegeln wird erfahrungsgemäß oft schon deutlich, wo noch nicht erkannte Bedeutungsunterschiede liegen. Leider reicht das nicht immer aus.

Ein paar pragmatische und bewährte Gegenmittel sind eine sehr wache Aufmerksamkeit auf Nuancen, Milieu-Erfahrung in den beteiligten Kulturen, Redundanz, Nachfragen, noch mehr Verlangsamen als in monokulturellen Situationen, beide Sprachen auch im Original anhören. Sprache im Originalton anzuhören ist deshalb wichtig, weil die Sprecher sich entspannen können, aber auch, weil Gestik, Mimik und Worte in Einklang kommen – oft ein ganz und gar verändertes Bild.

4. Wenn Werte die Begegnung verbieten

Letztlich müssen Werteunterschiede, welche die Kommunikationsbasis berühren, überbrückt werden, um diese Basis zu sichern, um überhaupt kommunizieren zu können. Andere Konflikte sind dann überhaupt erst bearbeitbar. Dies ist in wesentlichen Punkten dann nicht anders zu sehen als in intrakultureller Mediation.

Was können solche, auch die einfachste Kommunikation unterbindende Werte sein? Die grundsätzliche, allgemeine, ggf. wechselseitige Bewertung der Parteien muss ein Gespräch erlauben. Aufgrund ihrer kulturellen Zugehörigkeit werden Menschen jenseits des aktuellen Konfliktes und jenseits von kulturellen Tabus unterschiedlichster Ursachen auch aus Rassismus, aus Erbfeindschaft als Gesprächspartner abgelehnt. Es kann verboten sein, mit Menschen des anderen Geschlechts öffentlich oder nicht öffentlich zu sprechen, es kann mit den eigenen Werten in strengem Gegensatz stehen mit einem der Kindesmisshandlung beschuldigten oder überführten Menschen überhaupt in einem Raum zu sein oder Worte zu wechseln.

Für das Überbrücken von Wertunterschieden ist es günstig, sogar erforderlich, ein Grundverständnis und eine Grundakzeptanz kultureller Differenz bei den Parteien zu ermöglichen bzw. zu fördern. Dieses kann unterstützt werden durch Beispiele aus dem Erleben von zwei Co-MediatorInnen, wenn diese kulturell je einer der Parteien nahe stehen. Zwei Co-Mediatoren können den Umgang mit Unterschied modellhaft vorleben während der Mediation. Werden Unterschiede zwischen den Co-Mediatorinnen deutlich ohne dass die Kooperation zwischen ihnen dadurch beeinträchtigt würde, so kann dies auf die Medianden beispielhaft wirken.

5. Start ohne Brücken

Was ist zu tun, wenn es gar keine Brücken gibt – keine Sprach- oder Kulturdolmetscher zur Verfügung stehen, vielleicht gar nicht existieren? Dies wäre die sprichwörtliche Begegnung zwischen »Erdling« und »Marsmensch«. Um das nachdenken darüber nicht zu schwierig zu machen, haben wir bewusst Mars- »Mensch« geschrieben. Es zeigt sich nämlich, dass über die Grundbedürfnisse des Menschen oft die erste Verständigungsbrücke aufgebaut wird. Die Szene mit dem sagenhaften Enkelfoto, das die Top-Politiker sich zeigten und das den Durchbruch in den Friedensverhandlungen schaffte haben wir selbst nicht gesehen. Wir haben aber zahllose Situationen erlebt, in denen von allen Menschen geteilten Lebenswünsche wie das Glück für die Enkelkinder, oder so tiefgehende Erlebnisse wie der Tod eines nahestehenden Menschen auch dem schlimmsten Feind verständlich ist und in denen dieses Verstehen die Wende schafft.

Dazu ist ein besonderer Raum zuträglich, ein besonderer Raum innerhalb des ohnehin besonderen Raumes der Mediation. Ein Zeit-Raum außerhalb der Tagesordnung, ganz informell, ganz entspannt und ohne Zeitplan. Das Erleben und Verstehen kultureller Differenz ist in einer separaten Phase um vieles leichter als unter Druck. Nun lässt sich das nicht wirklich herstellen, denn dann würde es ja wieder unter Druck stehen. Es »passiert« also in den informellen Phasen. Wohlbekannt sind die spontanen Einigungen nach stundenlangen Verhandlungen, welche beim gemeinsamen Besuch dann auf der Herren-Toilette getroffen werden. Das ist ja nun allerdings nicht planbar und kann ja nur in bestimmten Konstellationen gehen.

Was ist also zu tun? Gemeinsame Freizeitgestaltung wäre von der Struktur her ideal geeignet – aber wer gestaltet schon seine Freizeit mit dem schlimmsten Feind? Ein Kompromiss zugegeben, aber eher praktizierbar ist eine Art Mini-Interkultureller Workshop, der nicht den aktuellen Konflikt zum Thema hat, sondern »außen vor« ist. Die entscheidenden Kriterien sind auch hier geschützter Raum, Zeit, Abgabe der Prozessverantwortung als Basis für Entspannung. Wenn die Situation das zulässt ist ein gemeinsames Essen im Laufe eines langen Tages mit Tagesordnung ein solcher »außerhalb«.

Brücken können also entstehen, wenn allgemeine Lebensäußerungen gemeinsam gelebt werden, wenn sie in ihrer Essenz, in ihrem Wesen in allen Kulturen bedeutsam und daher emotional durch die jeweils anderen als »menschlich« respektiert und verstanden werden. Das funktioniert eben auch dann, wenn die Situationen unterschiedlich gelebt werden oder wenn Trennendes weiter existiert. Der Verlust eines geliebten Menschen mag sehr unterschiedlich gelebt und begangen werden. Diese Unterschiede können als etwas Trennendes erlebt werden. Wird jedoch die allen gemeinsame Essenz auf einmal deutlich, z. B. »ein Nahestehender wurde verloren« so scheint in solchen Situationen urplötzlich alles Trennende zu verblassen. Eine solche neu erkannte gemeinsame Basis kann dann Brücke werden, um Verständigung über nach wie vor Trennendes und Unterschiedliches zu ermöglichen.

Der zweite beschriebene Weg ist das Erleben und Beobachten von angesehenen, respektierten Menschen, die glaubhaft wiedergeben und transparent machen, wie bikulturelles Erleben, wie der Umgang mit Differenzen bei gleichzeitigem Aufrechterhalten von Kontakt, Respekt, friedlichen Interaktionen oder gar Kooperation möglich ist.

6. Ordnung und Chaos

Für Mediation gilt wie für viele andere Interventionen mit Menschen, dass es einerseits wesentlich darauf ankommt, das zum jeweiligen Zeitpunkt im jeweiligen Kontext Richtige zu tun und zwar ganz genau das und nichts anderes. Das ist die Einhaltung der Ordnung, die Disziplin, das bewusste, gezielte Tun.

Es gilt, dass es andererseits nicht möglich ist, etwas zu »machen« als wären Menschen mechanische oder elektronische Geräte, die nur richtig eingestellt und bedient werden müssen. Wir müssen dann auch geschehen lassen, vertrauen, das nicht-Tun akzeptieren. (Tun-Nichttun: »Wu Wei«). Wir sind aufgefordert, ob als Mitmenschen und als Profis in unserem Gebiet, das passende Ambiente zu schaffen, die passenden Abläufe und Prozesse einzuleiten, zu steuern, die passenden Interventionen und Signale zu setzen. Ansonsten ist es unsere Aufgabe wertschätzend und offen anzunehmen, was dann wird und was dann geschieht. Dieser Teil, die Akzeptanz, der Respekt vor der Freiwilligkeit und Selbstverantwortung Aller durch die Mediatoren ist wohl eine wirklich universal gültige Regel

7. Interkulturell besonders geeignete methodische Elemente – gibt es sie?

Welche Methoden und Werkzeuge, welche methodischen Elemente der Prozesssteuerung haben sich in der interkulturellen Mediation besonders bewährt? Wenige der anzuführenden Methoden sind exklusiv für die interkulturelle Situation entwickelt oder nur dort einsetzbar. Es gibt aber graduelle Unterschiede ihrer Nützlichkeit. Es gibt auch Methoden, welche nicht nur graduell weniger geeignet sind, sondern welche wirklich sehr kulturspezifisch einsetzbar sind und damit im interkulturellen Konflikt eher nicht passen, es sei denn durch den rasenden Zufall, dass die beteiligten Kulturen in diesem Punkt nun gerade zufällig gleich sind.

Da nun diese Methoden nicht exklusiv interkulturell sind, dürften die meisten von ihnen im Prinzip als Methoden bekannt sein. Dennoch wird immer wieder gefragt, wie geht denn interkulturelle Mediation – welche Methode oder welche Methodik wird da angewandt? Die Frage ist so natürlich nicht zu beantworten, denn es gibt eben nicht eine einzige Methode. *Wie sollte auch eine Methode auf alle interkulturellen Situationen passen?*

Es gibt momentan ca. 200 Staaten auf der Welt. Lassen Sie uns die regionalen Untergruppen innerhalb der Staaten im Moment vernachlässigen. Lassen Sie uns innerhalb der Staaten auch die meisten Berufsgruppen vernachlässigen und statt dessen nur ganz grob 5 Tätigkeits-Kategorien nehmen (ungelernte Tätigkeit, handwerklicher Beruf, akademische Tätigkeit, Management und Verwaltung, psychosoziale und beratende Tätigkeit), lassen Sie uns nur Organisations-Kategorien kulturell unterscheiden (z. B. Internationale Organisationen wie UNO, Konzerne, KMU's, Staat und Verwaltung, NGO's), lassen Sie uns aber Männer und Frauen nennen, lassen Sie uns (nur) 5 Weltreligionen aufzählen und fünf soziale Schichten/Gruppierungen je Land (z. B. extrem reich, reich, Mittelstand, Unterschicht, Arme). Nun gibt es nicht jede Religion in jedem Land und manche Gruppierungen fallen häufig zusammen. Dennoch multipliziert sich die Zahl der Staaten mit einigen der anderen Faktoren. Selbst so großzügig herunter gerechnet bleiben mehrere Tausend leicht unterscheidbare Gruppen ... Nein, das ist immer noch zu komplex. Lassen Sie uns überhaupt nur die 210 Staaten nennen. Dann gibt es allein dadurch schon über 20 000 mögliche Kombinationen der Begegnung zweier Kulturen. Jede dieser Begegnungen wird besondere Herausforderungen zu meistern haben. Darauf sollen wir nun *eine* Methode anwenden?

Das einfache Grundmodell ist das folgende: Wir arbeiten mit der ständigen Annahme, das Gegenüber könne in einer Eigenschaft sowohl *gleich* sein wie wir, *oder anders* und dann noch »*ganz anders*«. Das Gleiche oder Ähnliche nehmen wir als Brücke, das Unterschiedliche lernen wir zu akzeptieren und in Vereinbarungen zu berücksichtigen und das völlig Unbekannte können wir versuchen, mit dem nun bekannten Gleichen und dem nun bekannten Unterschiedlichen als Basis zu erahnen.

In Multikulturellen Situationen bes. verwendbare Methoden und Ansätze
Verlangsamen
- **Redundanz und Vielfalt der Kommunikation: die gleiche Sache auf mehrere verschiedene Arten und über mehrere Kommunikationskanäle (Ohren, Augen) ausdrücken**
- **Indirekte Kommunikation – sowohl über Mittler als auch in der Wahl der Semantik als Ergänzung der direkten Kommunikation**
- **Verwenden von Bildern und Metaphern, von Geschichten und Sprichwörtern**
- **Alle Kreativitätsmethoden**
- **Modelling : Ganz genau Erfassen, was die andere Person tut und sich ggf. darauf einstellen**
- **Die eigene Kultur transparent machen**
- **Kontext erfragen**
- **Reframing – Umdeuten, auf vielfältigste Weise**
- **Shuttle Mediation**
- **Szenisches Spiel**

Umdeuten

Reframing oder Umdeuten ist gerade im multikulturellen Bereich eine der zentralen Ansatzpunkte. Durch die Veränderung der verschiedenen Rahmungen, welche als »normal« oder »selbstverständlich« angenommen werden und vor allem in Stress und Konflikt unreflektiert bleiben, tritt ein Moment der Verwirrung ein – Neu-Orientierung ist nötig und möglich. Das »Pferd« Gehirn stolpert, das

nutzt der Reiter und wechselt die Gangart ! Gewohnte Sichtweisen und Denkweisen werden »ver-stört«.
Dies ist gerade in multikulturellen Situationen hilfreich, da so die je subjektiven bzw. kulturell bedingten Wertungen und Beurteilungen als relativierbar erlebt werden und zwar auf leichte Art. Reframing ist auch ein Hauptmechanismus in Witzen und kann ähnliche Wirkung auch in ganz ernsten Situationen entfalten. Verblüffung tritt ein, Aha-Effekte, Erleichterung, spielerisches Querdenken. Dem Reframing liegen einige systemische Prämissen zugrunde (s. Schlippe und Schweitzer, Lehrbuch der systemischen Therapie und Beratung, 1996), die in der folgenden Tabelle gelistet sein.

Grundannahmen, die in der systemischen Beratung den Umdeutungen zugrunde liegen
- **Jedes Verhalten macht Sinn, wenn man den Kontext kennt**
- **Es gibt keine vom Kontext losgelösten Eigenschaften einer Person**
- **Jedes Verhalten hat eine sinnvolle Bedeutung für die Kohärenz des Gesamtsystems**
- **Es gibt nur Fähigkeiten. Probleme ergeben sich manchmal daraus, dass Kontext und Fähigkeiten manchmal nicht zusammenpassen.**
- **Jeder scheinbare Nachteil in einem Teil des Systems zeigt sich an anderer Stelle als möglicher Vorteil.**

Beobachten Interpretieren Bewerten

Eine vor allem in Arbeiten über interkulturelle Kommunikation beschriebene und damit vielleicht spezifische Kommunikationsregel ist die Abfolge »DIE« (Describe, Interpret, Evaluate). Auf deutsch haben wir zum Zeitpunkt der Begegnung mit DIE keine Quelle gefunden und nennen es seither »BIB« (*Beschreiben, Interpretieren, Bewerten*).
Diese Technik hebt darauf ab, Situationen im ersten Schritt zunächst möglichst phänomenologisch zu beschreiben, also so nahe an den durch die Sinne wahrnehmbaren Daten wie möglich. Die Regel lautet, dass nur das, was man sehen, hören, riechen und

körperlich fühlen kann, eine Beobachtung ist. Diese muss als erste benannt werden. Nun sehen wir ja beileibe nicht alle das Gleiche, aber das Benennen des (subjektiv) Beobachteten hilft dem Gegenüber, zu verstehen, wovon der andere überhaupt spricht.

Der zweite Schritt ist, sich bewusst zu machen, wie die eigene Interpretation des Beobachteten ist, und diese als Interpretation transparent zu machen, auszusprechen. Als wichtige relativierende Übung ist es an dieser Stelle relativ leicht möglich, andere denkbare Interpretationen der selben Beobachtung abzufragen.

Der dritte Schritt ist dann erst die Bewertung, welche natürlich ebenfalls subjektiv ist und möglichst auch so kenntlich gemacht wird. Das dient sowohl der eigenen Klarheit und Bewustheit als auch der Kommunikation. Auch die Bewertung wird, einmal bewusst geworden, leichter als eigene Entscheidung verstehbar.

Die Haltung
Der multikulturelle Tanzschritt

Eine ebenso grundlegende und allgemeingültige Regel für multikulturelle Situationen ist »der multikulturelle Drei – Schritt« (»multicultural three-step« nach Pedersen). Es geht um drei Stufen des Erkennens, Lernens, Verhaltens, nämlich um *Bewusstheit* oder Achtsamkeit (awareness), um *Kenntnisse* oder Wissen (knowledge) und um Können oder *Fertigkeiten*_(skills). Ähnliche, wenn auch nicht gleiche Ansätze sind die Hinweise darauf, dass nichts nachhaltig gelingen wird, was nicht ganzheitlich angepackt wird. Dann sprechen wir zum Beispiel von Körper, Geist und Seele oder etwas profaner ausgedrückt von Herz, Hirn und Hand. Interkulturelle Kommunikation braucht jeweils alle drei. Sie braucht nichts anderes als die intrakulturelle Kommunikation. Aber sie braucht es wegen der höheren Komplexitäten, wegen der größeren Schwierigkeitsgrade in höherem Maße.

Nonverbale Kommunikation

Was hat es in interkulturellen Begegnungen mit der Körpersprache auf sich? Jede Ebene der nonverbalen Kommunikation könnte als eine Art zusätzliche Sprache gewertet werden. Dazu gehören die verschiedenen Elemente der Körpersprache (Gestik, Mimik, Berührungssprache, Nähe und Distanz, Augensprache) und die paraverbale Sprache (Tonfall, Lautstärke, Rhythmik, Sprechfolge).

Alles, was über die verbale, explizite multikulturelle Kommunikation gesagt werden kann, gilt in verstärktem Maße für die nonverbale Kommunikation. Es gilt in höherem Maß, weil sie im Allgemeinen noch unbewusster abläuft als die verbale. Dadurch greift hier die Negativfolge fälschlicher »Gleichheitsannahmen« und fälschlicher »Andersannahmen« wesentlich stärker. Gleichzeitig hat die nonverbale Kommunikation bekanntlich einen sehr starken Einfluss, man spricht davon, dass Kommunikationsprozesse zu einem großen Teil (70% und mehr) über nonverbale Wege laufen. Auch und gerade die nonverbale Kommunikation ist kulturspezifisch. Manche Gesten haben z. B. in verschiedenen Kulturen gegensätzliche Bedeutung. Selbst Lächeln, welches universal existiert, wird sehr unterschiedlich eingesetzt und müsste also sehr unterschiedlich interpretiert und bewertet werden. Nonverbale Kommunikation ist daher auch in der Mediation entscheidend beteiligt.

Körpersprache komplett neu einzuüben ist sehr schwer möglich. Es ist auch aus anderen Gründen wohl als fraglich einzustufen. Erreichbar ist es mit Sicherheit, manche Gesten zu unterlassen. Was kann dann hinsichtlich der nonverbalen Kommunikation durch MediatorInnen wirklich getan werden? Auch hier gilt es, das Bewußtsein zu erhöhen (awareness) für die Bedeutung und für die Unterschiede der nonverbalen Kommunikation. Es gilt im nächsten Schritt, die eigenen Reaktionen auf nonverbale Signale anderer besser kennen zu lernen und sich schließlich mit der ständig ablaufenden Interpretation von nonverbaler Kommunikation zu beschäftigen.

Benedikta Gräfin v. Deym-Soden

Szenisches Spiel und Theater

Verbale Sprachhürden sind durch den bewussten Einsatz nonverbaler Kommunikation im *szenischen Spiel* unter bestimmten Voraussetzungen besser zu bewältigen. Die Voraussetzungen erklären sich aus den oben aufgeführten Missverständlichkeiten auch der nonverbalen Kommunikation. Der Vorteil im Spiel ist dann aber, dass solche auftretenden wechselseitigen Missverständnisse meist sofort er-sicht-lich werden. Besonders bekannt für den Einsatz von Theater zur zunächst probeweisen und spielerischen Bewältigung schwieriger Situationen und Konflikte ist Augusto Boal mit dem »Theater der Unterdrückten«. Hier werden problembeladene oder konflikthafte Situationen gespielt und im Spiel verändert. Das Spiel trägt u.a. der indirekten Kommunikation Rechnung, ebenso Unterschieden im Ausmaß der Verbalität und der Sprachgewandtheit, lässt sich auch ohne gegenseitige Sprachkenntnisse häufig sehr gut verstehen.

Die Wahrung der verschiedenen Gesichter
Gesichtwahren im Westen und im Osten

Ein letzter »Hauptschalter« für das Gelingen oder Misslingen von Kommunikation ist die Frage des passenden Umgangs mit Würde, Ehre, Status, mit dem »Gesicht«. Würde und Respekt sind universale Werte. Der passende Umgang öffnet Türen und Herzen, nicht passender Umgang führt sehr schnell nicht nur zu misslungener Kommunikation und auf lange Zeit verschlossenen Türen. Es ist sehr leicht und sehr schnell auch ein Weg zu Mord und Totschlag (Fritz B. Simon, Tödliche Konflikte).

Gesichtwahren ist also in sehr vielen (allen?) Kulturen essentiell. Entgegen weitverbreiteter Meinungen, das gelte vor allem für östliche Kulturen, ist dies in westlichen Kulturen gleichermaßen der Fall. Die Art und Weise, wie das Gesicht zu wahren ist, und was genau zu schützen ist, variiert aber sehr stark. Wegen dieser überra-

genden Bedeutung des »Gesichtwahrens*« wurde durch die Autorin ein zusammenfassender Vergleich verschiedener Literaturstellen gemacht (Literaturliste unter Soden-Fraunhofen).
Schon der Begriff »Gesicht« ist natürlich von Kultur zu Kultur unterschiedlich besetzt. In Italien beispielsweise geht es viel öfter darum, über eine gute »Figur« zu verfügen (»fare buona figura«). Das »Gesicht« wird weit seltener und anders erwähnt. In anderen Ländern ist der hauptsächlich verwendete Begriff die »Ehre«.

Wessen Gesicht soll gewahrt werden:
Das eigene Gesicht
Das Gesicht des/der anderen
Das (gemeinsame) Gesicht beider/ aller Beteiligten
Die Unabhängigkeit oder Abhängigkeit des eigenen Image von dem der Gruppe/Familie bzw. die Verantwortung auch für andere

Geht es um ein bestimmtes Bild oder um die Freiheit der Gestaltung?
- »Positives« Gesicht, das heißt das Gesicht, was mit dem eigenen Selbstbild übereinstimmt (Würde, Kompetenz, Einfluss, Intelligenz, Flexibilität, »cool« sein, soziale Einstellung, Empathie, etc.)
- »Negativ« : Das heißt, die Freiheit, NICHT festgelegt zu sein, Freiheit des Selbstausdrucks

Wie wird das Image erworben / bzw. verliehen?
- Direkte oder indirekte »Verhandlung« darüber, welches Image man hat
- Private oder öffentliche »Verhandlung« darüber
- Beziehungen, Hierarchien und öffentliche Insignien des durch andere verliehenen Image
- vs. Das persönliche Bemühen / Aushandeln /der Erwerb durch Leistung und deren Darstellung
- Spezifische Verhaltensabfolgen in diesem Zusammenhang

Welche positiven sozialen Werte sind mit Image verbunden?
- Streben nach Autonomie (»Macht haben« im Sinne von »gestalten können«, »etwas schaffen«, »Freiheit«)
- Streben nach Zugehörigkeit (»Heimat«, verwurzelt sein, Zugehörigkeit, einen Platz haben)
- Streben nach Respekt / Anerkennung / Kompetenz (Ansehen, einen »Namen«, ein »Gesicht « haben, unverwechselbar sein, gesehen werden)

Nach Paul M. Zulehner sind die genannten Aspekte nicht nur Urwünsche des Menschen, sie entsprechen auch den Äußerungsformen jedweden (höheren) Lebens, pflanzliches Leben äußert sich
Einmalig und vereinzelt   (Ansehen)
Es schlägt Wurzeln   (Heimat)
Es wächst   (es kann gestalten, Macht)

Literatur

Augsburger, D. W. (1992): Conflict Mediations across Culture. Louisville (Westminster/John Knox Press).
Bade, K. J. (1996): Migration – Ethnizität – Konflikt. Osnabrück (Universitätsverlag).
Bergemann, N., Sourisseaux, A. (1993): Interkulturelles Management. Berlin (Springer).
Boal, A. (1989): Theater der Unterdrückten. Frankfurt/M. (Suhrkamp).
Bridges, W. (1980): Transitions. Massachusetts (Addison-Wesley Publishing Company).
Ciompi, L. (1999): Die emotionalen Grundlagen des Denkens. Göttingen (Vandenhoeck & Rupprecht).
Duryea LeBaron, M. (1992): Conflict and Culture. Canada (Institute for Dispute Resolution).
Foerster, H. v. (2001): Wahrheit ist die Erfindung eines Lügners. Heidelberg (Carl-Auer).
Gennep. A. v. (1984): The Rites of Passage. Chicago (The University of Chicago Press).
Glasl, F. (1993): Konfliktmanagement. Stuttgart (Verlag freies Geistesleben).
Hampden-Turner, C., Trompenaars, F. (2000): Building Cross-cultural Competence. New Haven & London (Yale University Press).
Interkulturelles Netzwerk für Mediation, Nürnberg (1999 bis 2003): mündliche Mitteilungen.
Korzenny, F., Ting-Tommey, S. (1990): Communicating for Peace. Newbury Park (Sage Publications).

Lederach, J. P. (1995): Preparing For Peace. New York (Syracuse).
Maalouf, A. (2000): Mörderische Identitäten. Frankfurt/Main (Suhrkamp).
Myers, S., Filner, B. (1997): Conflict Resolution across Cultures. Amherst (Amherst Educational Publishing).
Oberg, K. (1960): Cultural Shock. (Practical Anthropologist, 7, 170–179).
Pease, A. u. B. (2002): Warum Männer nicht zuhören und Frauen schlecht einparken. München (Ullstein).
Perls, L. (1989): An der Grenze leben. Köln (Edition Humanistische Psychologie)
Pedersen, P. B. (1997): Culture-Centered Counseling Interventions. Thousand Oaks (SAGE Publications).
Schwarz, G. (1999): Konfliktmanagement. Wiesbaden (Gabler).
Simon, F. (2001): Tödliche Konflikte. Heidelberg (Carl-Auer).
Soden-Fraunhofen, Gräfin von B. (1989): Face-need-concern. Portland, OR (Seminararbeit, unveröffentlicht)
Thomas, A. (1993): Kulturvergleichende Psychologie. Göttingen (Hogrefe).
Watzke, E. (1997): Äquilibristischer Tanz zwischen den Welten. Godesberg (Forum).
Watzlawick, P. (1997): How real is real? New York (Vintage Books Edition).
Zulehner, P.M. (1983): Leibhaftig Glauben. Freiburg/Breisgau (Herder).

Mediation in der Schule

Konfliktmanagement in einer Hauptschule

Irene Amann

Fallbeispiel 1: Konflikt zwischen Klasse und Lehrer

Die Schüler einer 2. Klasse beschwerten sich immer häufiger über das ungerechte Verhalten eines ihrer Lehrer. Sie könnten Regeln nicht einhalten, da sie in jeder Stunde wechseln würden. Im Gegenstand »Soziales Lernen« versuchte ich mit der Klasse, dem Konflikt auf den Grund zu gehen, ihren Anteil am Problem zu finden, Verhaltensmaßnahmen zu erarbeiten. Meine Rolle war die des »verstehenden Vermittlers«. Ich versetzte mich in ihre Rolle und spürte ihre Hilflosigkeit.

Mehrmals schon hatte die Klasse, nach Vorbereitung darauf, das direkte, klärende Gespräch mit dem Kollegen gesucht, aber keine Lösung, bzw. keine Gesprächsbereitschaft gefunden.

Mittlerweile wandte sich auch der Kollege an mich und sprach davon, dass die Klasse »schwierig« geworden sei, und beklagt sich über die Respektlosigkeit der Klasse. Seine Autorität würde nicht mehr anerkannt werden. Ich ahnte, dass sich über kurz oder lang ein Machtkampf anbahnen würde.

Die Klasse bat mich, den Kollegen zu einem Gespräch einzuladen und dieses zu moderieren. Am selben Tag bat ich ihn zu diesem Gespräch. (Allerdings war ihm der Sinn anfangs nicht klar, er wollte sich verteidigen, endete mit dem Satz: »Eigentlich habe ich ja keine Probleme!«) Da meine Aufgabe als Konfliktmanager an der Schule akzeptiert und anerkannt ist, konnte ich dem Kollegen den Vorteil eines gemeinsamen Gespräches vermitteln und er willigte ein.

Irene Amann

Mediation bietet speziell in emotionsgeladenen Konflikten die Möglichkeit durch die Rolle des neutralen Mediators seine Position klar und frei an einen Dritten zu äußern. Verteidigungsreden und emotionale Übergriffe können so meist vermieden oder abgefangen werden.

Der Tag der Mediation

Ich bereitete in der Klasse ein Flipchart vor, um Meinungen, Vorschläge und Ideen sofort festhalten zu können. Das verhindert Missverständnisse oder Fehl-Interpretationen.

Die Klasse versammelte sich im Kreis, in den sich auch der Kollege einordnete.

Ich blieb außerhalb der Kreises. Gesprächsregeln wurden vereinbart (ausreden lassen, keine Verallgemeinerungen, Ich-Form, Störungen haben Vorrang/ nach Ruth Cohn).

Nun bekamen beide Parteien die Möglichkeit, ihr Unwohlsein zu äußern. Die Kinder nannten konkrete Beispiele und Vorfälle, in denen sie sich ungerecht behandelt gefühlt hatten. Da sie sich an mich wandten und nicht an den Kollegen, konnten sie ohne Angst und Scheu frei erzählen. Kurze Notizen am Flipchart markierten die angesprochenen Vorfälle.

Der Kollege wollte sich anfangs verteidigen, er war durch die klare Konfrontation verunsichert. Auch die Anwesenheit eines Dritten, eines »Zeugen« war für ihn ungewohnt.

Selten haben wir Lehrer gelernt, *uns* vor der Klasse zur Sprache zu bringen, Konflikte direkt mit einer Klasse auszutragen.

Ich konnte dem Kollegen vermitteln, dass es genau darum ginge: nämlich *sich* zur Sprache zu bringen, seine Sicht des Konfliktes auszudrücken, sein Unwohlsein loszuwerden, ohne angegriffen zu werden oder sich dafür verteidigen zu müssen – was es dann auch tat!

Die Schüler und der Lehrer waren bisher »übliche« Konfliktgespräche gewohnt, in denen es zum Schluss immer einen Sieger und einen Verlierer gab. Nun konnten wir einen neuen Weg gehen, Konflikte auszusprechen, und vor allem: *gemeinsam konstruktive Lösungen suchen.*

Wünsche durften geäußert werden, Lösungsvorschläge kamen von beiden Seiten. Die Schüler verlangten klare Regeln, damit sie diese auch verstehen und einhalten könnten. Sie forderten, dass der Kollege bei seinen eigenen Regeln bliebe, bzw. Erinnerungen von den Schülern auch akzeptieren möge. Sie versprachen, diese Regeln dann auch einzuhalten und den Unterricht durch provokante Störversuche nicht mehr zu unterbrechen.

Der Kollege konnte seine Klassenregeln festlegen und versprach seinerseits, sich auch an die vereinbarten Regeln zu halten!

Beide Seiten waren bei diesem Schritt sehr ernst und bereit, einander zu verstehen und zu akzeptieren. Am Ende des Gesprächs stand die nochmalige Erinnerung an die gemeinsam erarbeiteten Regeln, die auch schriftlich festgehalten wurden. Die Kinder verabschiedeten sich mit Respekt und Erleichterung von dem Kollegen – wissend, dass man sie ernst nimmt, dass man Konflikte ohne Gewalt regeln kann, und dass sie ihre Position auch selbst vertreten können!

Die neuen Regeln hingen einige Wochen für alle sichtbar im Klassenzimmer. Es kam zu keinen Beschwerden mehr!

Meine Reflexion

Als »Außenstehende« konnte ich die beiden Parteien klar beobachten und in schwierigen Momenten eingreifen.

Bemerkenswert war, wie sicher und klar die Schüler ihren Standpunkt beschrieben. Sie waren sehr positiv eingestellt und zeigten keine Angst. Sie verhielten sich sehr respektvoll, denn sie fanden es »toll«, dass der Kollege zu diesem Gespräch bereit war.

Lehrer und Klasse hatten mehr Respekt voreinander und konnten ihren Unterricht ungestörter fortführen.

Irene Amann

Fallbeispiel 2:
Konflikt Schüler-Eltern-Lehrer-Klasse

Schon einige Zeit fiel den Kollegen einer ersten Klasse auf, dass in den Pausen sehr ordinäre Zeichnungen und Worte an die Tafel geschrieben wurden.

Besonders ein Schüler (A) wurde öfter dabei beobachtet. Bald hatte er eine »Bande« um sich, die seinen Mut und seine Stärke bewunderten.

Die Burschen beschimpften Mitschüler, zeichneten Genitalien an die Tafel, schickten sich in der Freizeit eindeutige SMS (die sie von einem Privat PC herunterluden) und zeigten sie in den Pausen den ahnungslosen Mitschülern. In der Klasse wurde es immer unruhiger, viele Schüler waren von diesem Verhalten abgestoßen und irritiert.

Der Schüler A fiel auch während der Stunden immer häufiger durch sein ordinäres Verhalten auf. Im Deutsch- Unterricht verwendete er bei Verb-Übungen nur Verben aus dem Porno-Bereich. Er näherte sich seinen Mitschülern mit unzüchtigen Körperbewegungen usw.

Ich übernahm eine Stunde »Soziales Lernen« in der Klasse, um das Verhalten zu beobachten und die Reaktion der Mitschüler zu testen. Ich konnte die Beobachtungen meiner Kollegen nur bestätigen.

Einige Einzelgespräche mit dem Schüler brachten nicht den gewünschten Erfolg. In seinen Fantasien tauchten immer wieder frauenfeindliche, obszöne Gedanken auf. Die »Schuld« an den Tafelzeichnungen schob er auf Mitschüler.

Ich sprach auch mit anderen Schülern aus der Klasse, die alle A als Auslöser nannten. A war im Einzelgespräch sehr aufmerksam und konzentriert, überlegte seine Antworten (und Strategien?) sehr genau. Nur im nonverbalen Bereich (Traumzeichnungen, Zukunftswünsche) konnte ich ein ehrliches und unüberlegtes, ungeplantes, aber auch ungewöhnliches Verhalten entdecken. Mittlerweile hatte er zwei Mitschüler zum Mitmachen animiert.

Die Leistung der drei Burschen sank ab. Ihr Denken war durch die Überreizung und Fixierung blockiert. Nur die Pause, der gemeinsame Weg aufs WC, um Neues auszutauschen, war interessant.

Wir führten Einzel-Gespräche mit den betroffenen Eltern. Sie zeigten sich sehr bestürzt, waren sofort zur Mitarbeit bereit, meinten aber alle, dass *ihr* Sohn niemals der Anstifter sein könnte.

Da wir als Schulteam keinen Weg fanden, diese Unruhe zu beenden, schalteten wir den Schulpsychologen ein. Es fanden sich Kollegen, die beim Schüler A den Verdacht auf sexuelle Missbrauch äußerten. Nach einem einstündigen Gespräch meinte der Psychologe, dass A zwar gesteigertes sexuelles Interesse zeige, dieses aber immer noch im Norm-Bereich läge. Er fand keinen Ansatz für sexuellen Missbrauch.

Da immer mehr Eltern in der Direktion anriefen und über ihre verstörten Kinder klagten und Aufklärung und Änderung der Klassensituation verlangten, entschieden wir uns zu einer geplanten Strategie.

1. Die Eltern der drei »Haupttäter« wurden abends gemeinsam vorgeladen. In der Klasse stand ein Flip-Chart, die Sessel waren im Kreis angeordnet. Ich thematisierte kurz die Vorfälle und bat die Eltern um Stellungnahme. Sehr schnell wurde klar, dass A zu Hause ungeschränkten Zugang zum PC hatte und seine Freizeit ziemlich unkontrolliert verbrachte. Die anderen beiden Schüler waren häufig bei ihm zu Besuch. Überhaupt waren die drei »beste Freunde«, was die Eltern schon länger zu unterbinden suchten.
2. Wir machten klar, dass es nicht um Vorwürfe ging, sondern um Lösungen.
3. Wir initiierten Lösungsvorschläge gemeinsam zu erarbeiten (Handy wegnehmen, PC mit Passwort sichern, Freizeit überwachen, Freizeit-Alternativen anbieten, aktives Zuhören der Eltern, Aufklärungsgespräche ...)
4. Mit den drei Burschen sollten die Lösungsvorschläge besprochen werden.

5. Im Beratungszimmer ließ ich mir die Lösungsvorschläge des vergangenen Abends von den Schülern erklären.
6. Konsequenzen wurden festgesetzt (Handyabnahme in der Schule, konsequentes Nacharbeiten aller bisher nicht gebrachten Hausübungen und Schulübungen, eventuell Entfernung aus der Klasse)
7. Ein *Vertrag* wurde geschrieben. Die Burschen sollten für sich selber Regeln aufstellen, die sie auch sicher einhalten könnten. Mir war wichtig, dass sie selber diese Regeln erkennen und ausformulieren; und zwar ausdrücklich nur so viele, als sie meinten, zu schaffen. Der Vertrag wurde feierlich unterschrieben, mit dem Schulstempel versehen und im Beratungszimmer deponiert.

Einige Zeit herrschte tatsächlich Ruhe, kurz vor Schulschluss flammte die Situation noch einmal auf. Die Schüler wurden sofort für eine Woche aus der Klasse genommen und bekamen ihre Aufgaben zugewiesen, die sie alleine ausarbeiten mussten. Sämtliche Vergünstigungen (Teilnahme an der Bio-Jause, aber auch die Teilnahme an der externen Projektwoche) wurden gestrichen.

Nach dieser Woche war bis Schulschluss keine Auffälligkeit mehr festzustellen.

Die Eltern waren mit unserer konsequenten Vorgangsweise sehr zufrieden, zumal alle drei Burschen ihre Schulleistungen bis zum Jahreszeugnis wieder deutlich steigern konnten.

»Peers bauen auf!«

Schulmediation an Wiener Gymnasien[1]

Kuno Schneider

»Als ich das erste Mal vom Fach Mediation hörte, dachte ich an Meditation. Dann wurde mir erklärt, dass es sich dabei um Konfliktmanagement handelt. Da habe ich beschlossen, das Freifach Mediation zu besuchen, weil ich diese in meinem zukünftigen Berufsleben einmal gut gebrauchen kann.« (Bianca Schütz; 6. Klasse)

In diesem Aufsatz soll kurz nachvollzogen werden, welchen Weg die Peermediation in die AHS in Wien in den letzten 15 Jahren genommen hat, welche Veränderungen der österreichischen Schullandschaft sie erlebt und mitgestaltet hat, wer ihre Begleiter[2] und ihre Stützen sind und wie sie und ihre Wegbereiter ausschauen.

Konfliktbewältigung wird in der Schule meist erst dann als wichtig betrachtet, wenn Gewalttätigkeiten das Klassenklima belasten. Erst wenn ein Konflikt eskaliert, aufreibende Machtkämpfe, psychische oder physische Gewalttaten oder Mobbing stattfinden, wird der Vorfall schulintern meist durch autoritäre Maßnahmen stillgestellt.

Eine Veränderung der Konfliktkultur in der Schule bringt nicht nur Veränderungen im individuellen Verhalten einzelner SchülerInnen, sondern wirkt sich auf die gesamte Klasse und auf das gesellschaftliche Umfeld der Jugendlichen aus. Es werden dadurch Veränderungsprozesse in der Konfliktregelung und Modelle gewaltfreier Lösungen gewonnen. Nicht zuletzt ist Peermediation auch ein Beitrag zum Verständnis interkultureller Beziehungen und der Beziehungen zwischen den Geschlechtern.

Mediation als Methode der gewaltfreien Konfliktbearbeitung lässt sich in verschiedenen Bereichen in vielen historischen Kulturen seit Tausenden von Jahren nachweisen.

In Österreich gibt es den Berufsstand des Mediators seit den späten 90er-Jahren.[3] Im Unterschied zu einer autoritären Konfliktbearbeitung in Form einer Beendigung des Konflikts durch eine institutionalisierte Macht, werden bei der Mediation die Streitparteien von einem neutralen und fairen Vermittler, dem Mediator, in ihrer eigenen Konfliktlösung unterstützt. Die Konfliktparteien versuchen in Eigenverantwortung gemeinsam, eine einvernehmliche Lösung zu finden. Sie sprechen dabei über ihre eigenen Gefühle, Bedürfnisse und Wünsche, verabschieden sich von dem, was war und suchen gemeinsam nach neuen Möglichkeiten und Wegen.

Historischer Exkurs:

Die Methoden der Mediation wurden bereits in den 70er-Jahren in den USA entwickelt und seither auch regelmäßig bei Gerichtsverhandlungen angewandt. In Österreich boomt Mediation erst seit Mitte der 90er-Jahre – derzeit gibt es eine Fülle von Ausbildungswegen.[4]

Das Modell der Mediation von SchülerInnen für SchülerInnen, der sogenannten Peermediation (a)[5] findet sich an einigen AHS in Österreich ebenfalls seit Mitte der 90er-Jahren. Initiativen, dieses Streitschlichtermodell in ihre Schule zu tragen, gingen ursprünglich und unabhängig voneinander von zwei Lehrern an Wiener AHS aus. Gertrude Duma führte es an ihrer Schule, dem BRG19 Billrothstraße, und Andreas Jindra am Schulschiff (1210 Wien) ein. Gertrude Duma hatte während einer Sprachintensivwoche in Amerika 1995 das Modell der Peermediation an der dortigen High School in Rockford (nahe Chicago) kennen gelernt. Während dieses und eines weiteren Amerikaaufenthalts erlernte sie die Mediationstechniken und begann darauf mit der Ausbildung und Begleitung von eigenen Streitlotsen am BRG 19.[6]

Andreas Jindra unterrichtet am Schulschiff. Er begann 1995 seine Ausbildung zum Mediator in Wien. Seit 1997 bildet er Streitlotsen im Rahmen einer unverbindlichen Übung als Streitschlichter aus.

Im Schuljahr 1998/99 bot Gottfried Banner, Leiter der schulpsychologischen Beratungsstelle für die AHS, eine Ausbildung zum Trainer für Peer-Mediatoren oder Streitlotsen[7] am Pädagogischen Institut Wien an. Ca. 20 Lehrer an Wiener AHS absolvierten den zweijährigen Lehrgang. Inhalt dieser Lehrerfortbildung waren Streit- und Konflikttheorien und -analysen, Darstellung von Konflikten nach Schulz von Thun, Streitschlichten nach John Haynes bis zum Aufstellen von Konflikten unter der Leitung von Frau Billie Rauscher-Gföhler (Lehrtherapeutin für systemische Familientherapie). Ab dem Schuljahr 1999 begannen die Teilnehmer dieser Ausbildung an ihrem Schulstandort interessierte SchülerInnen mit der Peermediation vertraut zu machen.

Die Ausbildung der Teilnehmer (a), meist Schüler der 5. und 6. Klassen, zu *Streitlotsen* dauert zwei Semester. Ziel ist es, dass sie eigenständig sowohl in Unterstufen- als auch in Oberstufenklassen in den Händeln und Konflikten ihrer Mitschüler vermitteln.

Seit dem Schuljahr 1999 bieten Gottfried Banner und der Schulpsychologe Heinz Teufelhart jedes Wintersemester ein *Einführungsseminar* in die Konfliktmediation *für zukünftige Peers* an. An einem Wochenende werden je zwei SchülerInnen von interessierten AHS mit den Grundbegriffen der Peermediation zwei bis drei Tage bekannt gemacht. In den letzten Jahren fand dieser Einführungskurs für SchülerInnen im Friedensinstitut auf Schloss Schlaining (a) statt. Die Absolventen dieser Veranstaltung, die neben dieser Blockveranstaltung einmal wöchentlich die *unverbindliche Übung* an ihrer Schule gemeinsam mit anderen Peers besuchen, treffen sich hierauf in regelmäßigen Abständen im Stadtschulrat zu einem Erfahrungsaustausch mit den SchlainingteilnehmerInnen. Zusätzlich bieten Gottfried Banner und sein Team Streitschlichtern aus Wiener AHS Anfang des 2. Semesters eine *eintägige Fortbildung* an. Diese Veranstaltung wird jedes Mal von 80–100 SchülerInnen besucht.

Andere Lehrer starteten mit Streitregelung an ihren Schulen mit Trainern von außen.

So initiierte Bernhard Listerbart die Ausbildung der Streitlotsen an seiner Schule, dem BRG6, Rahlgasse. Im Schuljahr 2000/01 bildete eine Mediatorin Schüler zu Peers und Lehrer zu Peerbetreuern mit besonderer Berücksichtigung von Geschlechterproporz und dem Einsatz von Schülern mit nichtdeutscher Muttersprache aus.

Von der vertikalen zur horizontalen Struktur in der Schule

Vielfältige Aufgaben bedingen vielfältige Lernformen. Auf die geänderten Anforderungen hat auch die Schule reagiert.

Das Projekt Politische Bildung, das Projekt Soziales Lernen (SOLa), die KOKOKO-Stunden (a) sowie die Peermediation fördern ein Miteinander, sind deshalb gelebte Demokratie: Jeder hat eine Stimme. Jeder hat sein Recht auf freie Meinungsäußerung. Jeder hat sein Recht, ernst genommen zu werden. Jeder hat sein Recht berücksichtigt zu werden. Jeder leistet seinen Beitrag zum Allgemeinwohl. (Menschenrechte, die in der UNO Charta festgehalten sind). Diese Projekte sind Wurzelgewächse, die in den letzten 20 Jahren von unten nach oben gewachsen sind, mit ähnlicher Zielsetzung und verwandten Werten. (grassroot-democracy)

Die soziale Struktur in *der Schule* war viele Jahre strikt hierarchisch (also vertikal). Sie befindet sich seit Jahren in einem Veränderungsprozess und wandelt sich zu einem demokratischen Körper, wenn es die Schulpartner (Schulleitung, LehrerInnen, Eltern und SchülerInnen) wünschen.[8] Mit dem Ansatz einer horizontalen Machtstruktur haben in *die Schule* auch demokratische Schulprojekte Einzug gehalten. Bereits 1978 wurde das Unterrichtsfach Politische Bildung eingeführt, das in den 80er-Jahren ein Unterrichtsprinzip wurde. Schon 1984 starteten drei AHS in Wien einen Schulversuch *Soziales Lernen*, Ruth Mitschka entwickelte dazu ein Konzept für die KlassenlehrerInnenteams. Ihr Lernziel ist es, das Erlernen von »social skills« zu fördern, wie z. B.: sich und die anderen wahrzunehmen, einander zuzuhören, Rückmeldungen zu geben zu dem, was sie gehört haben, Toleranz zu üben, selbstbewusst und kompetent zu handeln.[9]

Interessiert sich eine Schule für dieses Modell, ist es wichtig, dass das Prinzip vollinhaltlich vom gesamten Schulgemeinschaftsausschuss[10] akzeptiert und unterstützt wird. Der SGA kann auch schulautonom entscheiden, dass die Ausbildung der Peers als unverbindliche Übung in den Fächerkanon des Schulstandorts aufgenommen wird. Dann ist das Modell in die *Schulentwicklung* eingebunden und von den Schulpartnern auf längere Sicht mitgetragen.

Die Peer-Mediation ist ein längerfristiger Prozess eines Miteinander-Lernens, der auch die Schulpartner beeinflusst und bestenfalls vernetzt. Sie ist kein schneller Brüter. Sie erfordert ein Umdenken von allen Partnern. Einige Schulen haben die Peer-Mediation in ihr Schulprogramm als pädagogisches Gesamtkonzept eingebunden, sodass die Mediation dann auch mittragende Säule der Verhaltensregelung ist.

Gesetze, die diese Veränderung stützen

In den 90er-Jahren hat das Unterrichtsministerium eine Reihe von Impulsen gesetzt, Konflikten und Gewalt an österreichischen Schulen vorzubeugen und entgegen zu wirken. Seither gibt es an Pflichtschulen und AHS eine Reihe von Projekten, die es sich zum Ziel setzen, soziale und emotionale Defizite zu »füllen«, wie das Soziale Lernen, KOKOKO-stunden , Beratungslehrer, Peers gegen Drogen und AIDS-Prävention sowie Streitschlichter.

Seit 1999 hilft die ministerielle Arbeitsgruppe *Forum Soziales Lernen* die Ziele des Sozialen Lernens im Regelschulwesen zu verankern. Dieselben Ziele finden sich im Bericht der UNESCO »Lernen im 3. Jahrtausend« (Jacques Delor), sowie im WHO-Projekt »Gesundheitsfördernde Schule«.

In einem Entschließungsantrag des Nationalrats vom 10. Dezember 1997 *betreffend Erziehung zur Gewaltfreiheit* wurde Fr Minister E.

Gehrer ersucht, im Rahmen der Erziehung zur Friedfertigkeit :
- Methoden der Aggressions- und gewaltfreien Konfliktbewältigung umzusetzen,
- die verbindlichen Übung »Soziales Lernen« auszuweiten,
- das »Soziale Lernen« in allen Lehrplänen zu verankern, somit Einbeziehung des Themas in die Lehrplanentwicklung 1999 zu gewährleisten,
- entsprechende Lehrinhalte in die Lehreraus- und fortbildung einzubinden; sowie gewaltfreie Erziehung im Bereich der Elternbildung zu fördern.

Im *Schulunterrichtsgesetz* (Kommentierter Sonderdruck 2001) werden Lehrer aufgefordert, die Erziehungsberechtigten möglichst frühzeitig zu informieren, wenn das Verhalten eines Schülers auffällig ist und er seine Pflichten in schwerwiegender Weise nicht erfüllt.[11] Vorwiegendes Ziel dieser Bestimmung sei es, so der Kommentar, einer bevorstehenden negativen Beurteilung (eines Pflichtgegenstandes) *möglichst frühzeitig entgegenzuwirken*. Im Kommentar wird weiters darauf hingewiesen, dass es der Aufgabe der österreichischen Schule entspricht, *an der Persönlichkeitsbildung der Schüler mitzuwirken* und in diesem Zusammenhang möglichst frühzeitig die für diese Persönlichkeitsbildung hauptverantwortlichen Erziehungsberechtigten auf mögliche Schwierigkeiten hinzuweisen.Die Peermediation handelt im Sinne dieses Paragraphen. Das Modell der Peermediation sieht ein spontanes Handeln vor. Im Falle von tätlichen Auseinandersetzungen, groben verbalen Übergriffen zwischen Streitparteien soll sofort vermittelt werden, sodass einem möglichen Eskalieren des Konflikts zeitgerecht entgegengewirkt werden kann. Möglichst am selben Vormittag, an dem es zu einem Zwischenfall kommt, sollen die Peers mit den Streitparteien Kontakt aufnehmen können. Zu einem ersten Treffen der Kontrahenten mit dem Mediator braucht es ca. zehn bis 15 Minuten.

Dabei soll lediglich geklärt werden, was Thema ist. Die beiden Seiten sollen ihre Sicht darstellen können und erklären, ob sie an einer gemeinsamen Klärung ihres Konflikts mitarbeiten wollen, da ja der Grundsatz der Freiwilligkeit gilt. Bei einem Zustimmen der beiden Kontrahenten werden die Mediatoren einen neuen Termin für ein weiteres Treffen ausmachen können. Falls jedoch einer der beiden an einer weiteren Mediation nicht interessiert ist, kann ihn der Mediator über die möglichen Folgen und Konsequenzen befragen oder aufklären. (a Verhaltenspyramide; a Disziplinarkomitee)

»Ich gehe gerne zu den Peers, weil ich ihnen dann meine Probleme erklären kann und sie sich für mich Zeit nehmen. Es gelingt mir aber nicht immer, dass ich meine Vorsätze bis zum nächsten Treffen auch einhalte. Leider.« (Philipp O.; 1. Klasse)

Implementierung des Modells in die AHS

In Wien gibt es 22 AHS, die Mediation als unverbindliche Übung anbieten und Peermediatoren ausbilden. Österreichweit sind es ca. 40 AHS . Die Zahl der AHS, die dieses Modell an ihrem Schulstandort einführen, steigt in den letzten Jahren stetig.

Für die Einführung der Streitschlichter in einer Schule ist es notwendig, die Peers und ihre Aktivitäten im Schulprogramm zu verankern. Nur wenn ein soziales System als ganzes das Mediationskonzept akzeptiert, kann Schlichtung erfolgreich praktiziert werden.

Meist wird der Schulgemeinschaftsausschuss, das sind der Direktor/die Direktorin sowie LehrerIn-, Eltern- und SchülervertreterInnen mit dem Prinzip vertraut gemacht. Für eine effektive und produktive Umsetzung des Modells ist es wichtig, dass diese vier Körperschaften vollinhaltlich dazu stehen. Wenn die Direktion Streitschlichten durch Gleichaltrige ablehnt, was mitunter passiert, werden unterschiedliche Weltbilder aufeinander prallen und das Streitschlichtermodell wird nicht ins Schulprofil passen. Eine ähnliche Dynamik wird sich ergeben, wenn die Eltern dem Modell ablehnend gegenüber stehen.

Lehnen die Lehrer das Modell ab, weil sie vielleicht einen Mediationsversuch durch Streitlotsen als Einmischung Fremder in ihre persönlichen Angelegenheiten bewerten, werden die Peers keine Klienten bekommen, denn meist sind es die Klassenlehrer, die sich an die Peers wenden und die Mediationen initiieren.

Wichtig ist daher, dass das Prinzip von allen Schulpartnern mitgetragen wird. Es ist wichtig in diesem Zusammenhang auf die Prozesshaftigkeit dieses Projekts hinzuweisen. Es braucht seine Zeit von der Einführung der Peermediation bis zur erfolgreichen Praxis.[12]

Es gibt Schulen, die ein *Disziplinarkomitee* haben, das sich mit Schülern befasst, die gegen die Regeln (SCHUG oder Hausordnung) verstoßen. Diese Schulen legen Schülern, die aggressiv gegen KollegenInnen vorgehen, nahe in Peermediation ihren Konflikt mit dem Mitschüler/der Mitschülerin zu bearbeiten. Hier gilt wieder die Regel: Je früher ein Konflikt bearbeitet werden kann, desto effektiver wird die Arbeit sein.

Streitschlichtung durch SchülerInnen stellt eine Konkretisierung des schulischen Erziehungsauftrags dar: Ein Teil der Verantwortung für das friedliche Zusammenleben in der Schule bzw. für Konfliktregelung wird den SchülerInnen selbst übertragen. So kann der Schulgemeinschaftsausschuss beschließen, das Streitschlichtermodell in die Hausordnung aufzunehmen. Schülern, die wegen ihres aggressiven oder destruktiven Verhaltens gegen die Hausregeln verstoßen, wird geraten, ihren Konflikt mit Streitlotsen abzuklären. An manchen Schulen müssen sie sich andernfalls einem Disziplinarkomitee stellen.[13] Ebenso muss es im SGA Absprachen geben, wann und wo Schlichtungsgespräche stattfinden können, und ob im Akutfall sich Peers auch während der Unterrichtszeit zu einem kurzen Erstgespräch treffen können. Konsens ist auch darüber erforderlich, in welchen Fällen Schlichtung akzeptierte Form der Konfliktbearbeitung ist und in welchen Fällen nicht.

Die Peermediation:

»Ich finde die Idee der Peer-Mediation sehr gut, denn man lernt als Mediator nicht nur zwei Streitparteien zu helfen, eine gemeinsame Lösung ihres Streits zu finden, sondern man entdeckt auch neue Seiten an sich selbst, die sich im Alltag und in der eigenen Familie positiv auswirken. Ich denke, ich gehe heute mit Situationen besser um, die früher zu einem Streit geführt hätten. Was ich an Mediation besonders gut finde, ist die Bereitschaft des Mediators, jemandem auch wirklich zuzuhören und dass er den Streitenden gegenüber immer neutral ist und sein muss. Außerdem gefallen mir die klaren Rahmenbedingungen: Ich vermittle den Streitparteien die Regeln einer Mediation und schaue, ob sie für eine Mediation bereit sind oder nicht. Nicht ich löse ihr Problem, sondern sie selbst, unter meiner Begleitung.« (Daniel Stöffler; 6. Klasse)

Mediation von Schülern für Schüler, die Peermediation, kam vor ca. 15 Jahren aus Amerika über Deutschland zu uns nach Österreich.

Die Peermediation übt dieselben »social skills« wie das Soziale Lernen (SOL). Dank dieser skills, können Streitlotsen in Konflikten ihrer Peers[14] vermitteln. Sie werden mit der Methode der Mediation vertraut gemacht und mediieren selbständig Konflikte unter Gleichaltrigen.[15] Peers sprechen dieselbe Sprache, denselben Idiolekt, wie ihre Schulkollegen und können deshalb mit ihnen direkter kommunizieren, wenn sie akzeptiert werden. Dann gibt es kein Machtgefälle und Misstrauen. Peers sind meist von ihren Schulkollegen anerkannt, weil sie auch sonst im Schulalltag als auch außerhalb des Schullebens ihr soziales Engagement und ihre Zivilcourage beweisen.

Die Streitlotsen:

Oft melden sich SchülerInnen zur unverbindlichen Übung, die auffallend sozial eingestellt sind. Sie interessieren sich aus vielfältigen Gründen für ihren Schulalltag, ihre Umgebung und setzen sich für das Gemeinschaftsleben aktiv ein. Sie machen sich Gedanken, nach welchen Gesetzen ihr Zusammenleben funktioniert. In der unverbindlichen Übung Mediation beschäftigen sie sich einerseits damit, wie Kommunikation gelingt und was ihr gut tut. Andererseits setzen sie sich mit der Frage auseinander, was zwischenmenschliches Handeln belastet, erschwert oder unmöglich macht. Sie lernen rechtzeitig zu erkennen, wann ein Prozess eskaliert, und den Konfliktparteien die Konsequenzen ihres (Nicht-) Handelns bewusst zu machen, sodass diese sich einen anderen Weg überlegen.

Aufgabe des Peer-Mediators:

Er fördert die Kommunikation zwischen streitenden Schülern. Er fördert ihren Austausch, der blockiert ist. Er stellt gezielt Fragen, hinterfragt Selbstverständlichkeiten, um den Streitparteien eine neue Sicht auf ihre Blockaden zu ermöglichen. Der Streitlotse beobachtet die beiden Kontrahenten. Er hört genau zu und macht sich ein Bild von der Welt der einen und ein Bild von der Welt der anderen Streitpartei. Stimmt das Bild, das er sich von ihnen und ihrer Welt macht? Er sucht den kleinsten gemeinsamen Nenner von A und B: »We agree to differ. Darin sind wir uns einig.« Er überlegt sich laufend, was A will, und was B will? Was A nicht will? und was B nicht will? Er hilft beiden Parteien, sich von eventueller Rache und dem Wunsch, nach einer angenehmeren Vergangenheit zu verabschieden.

> »Mediation ist für mich ein Weg, einen Konflikt auf eine sehr effiziente Art aufzuarbeiten. Je besser Schüler die Mediation kennen, desto besser wird Mediation in der Schule umgesetzt werden können. Mediation ist für mich ein Weg, dass Schüler für einander und ihre Probleme offener werden.« (Ivan Zuparic; 5. Klasse)

Lehrerperspektive

In unserem Umgang mit Konflikten sind wir in der Regel Analphabeten. Diese Hilflosigkeit wird angesichts der zunehmenden Gewalt und Aggression unter Kindern und Jugendlichen immer offensichtlicher AHS-SchülerInnen verbringen zwischen 30 und 35 Stunden pro Woche in der Schule. Sie müssen auf engem Raum jeden Tag vier bis acht Stunden zusammen auskommen, oft wissen sie nicht, wohin sie mit ihren aufgestauten Energien und Emotionen sollen. LehrerInnen haben den Auftrag, für ein *geordnetes Setting* zu sorgen. Dabei bremsen sie mitunter unreflektiert und üben mit ihren disziplinierenden Versuchen ebenso Gewalt aus. »Die LehrerInnen« haben keine einheitliche Kultur, wie sie mit Streit und Konflikt ihrer SchülerInnen umgehen. Dabei birgt das verallgemeinernde *»sie«* weiteren Zündstoff. Denn wenn Jugendliche am Tag fünf bis sechs Modelle erfahren, wie Erwachsene, nämlich ihre LehrerInnen, mit Konflikt umgehen, dann tragen diese zusätzliche Verwirrung in die Ratlosigkeit ihrer SchülerInnen hinein. Die LehrerInnen verwirren diese mit ihren unterschiedlichen Normen und Grenzen und verhindern mitunter Lösungswege, die die SchülerInnen selbst entwickeln können. Eine produktive Teamarbeit unter den LehrerInnen wäre in diesem Bereich absolut notwendig.

Es gibt vielfältigste Gründe, warum Jugendliche aggressiv agieren und reagieren. Eine Schaltstelle ist das Elternhaus. Laut einer Statistik reden Eltern in Europa mit ihren Kindern durchschnittlich drei bis fünf Minuten am Tag. Laut Statistik weist ein Großteil der österreichischen Eltern ihre Kinder mit Schlägen und Züchtigung in ihre Grenzen. So werden Ohrfeigen, »Handausrutschen«, »Hinternversohlen«, eine Tracht Prügel, Schläge mit Gegenständen als Erziehungsmittel angewendet.[16] Arnold Schwarzenegger dankte seiner Mutter via einer österreichischen Tageszeitung für die Schläge, die er von ihr erhalten hatte.

Auch die Lehrer sind oft überfordert. Durchschnittlich unterrichtet ein AHS Lehrer ca. fünf Stunden am Tag. Davon versucht er in 50 Minuten den Lehrstoff ca. 30 SchülerInnen zu vermitteln. Für persönliche Anliegen ist in dieser Unterrichtsstunde eigentlich keine Zeit vorgesehen.

In der Pause stehen Schülern und Lehrern 10 Minuten zum Abklären von offenen Fragen und persönlichen Anliegen zur Verfügung. Lehrer haben aber auch einen Erziehungsauftrag. In den letzten Jahren wuchs der Umfang des Lehrstoffes unübersehbar an, die Stundenzahl hingegen wurde im letzten Jahr reduziert. Bei einem solchen Ungleichgewicht muss die pädagogische Arbeit auf der Strecke bleiben.

Unsere Gesellschaft und unser Schulsystem haben in den letzten 25 Jahren riesige Veränderungen durchlaufen. Die Schule spürt wie ein Seismograf alle tiefergreifenden Veränderungen ihrer Mitglieder: Veränderungen in den Familien: allein erziehende Mütter oder Väter, Patchworkfamilien, Vielfalt der Kulturen, Veränderungen in der Arbeitswelt, Sparmaßnahmen.

Die Schule reagiert auf all diese Veränderungen, wobei die inhaltlichen Erwartungen und Ansprüche von außen stetig steigen, während die materiellen Ressourcen im gleichen Ausmaß geringer werden. Mit den Sparmaßnahmen der letzten Jahre und ihren Auswirkungen auf den schulischen Bereich stellen sich der Schule und ihren Lehrern immer schwerer wiegende Herausforderungen. Wenn Kinder und Jugendliche optimal auf ihre Zukunft vorbereiten werden sollen, müssen sie mehr als bloßes Fachwissen vermittelt bekommen. Sie müssen auf die Fülle von Herausforderungen vorbereitet werden, die sich ihnen jeden Tag neu stellen.

Finanzierung des Modells:
Die Ausbildung der LehrerInnen

zu PeerbetreuerInnen 1998/1999 wurde vom Pädagogischen Institut veranstaltet und bezahlt. Die Fortbildung der Peerbetreuer wird in Wien größtenteils vom PI getragen. Alle anderen privaten Ausbildungswege, z. B. im Rahmen eines Universitätslehrgang, sind vom Lehrer/der Lehrerin selbst zu finanzieren. Informationsseminare über und Einführungsseminare in Peermediation können im Rahmen einer **Sch**ul**i**nternen **L**ehrer**I**nnen**f**ortbildung (SCHILF) für einen Schulstandort organisiert werden. Die Einrichtung einer Servicestelle für Peerbetreuer an AHS, in der Peerbetreuer gecoacht und Unterrichtsmaterialien zur Verfügung gestellt werden sollten, ist im letzten Jahr in Wien an der Finanzierung gescheitert. Es ist zu wünschen, dass der Stadtschulrat und das Unterrichtsministerium das Peerbetreuungsprojekt, das sie in den Medien wertschätzen[17] in Zukunft auch finanziell fördern.

Streitlotsen wurden in den Anfangsjahren von engagierten LehrerInnen in ihrer Freizeit unentgeltlich trainiert. Hatte sich eine Peer-Mediationsgruppe bewährt, dann wurde sie in den letzten Jahren meist als unverbindliche Übung in den Fächerkanon aufgenommen. Streitlotsen arbeiten freiwillig und unbezahlt, meist gibt es für ihre Arbeit Belohnungen in anderer Form.

Seit dem ersten Peerbetreuerlehrgang von Gottfried Banner 1998-2000 treffen sich ca. 20 Peerbetreuer einmal im Monat bei ihm zur Supervision und Fortbildung. Um diese Fortbildung in Form von zusätzlichen Referenten und Ressourcen gewährleisten zu können, haben Elisabeth Wolm und Kuno Schneider mit Unterstützung von LSI Karl Blüml 2001 die ARGE Schulmediation gegründet.[18] Die ARGE bietet allen interessierten AHS-LehrerInnen in regelmäßigen Abständen in Zusammenarbeit mit dem PI Fortbildungsseminare an.

»Ich finde, Mediation ist die Chance für alle Unterstufenklassen, ein besseres Klassenklima zu schaffen und ihnen so zu ermöglichen, besser miteinander auszukommen und zusammenzuarbeiten. Wenn ich daran denke, wieviele Konflikte aus Missverständnissen und unbedachten Äußerungen entstehen und wie leicht mit Hilfe eines ausgebildeten Mediators, eines Dritten, einer Person, die zuhört und hilft, eine Lösung zu finden, diese Konflikte gelöst werden können, bedauere ich, dass uns die »Institution Schule« diese Hilfestellung nicht früher zur Verfügung stellte.« (Matthias Winkler; 6. Klasse)

Ausbildungsmodule für die Peers

Seit dem Schuljahr 1999 bieten Gottfried Banner und der Schulpsychologe Heinz Teufelhart jedes Wintersemester ein

1.) *Einführungsseminar* in die Konfliktmediation für zukünftige Peers an. An einem Wochenende werden je 2 SchülerInnen von interessierten AHS aus Wien mit den Grundbegriffen der Peermediation 2–3 Tage bekannt gemacht. In den letzten Jahren fand diese Einführungsveranstaltung im Friedensinstitut auf Schloss Schlaining statt. Über den Inhalt des Seminars schrieben Johannes Amann (Schüler des GRg21,Ödenburgerstr.74) im Schülerstandard am 6.11.2001:

Wir sind alle zwischen 15 und 17 Jahren alt und werden künftig unseren Mitschülern als Streitschlichter zur Seite stehen. In der ersten Runde des Seminars erzählten wir, was passiert, wenn wir uns in der Schule in die Haare geraten. Dann stellten sich diejenigen von uns, die Streit suchen, in eine, und die Schüler, die Streit eher vermeiden, in eine andere Ecke des Raums. Wir sprachen darüber, welchen Gewinn jede Gruppe aus ihrem Verhalten zieht. In Rollenspielen, die sowohl familiären als auch schulischen Inhalt hatten, erfuhren wir einiges über unser Streitverhalten. Wir sprachen über optimale Konfliktaustragung und wie man Eskalation vermeiden kann. Dann stellten uns die beiden Schulpsychologen vier verschiedene Streittypen vor: den Bernhardiner, der Nähe braucht und Schuldgefühle verteilt; die Eule, die kühl wirkt, im Streit aber verletzend sein kann; den Löwen, der Ordnung braucht und im Streit auf andere Druck ausübt, und schließlich den Regenbogen-Typ, der risikobereit ist und im Streitfall hysterisch wird, da er Angst vor Grenzen hat. Wir überlegten, wer von uns welcher Typ ist und an welchem Verhalten wir den Streittyp unseres Gegenübers erkennen können. Wir übten anhand des Beispiels, dass in einer Klasse etwas gestohlen wurde, die unterschiedlichen Handlungsweisen der vier Typen. Bei einer Führung durch die permanente Ausstellung über Mediation (im Schloss) lernten wir Ursachen von Konflikten kennen. Am nächsten Tag ging es um die Aufgaben eines guten Mediators: wofür er zu sorgen und worauf er zu achten hat. Ein Mediator sollte versuchen, beide Streitparteien gleich gut zu verstehen und sich »allparteilich« zu verhalten. Er versteht die Hintergrundsbedürfnisse und verhilft den Streitparteien zu neuen Möglichkeiten in ihrer Beziehung. Der Mediator ist für den Ablauf des Gesprächs verantwortlich, nicht aber für die Lösung des Problems. Das können nur die Streiter selbst lösen. Der Mediator hält Distanz zu beiden Streitparteien und lässt sich nicht in den Konflikt hineinziehen. Für uns ist es nicht befriedigend, Konflikte mit Gewalt oder Mobbing zu bewältigen. Denn unbefriedigende Lösungen werden immer wieder zu neuen Problemen. Wir wollen Lösungen, bei denen es kein Verlierer gibt und bei denen beide Parteien in ihrer Klasse und Schule weiterhin gut leben können. Wir Peermediatoren haben an unseren Schulen Briefkästen. Mitschüler können uns schreiben, wenn sie ein Problem haben und sich unsere Unterstützung wünschen. Wir sind zuversichtlich, dass wir mit unserer Peermediation aktiv zu einem guten Schulklima beitragen können.

Die Absolventen dieser Veranstaltung, die neben dieser Blockveranstaltung einmal wöchentlich die
2.) *unverbindliche Übung Mediation* (a) an ihrer Schule gemeinsam mit anderen Peers besuchen, treffen sich hierauf in regelmäßigen Abständen im SSR zu einem Erfahrungsaustausch mit den SchlainingteilnehmerInnen. Zusätzlich bieten Gottfried Banner und sein Team möglichst allen Peers aus Wien Anfang des 2. Semesters eine
3.) *eintägige Fortbildung* zu unterschiedlichen Themen (z. B.: Mediationstechniken, Mobbing, Zivilcourage, ...) an.

Diese drei Ausbildungsmodule sind für SchülerInnen der 5. und 6. Klasse konzipiert um folgende *Kompetenzen* zu stärken:
* Veränderung der Selbstwahrnehmung und Wahrnehmung des Anderen (differenzierte Wahrnehmung)
* Wahrnehmung der eigenen Bedürfnisse und die des Anderen (Einfühlungsvermögen)
* Erkennen und Ausdrücken von Gefühlen
* Veränderung der Gesprächsfähigkeit, der Kommunikation
* Toleranz
* Kooperationsfähigkeit
* Entscheidungsfähigkeit (angemessene Selbstbehauptung)
* Kenntnisse der Entscheidungsfindung
* Reflektiertes Selbstbewusstsein

* Selbstverantwortetes – Selbständigkeit im Verhalten und Handeln
* Verbesserung der Handlungsfähigkeit
* Flexibilität
* Norm- und Regelbewusstsein
* Werte und Einstellungen (Gewaltlosigkeit, Empathie, Vertrauen, Toleranz, Respekt vor Anderen und für Andere)
* Differenzierte Sichtweisen (Verschiedenheit der Perspektiven)
* Emotionale Fertigkeiten (mit Aggressionen, Wut, Frustration, Angst umzugehen; diese Emotionen sprachlich auszudrücken)
* als Konfliktmanager: neutral sein, beiden Kontrahenten denselben Respekt zeigen, sich nicht in den Konflikt ziehen lassen, distanziert und neutral bleiben, nicht emotional werden, keine Ratschläge geben, aber Lösungsmöglichkeiten vorschlagen, alles Gesagte vertraulich behandeln.

»Ich bin der Meinung, dass man im Mediationsunterricht sehr viel über und für sich lernt. Ich habe gelernt, wie ich auf die Gefühle anderer acht gebe und mich in ihre Situation versetzen kann, um die wahren Beweggründe, die einem Streit oder Konflikt zugrunde liegen, zu verstehen.« (Patrick Lackner, 6. Klasse)

Inhalte der unverbindlichen Übung »Peermediation«:

1.Sensibilisierung

Der Streitlotse beobachtet die beiden Kontrahenten. Er hört genau zu und macht sich ein Bild von der Welt der einen, und ein Bild von der Welt der anderen Streitpartei. Stimmt das Bild, das er sich von Ihnen und ihrer Welt macht? Er hilft ihnen, ihren Blick von dem, was passiert ist, wieder in die Zukunft zu wenden. Er ist in diesem Prozess ein Katalysator, hilft diesen Prozess auszulösen.

Haltung des Peer-Mediators
Er fördert die Kommunikation zwischen den streitenden Schülern. Er fördert ihren Austausch, der blockiert ist. Er stellt gezielt Fragen, hinterfragt Selbstverständlichkeiten, um den Streitparteien eine neue Sicht auf ihre Blockaden zu ermöglichen.

Darüber hinaus lernen sie:
* Grundlegende Kenntnisse über das Wesen, Ursachen und Arten von Konflikten
* Grundlegende Kenntnisse der Gesprächsführung
* Unterschiedliche Positionen und Bedürfnisse
* Den eigenen Konfliktlösungsstil zu erfahren und zu reflektieren: Die vier Streittypen (Bernhardiner, Löwe, Eule, Regenbogen)
* Die 4 Ohren des Hörens (Selbstoffenbarung, Sache, Beziehung, Appell)
* Hypothesen erstellen (zu den Streitparteien)
* Rolle und Aufgabe des Mediators (üben sich abzugrenzen)
* Aktives Zuhören
* 6 Ablaufschritte der Peer-Mediation (nach John Haynes)
* Richtige Fragen stellen in den 6 Phasen
* Ziele von Wünschen und Visionen zu unterscheiden
* Störungen in Ziele zu verwandeln
* 9 Eskalationsstufen (nach Glasl)
* De-Eskalationsmaßnahmen
* Erfolgreich Verhandeln oder Win-Win (unterschiedliche Ziele)
* Lösungsvorschläge auf ihre Brauchbarkeit hin zu untersuchen
* Verträge formulieren (ein Abschlussritual)
* Umgang mit verschiedenen Formen des Mobbing
* Entspannungsübungen
* Sich in der Schule mit der neuen Funktion zu präsentieren (PR-Arbeit)
* Strategien: wie überzeuge ich eine Streitpartei zur Mediation zu kommen?

Kuno Schneider

Die praktische Durchführung einer Mediation (die 6 Phasen) wird in *Rollenspielen* geübt.

Beispiel eines solchen Rollenspiels:

Zwei SchülerInnen spielen die Streitparteien, zwei weitere den Mediator und den Co-Mediator. Die übrigen SchülerInnen sind Beobachter, die folgende Aufträge erhalten:

Achte auf die Sprechzeit jedes Akteurs.
Welcher der beiden Mediatoren übernimmt welche Aufgabe in welcher Phase?
Welche Fragen und Interventionen waren zielführend?
Was wurde eventuell übersehen?

Die ganze Gruppe erhält folgende Spielanweisung:
Philipp und Adrian kennen sich seit der Volksschule. Sie steckten seither immer zusammen. In der 5. Klasse wurde die Klasse neu zusammengesetzt. Die Hälfte der Klassenkollegen ist neu. Das brachte eine neue Dynamik in ihre Beziehung. Philipp und Adrian unternehmen nicht mehr so viel gemeinsam wie früher. Die Oberstufe hat große Veränderungen mit sich gebracht, aber manchmal wird ihnen bewusst, dass auch ihre Beziehung ganz anders geworden ist, dass sie kaum mehr etwas gemeinsam unternehmen. Philipp, der ein Einzelkind ist, erlebt das als Verlust, er ist einsam ohne Adrian, will das aber nicht zugeben. Er zieht sich immer öfter beleidigt zurück, und wenn er seinen Frust aufgestaut hat, ist er zu Adrian zynisch und aggressiv. Adrian merkt das wohl, dass sich Philipp von ihm zurück zieht, aber er weiß nicht, was das bedeutet. Aufdrängen will er sich auch nicht. Und, er hat zwei Geschwister, einen guten Stand in der Klasse, er ist gefragt und beliebt zuhause und in der Schule.

Der Schüler, der die Rolle des ersten Kontrahenten (Philipp) übernimmt, erhält folgende Erklärung:
Du bist mit Adrian seit der Volksschule befreundet. Ihr wart immer dicke Freunde, nur heuer, in der 5. Klasse schneidet dich Adrian auf einmal. Er ist seit kurzem Klassensprecher, steht im Mittelpunkt des Klassengeschehens, umschwärmt von den Mädchen, wichtig für die Klassenlehrer. Er genießt die Anerkennung von allen. Und nun hat er kaum mehr Zeit für dich. Du hast ihn vor 2 Wochen daraufhin angesprochen, aber er hat nicht darauf reagiert. Zu guter Letzt hat er dich nicht zu seiner Geburtstagsfete eingeladen. Es reicht. Als er nun auch noch mit deiner Sitznachbarin Marianne anbandelt, hast du sein Handy »versteckt«, um dich zu rächen. Adrian ist wild, beschuldigt dich, hat keine Beweise, läßt aber nicht locker. Eure Freundschaft ist echt in der Krise.

Der Schüler, der den zweiten Kontrahenten (Adrian) spielt, erhält folgende Rollenanweisung:
Du bist mit Philipp seit der Volksschule befreundet. Ihr wart immer dicke Freunde, er war oft und viel zu Besuch bei dir zu Hause. Er war fast fixer Bestandteil deiner Familie. Jetzt seid ihr in der 5. Klasse, und Philipp macht sich rar. Du verstehst nicht, warum Philipp heuer so ganz anders ist. Und weil er so fad ist, unternimmst du vieles mit neuen Freunden aus der Klasse. Marianne, eine aus der Klasse, scheint sehr nett zu sein, alle denken so wie du, bis auf Philipp.

Er ist kleinlich, neidisch, blöd. Deshalb hast du ihn heuer das erste Mal nicht zu deinem Geburtstagsfest eingeladen. Und er hat das nicht einmal kommentiert, er hat rein gar nichts gesagt. Er hat sich totgestellt. Und nun ist dein Handy verschwunden. Plötzlich. Komisch. Du hast einen Verdacht. Und Philipp grinst blöd, wenn du ihn anschaust. Letztes Mal in der Schule hast du ihn vor allen Leuten beschuldigt, und als er schwieg, hast du ihn angeschrien und geschlagen.

Aufgabenstellung:
Spielt die sechs Schritte dieser Mediation durch, bzw. beobachtet die Akteure.

»Ich kann diese Ausbildung nur weiter empfehlen, denn sie bringt eine Zusatzqualifikation, wenn ich mich einmal um einen Job bewerbe oder für meinen zukünftigen Beruf.« (Nico Wlcek, 5. Klasse)

2. Erwerb von Kompetenzen:

* *Diagnosekompetenz*

Der Mediator darf sich kein Bild von dem Konflikt machen. Er muss mit seinem Sensorium offen für alle Hinweise sein, die er von den Streitparteien hört, worum es in dem speziellen Fall geht. Er hört aktiv zu. Er ist kreativ.

* *Kommunikationskompetenz*

Der Mediator nimmt mit den Streitparteien Kontakt auf, erklärt das Setting, das Prozedere, achtet darauf, dass die Kontrahenten die Mediationsregeln einhalten, hört zu, verwendet klare Sprache, führt Neu-Formulierungen ein um aus einer emotional geladener Sprache in eine neutrale überzuleiten, leitet jede der 6 Mediationsphasen ein, setzt den Mediationsvertrag zum Schluss (in Phase 6) auf, vereinbart auf Wunsch ein neuerliches Treffen.

* *Vermittlungskompetenz*

Der Mediator verhält sich allparteilich. Er achtet darauf, dass er im Lot bleibt, dass jeder der Kontrahenten gleich viel Raum und Zeit erhält, dass beide Parteien sich gleich verstanden fühlen. Er kann sowohl mit Eskalationen, Mutlosigkeit, Drohungen und Konfliktausweitung umgehen.

* *Handlungskompetenz*

Der Mediator ist kreativ. Er sucht nach neuen Möglichkeiten. Dabei ist er von beiden Konfliktpartnern in seiner Funktion anerkannt und daher handlungsfähig.

Der Mediator ist ein kritischer Denker, er analysiert und evaluiert die Situation. Er stellt Hypothesen auf, was passiert, wenn ...
Er fragt nach Bedürfnissen, nach der Zukunft, er fragt nach Optionen, fragt nach Spielräumen und nach Bedingungen, und abschließend nach Veränderungen.

* *Selbststeuerungskompetenz*
Der Mediator gestaltet selbständig und eigenverantwortlich Lösungswege. Die gemeinsam gefundenen Lösungen passen gut in das Denksystem und zu den Empfindungen der Heranwachsenden.

3. Zusätzliche Techniken (Erweiterungsstoff):

* Das *»Reflecting Team«*:
sind Streitlotsen, die ein Mediator/eine Mediatorin zu einer Mediation einlädt, falls er Hilfestellungen und Informationen über den Mediationsverlauf braucht. Es hört bei der Mediation schweigend zu und teilt dem Mediator/der Mediatorin Beobachtungen mit, wenn diese darum bitten. Umgekehrt kann es auch nach einer Beobachtungsphase mitteilen, dass es Ideen verfügbar hat. Die Mediation ist dann kurz unterbrochen und Mediator und Klienten hören, welche Eindrücke das Reflecting Team von der Mediation und den Streitparteien gewonnen hat und ob es Lösungsansätze sieht.

Drei Ko-Mediationsformen, die sich bei Mediationen mit mehreren Schülern anbieten.
* *Die One-Party-Mediation:*
Eine Partei kommt zur Mediation, die zweite Streitpartei bleibt ihr fern. Ein Ko-Mediator übernimmt den Part des Abwesenden. Er versetzt sich in dessen oder deren Lage und übernimmt diese Rolle wie in einem Rollenspiel. So soll er der anwesenden Partei helfen, Lösungsideen und -vorschläge zu entdecken. Der Mediator befragt beide.

* Die Shuttle-Mediation:
bietet sich ebenfalls bei schwierigen Mediationen an, wo zwei Streitparteien nicht sofort bereit sind, an einem Tisch zusammenzuarbeiten. Bei einer Mediation mit mehreren Schülern bietet sich folgende adaptierte Variante an:
Phase 1: Die eine Streitpartei, die sich als Opfer oder Außenseiter fühlt, wählt einen Vertrauten als Unterstützung. Der Mediator lässt sich von ihm die Sicht dieser ersten Partei erzählen.
Phase 2: Der Mediator bittet zwei SchülerInnen der anderen Partei, die aber in den Konflikt nicht direkt involviert sind, aus ihrer Sicht die Ereignisse in der Klasse darzustellen.
Phase 3: Den beiden Vertretern der beiden Streitparteien wird der Standpunkt der jeweils anderen Partei erzählt. Sie hören nur zu. Frage an sie: Welche Lösung könnt ihr euch vorstellen? Diese Lösungsvariante wird daraufhin der gesamten Gruppe mitgeteilt, die nun Stellung bezieht.

* Die gespiegelte Mediation:
Phase 1: Ein Mediator arbeitet mit einer Kleingruppe (Partei), die mit einer anderen Gruppe Kontroversen hat. Der zweite Mediator arbeitet mit der zweiten Gruppe (Partei).
Phase 2: Die ganze Großgruppe kommt zusammen. Die beiden Mediatoren spielen (spiegeln) den Konflikt vor. Sie spielen, was sie von dem Konflikt wissen, was sie darüber an Informationen erhalten haben, mit ihren eigenen Worten. Anschließend fragen sie die Streitparteien, was sie gesehen haben, was sie davon brauchen können, welche Ideen sie zu dem Dargestellten haben. Die Streitparteien steigen in die eigene Brainstormingphase ein und arbeiten an ihrer Geschichte selbst weiter.

>»Ich habe in der Übung Mediation ein Handwerkszeug erworben, das mir in Streitfällen schon wiederholt hilfreich war. Es hilft mir rascher zu erfassen, was im Streit abgeht.« (Lukas Frey, 6. Klasse)

Die besonderen Merkmale der Peer-Mediation:

Die Peers sind Mitglieder der selben Gruppe, SchülerInnen, die als Gleichgestellte an einem Thema arbeiten.
 Schüler und SchülerInnen haben ihre eigenen Streittechniken und -stile. Deshalb sind sie die eigentlichen Spezialisten darin, ihre ureigenen Konflikte zu lösen. Kein Erwachsener versteht ihren Idiolekt so gut wie sie selbst. Deshalb ist das Ziel der Peer-Mediation, dass Schüler und Schülerinnen ihre eigenen selbstgestrickten Konflikte selbst und ohne fremde Hilfe von Erwachsenen von außen regeln.
 Die Konfliktbearbeitung bleibt in ihrer Verantwortung. Sie nutzen ihre eigenen Kompetenzen, um ihre Alltagskonflikte zu bearbeiten. Damit tragen sie Verantwortung für das Zusammenleben in der Schule aktiv mit. Mit ihrer Ausbildung zu Streitschlichtern haben sie Skills gelernt, die sie auch für die Gestaltung sozialer Beziehungen außerhalb der Schule nutzen können.
 Es gibt bei dem Streitschlichterverfahren weder Gewinner noch Verlierer. Ein Konflikt ist dann optimal gelöst, wenn beide Streitparteien einen neuen Weg für sich und für einander gefunden haben, den beide ohne (Gesichts-)Verlust gehen können.
 Eigene Konfliktregelungen werden von Schülern besser akzeptiert als »fremdverordnete«.

»Erkläre mir und ich werde vergessen.
Zeige mir und ich werde mich erinnern.
Beteilige mich und ich werde verstehen.«

Mit dieser chinesischen Weisheit umreißt das BM für Bildung, Wissenschaft und Kultur in der *Broschüre »soft skills«*[19], warum Konfliktregelung in Peermediation nachhaltig wirkt. Die Streitparteien einigen sich in Phase 5 auf eine neue Möglichkeit, wie sie miteinander und ihrem Thema in Zukunft umgehen wollen. Die

Mediatoren setzen einen Vertrag auf, danken für die Zusammenarbeit und schauen nach einer gewissen Zeit, wie es den Streitparteien geht und ob ihre Vereinbarung befriedigend und für beide lebbar ist. Wenn dies für eine Seite nicht der Fall sein sollte, werden die Mediatoren die beiden zu einem neuen Gespräch einladen.

Unterschied zur gebräuchlichen Konfliktlösung:

Die Lösung von Konflikten in Schulen ist meist ein Prozess, der mitunter zeit- und emotionsintensiv ist und mehrere Instanzen durchlaufen kann. Meist geht es um die Ergreifung eines Schuldigen und nicht darum, eine gestörte Ordnung wieder herzustellen. Die Peer-Mediation durch Streitlotsen stellt eine Adhoc-Hilfestellung dar. Die Peers sollen sofort tätig werden, wenn zwei Streitparteien eine Auseinandersetzung haben. Solche Erstgespräche dauern zwischen zehn und 15 Minuten. Dadurch gibt es kein Aufschieben des Problems. Es wird sofort thematisiert und im akuten Stadium behandelt. Darüber hinaus machen sich die Schüler ihre Händel untereinander aus. Sie brauchen so keine Schiedsrichter oder Autoritäten von außen. Die Kontrahenten lösen ihr Problem mit Hilfe der Mediatoren selbst. Das Problem wird nicht delegiert. Die Besprechung des Konflikts und die Wiedergutmachung bei gewalttätigem Handeln stehen wie beim Täter-Opfer-Ausgleich in engem Zusammenhang mit der Tat und dem Geschädigten. Die Möglichkeit, aktiv zum Zusammenleben in der Schule beitragen zu können, trägt zur Qualität des schulischen Angebots bei. Die praktische Erfahrung der letzten Jahre hat die Bedenken, ob Jugendliche überhaupt Konfliktlösungsstrategien und soziale Kompetenzen vermitteln können, aus dem Weg geräumt.

Ziel der Schule ist es, eine entsprechende Anzahl von Schülerstreitlotsen auszubilden, die ein hohes Maß an Selbstregulation bei Konflikten zwischen SchülerInnen verwirklichen können. Die SchülerInnen werden in die Konfliktlösung einbezogen, um somit auch eine höhere Sensibilität für Konflikte zu erreichen.

Zielgruppe:

Ein Schülerstreitlotse ist sensibel für die oben genannten Probleme und Defizite.
Er ist an Menschen interessiert und sozial eingestellt. Sein Interesse beschränkt sich nicht nur auf die Probleme, die sich ihm in seinem Schulalltag stellen. Er ist oft in der Schule (im SGA) engagiert, er ist vielleicht ebenso aktiv in seiner Freizeit in politischen, kirchlichen Organisationen oder NGOs. Er steht zu seinen Idealen, für die er sich einsetzt. Er ist couragiert, übt sich einzumischen und seine Werte zu verteidigen. Er ist genau in seiner Beobachtung, macht sich ein genaues Bild von seiner Umgebung und von dem, was um ihn passiert.

Manchmal sind es Schüler, die an einer Situation arbeiten, in der ihnen Unrecht geschehen ist. Es kam auch vor, dass Schüler in Mediation gingen, weil sie mit ihrer Situation nach der Scheidung ihrer Eltern nicht zu Rande kamen. Sie sagten später, die Theorien zu diversen Konfliktursachen hätten ihnen ermöglicht, ihre eigenen Eltern und ihre eigenen Rollen in diesem Prozess besser zu verstehen und ihren Selbstwert zu stärken.

Diese Beispiele zeigen, dass die Auswirkungen der Schulmediation weit über den schulischen Rahmen hinausgehen, und die Peers ihr Verhalten ihrer Umwelt und sich selbst gegenüber verändern.

Grenzen der Peermediation:

* Verfahrene und eskalierte Konflikte sowie Fälle, bei denen Gewalt im Spiel ist, sprengen im allgemeinen den Rahmen einer Peermediation. Klassenmediationen, bei denen ein oder zwei Streitlotsen Konflikte einer ganzen Klasse aufarbeiten sollen, über-

schreiten ebenfalls die Möglichkeiten und Kompetenzen der Peers. Ebenso sind Mediationen zwischen einem Schüler und einem Lehrer von der Definition her nicht möglich, da in diesem Fall der Peer-Grundsatz (Gleiche vermitteln zwischen Gleichen) nicht gegeben ist. Wenn Kriminalität eine Rolle spielt, ist der Rahmen der Peermediation ebenfalls überschritten. Schlussendlich dürfen in Peermediation keine therapeutischen Versuche unternommen werden.

* »un-skilled Peers«:
Manchmal interessieren sich Jugendliche für die Peermediation, auf die Recht und Rechtsprechung eine Faszination ausüben. Sie können dann dem Auftrag eines Mediators, sich nicht in den Mediationsprozess aktiv einzumischen, nicht gerecht werden. Einmischen und Direktiven zu geben, Macht über andere zu spüren und auszuüben, ist für sie dann eine zu große Versuchung. Da sie aus diesen Gründen ihre Streitparteien bei ihrer gemeinsamen Arbeit eher stören würden, als ihnen hilfreich beizustehen, muss Schülern mit solchem Machtproblem dringend von der Streitvermittlung abgeraten werden und die Mitschüler müssen vor ihren Interventionen geschützt werden.

Zusammenfassung:

Die Peermediation ist kein Allheilmittel gegen Konflikte, Aggression und Gewalt im Schulalltag, sondern eine andere Sicht auf viele Aspekte des Zusammenlebens vieler Menschen in einer Schule. Mediation ist nicht nur Technik, sondern vor allem eine Haltung sich und anderen gegenüber. Sie lebt durch ihre Spielregeln Demokratie und ermöglicht allen involvierten SchülerInnen und LehrerInnen Freiheit und Selbstsicherheit und eine neue Kultur ihres Zusammenlebens.

Ich unterrichte am GRg21/Ödenburgerstraße Deutsch und Englisch. Da mich die Ausbildung zum Peerbetreuer bei Gottfried Banner (1998/99) faszinierte, machte ich parallel zu diesem Training eine Ausbildung zum Mediator. Vor 4 Jahren begann ich mit Unterstützung des Elternvereins mit der Ausbildung der ersten Peers an unserer Schule. Seither bilde ich jedes Jahr zwischen 10 und 20 Streitlosten aus. Ich erlebe die Arbeit mit den Peers als große Bereicherung, weil sie ein sehr persönlicher Austausch ist, den es sonst in der Schule selten gibt. Was mich an meiner Arbeit mit den Peers am meisten packt ist ihre Offenheit und Neugier. Sie machen sich viel mehr Gedanken über Konflikte und Lösungsstrategien, als sich Erwachsene meist vorstellen.

Anmerkungen

1   Gymnasien sind eine Form der Allgemeinbildende Höhere Schulen, Abk.: AHS
2   Wenn ich auch meist die feminine Form der Nomen weglasse, so meine ich immer beide Geschlechter
3   Gemeindevermittlerämter gibt es in Tirol und Vorarlberg seit 1909. Die dort tätigen Vermittler kommen aus allen Professionen und Gesellschaftsschichten (Hausfrauen, Schuster etc.)
4   Der Standard 7.9.2002
5   Auf Begriffe mit a wird im Text erklärend eingegangen
6   Bundesrealgymnasien (Abk.: BRG) sind ebenso eine Form der AHS in Österreich
7   In der Literatur werden die Ausdrücke »Peer-Mediatoren«, »Streitlotsen«, »Streitschlichter«, »Peers« synonym verwendet.
8   Altrichter, Herbert, Schley, Wilfried, Schratz, Michael (Hg.) (1998): Handbuch zur Schulentwicklung (Innsbruck).
9   Im Englischen System hat man von den 3 »R«s als Lehrziele gesprochen: reading, writing, arithmetics. Das vierte r wäre somit relationships = die Beziehung. Sie ist ein Grundpfeiler des SOL und der Mediation
10 abk. SGA; der SGA ist das Gremium aller Schulpartner)
11 »Wenn die Leistungen eines Schülers auf Grund der bisher erbrachten Leistungen in einem Pflichtgegenstand im zweiten Semester mit »Nicht genügend« zu beurteilen wären oder wenn das Verhalten eines Schülers auffällig ist, wenn der Schüler seine Pflichten gemäß § 43 Abs. 1 in schwer wiegender Weise nicht erfüllt oder wenn es die Erziehungssituation sonst erfordert, ist dies den Erziehungsberechtigten unverzüglich mitzuteilen und dem Schüler sowie den Erziehungsberechtigten vom Klassenvorstand oder vom unterrichtenden Lehrer im Sinne des §48 Gelegenheit zu einem beratenden Gespräch zu geben. Dabei sind insbesondere Fördermaßnahmen zur Vermeidung dieser negativen Beurteilung bzw. zur Verbesserung der Verhaltenssituation (z. B. Analyse der Lerndefizite, Fördermöglichkeiten, Leistungsnachweise, individuelles Förderkonzept, Befassung ärztlicher oder psychologischer Fachleute) zu erarbeiten und zu beraten.«

12 Bechtold, Johannes (2002): Peer-Mediation. Kooperative Konfliktbewältigung an österreichischen Schulen. Diss. Innsbruck
13 Das Disziplinarkomitee ist eine Körperschaft in der Schule, bestehend aus Lehrervertretern (meist Vertrauenslehrern), Elternvertretern, Schülervertretern (Peer-Mediatoren), die mit disziplinären Belangen (Verstoßen gegen die Hausordnung, Gewalt) betraut sind. Aufgabe des Disziplinarkomitees ist es, bei Verstößen gegen die Hausordnung für einen fairen Tatausgleich zu sorgen.
14 Peers: Gleiche unter Gleichen; Ebenbürtige; Gleichwertige. Peergroup: Bezugsgruppe eines Individuums, die aus Personen gleichen Alters, gleicher oder ähnlicher Interessenslage und ähnlicher sozialer Herkunft besteht und es in Bezug auf Handeln und Urteilen stark beeinflusst.
15 An AHS gibt es auch eine zweite Form von Peer-Arbeit, die Drogen-Peers und Peers, die AIDS-Prävention betreiben. Diese Peers beraten gleichaltrige Mitschüler. (Faller, Kurt (1998): Mediation in der pädagogischen Arbeit. Mühlheim. Vlg. An der Ruhr)
16 28,5% der Mütter und 26% der Väter greifen ab und zu zu Gewaltmitteln als Erziehungsmittel. Aus: Bundesministerium für Umwelt, Jugend und Familie (Hg.)(1991): Gewalt in der Familie. Wien
17 Wiens Stadtschulratspräsidentin Susanne Brandsteidl lobt in einem Standardinterview vom 20.4.02 die Streitlotsen als »eines der erfolgreichsten erprobten Präventionsprojekte an Wiener Schulen«. Für sie ist in diesem Zusammenhang wichtig, den »Selbstwert der SchülerInnen zu steigern«.
18 www.peermediation.at
19 Bundesministerium für Bildung, Wissenschaft und Kultur (Hg.)(o. J.): Soft skills. Zukunftsweisende Fähigkeiten für den erfolgreichen Umgang mit Menschen. Wien

Literaturverzeichnis

Altrichter, H., Schley, W., Schratz, M. (Hg.) (1998): Handbuch zur Schulentwicklung. Innsbruck (Studien Verlag).
Bechtold, J. (2002): Peer-Mediation. Kooperative Konfliktbewältigung an österreichischen Schulen. Strukturen – Wirksamkeit – Entwicklungschancen. Dissertation. Innsbruck.
Bundesministerium f. Bildung, Wissenschaft und Kultur (Hg.) (o.J.): Soft Skills. Zukunftsweisend Fähigkeiten für den erfolgreichen Umgang mit Menschen. Wien.
Bundesministerium f. Umwelt, Jugend und Familie (Hg.) (1991): Gewalt in der Familie. Wien.
Faller, K. (1998): Mediation in der pädagogischen Arbeit. Mülheim (Verlag An der Ruhr)

Umweltmediation

Mediationsverfahren Flughafen Wien – Experiment und Meilenstein

Gerhart C. Fürst *

Einleitung

Als sich 1985 in der Hainburger Au östlich Wiens Kraftwerksbauer und Umweltschützer kämpferisch gegenüber standen, um ihre unterschiedlichen Meinungen bezüglich des geplanten Kraftwerksbaus zu vertreten, da konnte niemand ahnen, dass es 15 Jahre später auf der gegenüberliegenden Seite der Donau einen sachlichen Dialog zu einem nicht weniger brisanten Thema geben würde. Im Jahr 2000 wurde das bisher größte »reine« Mediationsverfahren Österreichs im Umweltbereich gestartet. Seitdem verhandeln betroffene Interessengruppen über die weitere Entwicklung des Flughafens Wien-Schwechat. Letztere wird – wie immer die Lösung aussieht – ökonomische, ökologische und soziale Folgen für die ganze Region haben.

Bürgerbeteiligung mittels Mediation

Nach zahlreichen freiwilligen Projekten in Österreich, bei denen betroffene Bürger in große Planungsprozesse eingebunden wurden, um dabei auftretende Konflikte auch mediativ zu behandeln, haben wir es hier – nach dem Verfahren im Gasteiner Tal[1] – zum zweiten Mal bei einem Projekt dieser Größenordnung[2] mit einem reinen Mediationsprozess zu tun. Erstens wurde das Mediationsteams von allen beteiligten Gruppen gemeinsam und nicht nur vom zahlenden Auftraggeber, also meist dem Bauträger, ausgesucht. Zweitens ging

---

* Der Autor gehörte von Oktober 2000 bis April 2003 dem Mediationsteam Flughafen Wien an.

man von völliger Ergebnisoffenheit aus. Drittens unterliegen alle inhaltlichen und viele strukturelle Entscheidungen dem Konsensprinzip, d. h. der zwingenden Zustimmung aller Parteien.

Vorgeschichte

Nach einer missglückten Werbekampagne in den umliegenden Gemeinden im Zusammenhang mit ihren Ausbauplänen schrieb die Flughafen Wien AG Anfang 2000 einen Auftrag für »Kommunikations- und Prozessberatung« aus. Der damit beauftragte Wiener Rechtsanwalt & Mediator Thomas Prader führte in der Folge Vorgespräche mit VertreterInnen von Bürgerinitiativen, Gemeinden und Ländern und hat schließlich der Flughafen Wien AG vorgeschlagen, ein Mediationsverfahren durchzuführen. Es wurde eine Vorbereitungsgruppe, bestehend aus VertreterInnen der Flughafen Wien AG, der Bürgerinitiativen, Gemeinden und der beiden Länder Wien und Niederösterreich gegründet. Diese Vorbereitungsgruppe trat Mitte 2000 an die Öffentlichkeit und gab bekannt, dass die Durchführung eines Mediationsverfahrens geplant sei und schrieb den Auftrag für ein dreiköpfiges Mediationsteam aus. Im März 2001 schlossen 50 Parteien eine Vereinbarung über die Durchführung eines Mediationsverfahrens ab. Bereits im Oktober 2000 war das Mediationsteam Gerhart C. Fürst – Ursula König – Horst Zillessen mit der Leitung dieses Verfahrens beauftragt worden und wurde später von allen inzwischen Beteiligten bestätigt.

Besonderheiten

Die Komplexität dieses Verfahrens drückt sich in zwei Kriterien aus: Erstens ist der Themenkatalog äußerst umfangreich und umfasst Fragen des aktuellen Flugbetriebes, Lärmprobleme, wirtschaftliche Standortfragen, Fragen der regionalen Entwicklung, des Naturschutzes (angrenzender Nationalpark!), der Landwirtschaft, des Tourismus, grundsätzliche Infrastrukturfragen in Ostösterreich,

Probleme der Wirtschaftlichkeit der größten österreichischen Airline sowie des Flughafens selbst bis hin zu Fragen der EU-Osterweiterung. Dementsprechend groß ist zweitens die Zahl der zu beteiligenden Gruppen – genau genommen handelt es sich um Millionen betroffener Menschen im Osten Österreichs und in den angrenzenden Ländern Ungarn und Slowakei. Es musste daher sowohl ein bearbeitbarer Themenkatalog geschaffen als auch eine geeignete Auswahl der Teilnehmer vorgenommen werden. All jene, die nicht direkt mitmachen können, sollten indirekt angebunden werden – was eine immense Öffentlichkeitsarbeit erfordert.

Im Verfahren Flughafen Wien kam noch eine Besonderheit hinzu. Ein Prozess-Provider[3] hatte das Projekt erfolgreich ins Leben gerufen und fühlt sich weiterhin für das Verfahren verantwortlich. Dies erfordert eine kontinuierliche Rollenklärung und Abstimmung in Verfahrensfragen. Zuletzt hat sich das verbliebene Mediationsteam mit dem Prozess-Provider auf eine gemeinsame Leitung geeinigt.

Verfahrensphilosophie

Angesichts dieser Aufgabenstellung war es besonders wichtig, innerhalb des Mediationsteams und in weiterer Folge mit allen Beteiligten zu einer gemeinsamen tragfähigen Arbeitsvereinbarung zu finden. Schlüsselfragen bzgl. der Projektphilosophie waren u. a.
- *Wie stark soll die Gruppe selbst über Strukturfragen entscheiden?* Diese Frage beantwortete sich insofern von selbst, als die Vorbereitungsgruppe bereits gewohnt war, über Strukturfragen eigenständig zu entscheiden. Als wir z. B. – wie wir das aus anderen Projekten gewohnt waren – einen Entwurf für einen Mediationsvertrag vorlegten, lehnten einzelne Teilnehmer es ab, diesen überhaupt anzusehen und brachten einen eigenen Entwurf ein, der Grundlage für die weitere Diskussion sein sollte. Die Erarbeitung einer gemeinsamen Arbeitsvereinbarung dauerte fast sechs Monate. Am Ende bestand die Gruppe auch auf einer

bislang eher unüblichen Bezeichnung des Papiers als »Mediationsvereinbarung«[4] und darauf, dass wir als Mediationsteam diese nicht unterzeichnen sollten.[5]
- *Wie viele Teilnehmer verträgt Mediation?* Mediation funktioniert bekanntlich nur, wenn für alle beteiligten Personen (auch die Mediatoren) eine ausreichend vertrauliche Arbeitsatmosphäre geschaffen werden kann. Viel hängt von den handelnden Personen und deren Anzahl ab. Einerseits plädierten wir – wie gewohnt – für eine vollständige Vertretung der Interessen im Verfahren und andererseits für möglichst überschaubare Teilnehmerzahlen in den einzelnen Gremien, die schließlich die Konfliktarbeit leisten sollten. Der erste Wunsch ging in Erfüllung. Beim zweiten war es zunächst unvermeidlich, dass nicht nur sehr viele Teilnehmer z.B. in den einzelnen Arbeitskreisen mitwirkten, sondern dass durch das große Interesse an den Themen auch regelmäßig viele weitere Verfahrensteilnehmer als Zuhörer an den Sitzungen teilnahmen. Große Teilnehmerzahlen beeinträchtigen die unmittelbare Konfliktarbeit, können aber auch den Rückbindungsaufwand reduzieren.
- *Wie lange hält man Mediation aus?* Internationale Erfahrungen zeigen maximal zwei bis drei Jahre Dauer von Bürgerbeteiligungsverfahren. Danach ist der Konflikt entweder gelöst (oder als unlösbar eingestuft), sind die Financiers nicht mehr bereit, weiter zu zahlen, zieht man ein anderes (behördliches) Verfahren vor oder gehen schlicht die Kräfte der Beteiligten zu Ende. Das Mediationsverfahren Flughafen Wien läuft inzwischen seit über drei Jahren.[6]
- *Wo wollen wir eigentlich hin?* Die Gruppe hat am Anfang bereits klar vereinbart, dass ihr Ziel ein zivilrechtlicher Vertrag ist, der alle Lösungsvereinbarungen rechtlich verbindlich festhält.[7]

Die gemeinsame Philosophie in Bezug auf die Verfahrensleitung lautete daher:
1. Maximale Entscheidungsautonomie den Parteien
2. Umfassendes, ausgeklügeltes Projektmanagement

3. Beständiger Blick auf das ganze System
4. Hohe Flexibilität bezüglich der Anwendung von Mediation als Methode
5. Konsequentes Handeln dann, wenn der Gesamtprozess gefährdet ist
6. Zieldimension »Zivilrechtsvertrag«[8]

Struktur des Mediationsverfahrens Flughafen Wien

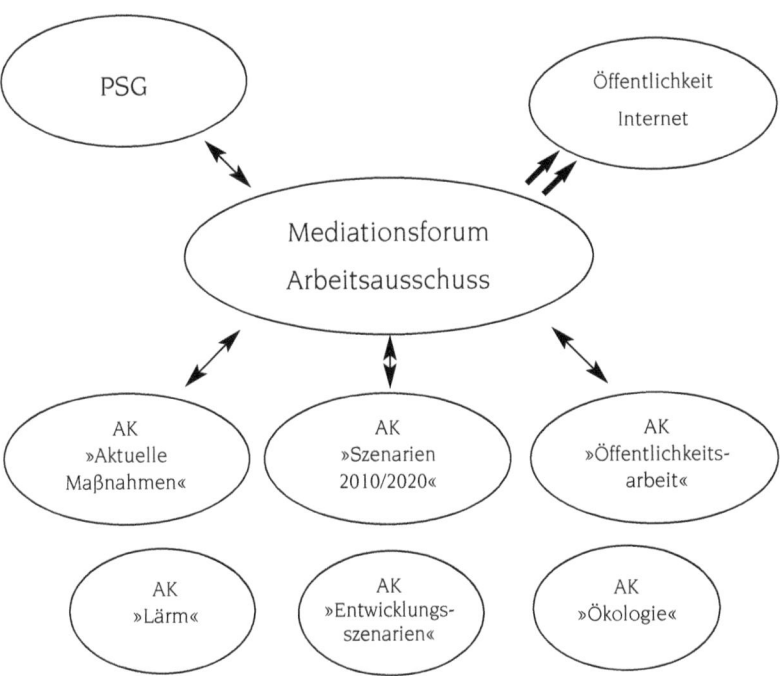

Struktur des Mediationsverfahrens Flughafen Wien: Die »abgekoppelten« Arbeitskreise haben ihre Tätigkeit bereits abgeschlossen; zu jedem Arbeitskreis gibt es meist noch Arbeitsgruppen für Spezialthemen. (Quelle: Mediationsteam Fürst-König-Zillessen)

Praxiserfahrungen

Im Laufe eines so großen Projektes fragt man sich natürlich von Zeit zu Zeit (und andere fragen einen auch), was würdest Du anders machen, wenn Du wieder in eine ähnliche oder gleiche Situation kommst? Anders gefragt: *Was waren bisher die kritischsten Punkte?*

1. *Vollständige Aufklärung über die Ausschreibung*: Das geht über die reine Auftragsklärung hinaus. Je mehr Personen an der Ausschreibung beteiligt sind, umso größer ist die Wahrscheinlichkeit, dass unterschiedliche Erwartungen an das Verfahren und folglich auch an das Mediationsteam bestehen. Diese sollten im Interesse einer guten Zusammenarbeit ausführlich geklärt und besprochen werden.

2. *Gemeinsame Projektphilosophie*: Es gibt unter Mediatoren sicher viele unterschiedliche Erfahrungshintergründe, Arbeitsweisen und Rollenverständnisse. Im Rahmen unserer Zusammenarbeit im Mediationsteam Fürst – König – Zillessen müssen wir es als äußerst glücklichen Umstand betrachten, dass die »Chemie« zwischen uns so gut stimmte. Es braucht wesentlich mehr Kraft und Zeit als sich Auftraggeber meist vorstellen können, sich in Fragen der Leitung abzustimmen bzw. konkrete Fragestellungen und Vorgehensweisen auszudiskutieren.

3. *Methodenvielfalt*: Die Neugründung einer großen Gruppe bietet auch die Möglichkeit, die Unterschiedlichkeit der Individuen der Gruppe als Ressource zu nutzen. Es geht in der ersten Phase nicht nur darum, formelle Vereinbarungen über die Zusammenarbeit zu treffen, sondern auch ein »stilles Abkommen« über die Methoden, mit denen Mediationsteam und Gruppe zusammenarbeiten wollen. Der methodische Verlauf der Konfliktarbeit (und letztlich das Ergebnis) hängt von drei Komponenten ab: 1) von dem vorhandenen Methoden-Repertoire der Mitglieder des Mediationsteams, 2) von einer klaren Vereinbarung innerhalb des Mediationsteams, was davon und wie dieses eingesetzt werden soll (z. B. eher pragmatisch oder eher experimentell) und 3) von der Vermittlung der Methoden

an die Gruppe, d.h. wie gut es dem MT gelingt, die Gruppe zu motivieren, sich auf für einzelne vielleicht unbekannte oder ungewöhnliche Methoden einzulassen, die über eine trockene Moderation hinaus gehen. Allerdings gab es durch die Vorbereitungsgruppe mit 12 Personen unter Leitung des Process-Providers natürlich bereits eine gewisse Tradition der Zusammenarbeit und die Teilnehmer waren an bestimmte Regeln des Sitzungsverlaufs gewöhnt. Andere Methoden bedeuteten fast eine »kulturelle Veränderung« und mussten erst angenommen werden. Das Mediationsteam hat z. B. einmal bei einer hoch strittigen Frage versucht, mittels Fishbowl-Methode[9] mit sechs Leuten – im Beisein aller anderen – die Diskussion zu beschleunigen, damit die Gruppe einer Lösung näher kommt. Nachdem wir der Gruppe (es handelte sich um einen Arbeitskreis mit ca. 25 Teilnehmern) unser Vorhaben erläutert hatten, kam es zu einer fast einstündigen Diskussion, warum wir jene und nicht andere Teilnehmer für den Fishbowl vorsähen, über die genaue Fragestellung, die bearbeitet werden soll, auf welche Art jene, die nicht im Kreis sitzen, sich einbringen könnten usw. D. h. durch die nicht ausreichende Beachtung des Gruppenanspruchs, über alles und jedes immer voll und im Vorhinein informiert zu sein, wäre diese kleine methodische Intervention (von 20 Minuten Dauer!) fast geplatzt.

4. *Supervision und Reflexion*: Um das reibungslose Funktionieren des Mediationsteams zu gewährleisten hat es sich als äußerst hilfreich und entlastend erwiesen, regelmäßig Teamsupervision in Anspruch zu nehmen. Als Supervisor hat uns Ernst Domayer auch mit seiner Gruppendynamik-Erfahrung sehr geholfen. Für die mediationsspezifische Reflexion können üblicherweise die Teilnehmer sowie Kollegen aus der Mediationsszene als Ressourcen genutzt werden. Eine institutionalisierte Reflexion mit den Teilnehmern (allenfalls in wechselnder Besetzung) war bisher nicht realisierbar. Dafür konnten wir das Know-How der Begleitforschung in Anspruch nehmen, das uns sehr genutzt hat.[10]

5. *Rollenklarheit im Team*: Professionelle Planung und (gewünschtes oder gelebtes) Selbstbild werden u. U. vom Fremdbild überholt. Das Wirken des Mediationsteams gegenüber der Gruppe sollte allen bewusst sein und immer wieder überprüft werden.

6. *Mehr Projektmanagement als Mediation*: Ob es einen als Mediatorin oder Mediator freut oder nicht – Bürgerbeteiligungsverfahren sind in erster Linie Prozesse mit einem erheblichen Organisationsaufwand. Gestaltet man sie als Mediationsverfahren, so spiegelt sich das zunächst vor allem im Prozessaufbau wider. In der Gesprächsführung wird man mediative Momente über lange Strecken vermissen, wenn die Teilnahme zu vieler Personen an den Sitzungen die Entwicklung einer entsprechenden Atmosphäre verhindert. Das berühmte »Knistern«, wenn ein Mensch den anderen in seinen Interessen, Ängsten und Nöten wahrgenommen und verstanden hat, dieser zentrale Moment in der Mediation, lässt in der Großgruppe oft lange auf sich warten.

7. *Politik rein oder raus*: Umweltthemen betreffen viele Menschen. Damit sind sie automatisch auch ein Thema für die Politik. Es stellt sich die Frage der Zusammenarbeit zwischen Mediationsverfahren und Politik, um zu vermeiden, dass eine Mediationsgruppe über Monate oder vielleicht Jahre an einer Lösung arbeitet und die Politik dann anders entscheidet. Am Flughafen Wien geht es unter anderem um die Verteilung des An- und Abflugverkehrs zwischen Wien und Niederösterreich, ein hochpolitisches Thema.[11] Die Vorbereitungsgruppe hatte sich am Beginn des Verfahrens entschieden, neben den lokalen Gemeindepolitikern auch Landespolitiker von Wien und Niederösterreich in die Mediation einzuladen. Nun zeigt sich allerdings, wie schwierig die Parallelfunktion Politiker und Mitglied eines Mediationsverfahrens ist, weil beide Systeme nach so unterschiedlichen Regeln ablaufen. Es ist daher zu überlegen, ob Politiker den Mediationsprozess eher unterstützen und die Umsetzung von Ergebnissen sicherstellen können, indem sie an der Lösungsfindung laufend aktiv mitarbeiten oder ob sie in vorher zu

vereinbarenden Rückbindungsschritten immer wieder über den Fortgang der Mediation unterrichtet werden, und dann ihre Standpunkte einbringen[12].

8. *Politiker oder Bürgerinitiativen – wer sind die »besseren« Bürgervertreter?* Diese beiden Gruppen agieren aus unterschiedlichen Motiven, unterschiedlichen Themenkontexten und unterschiedlichen Ressourcen. Sie haben aber in Umweltfragen oft ähnliche Ziele. Bürgerinitiativen vertreten oft ein gebündeltes umweltbezogenes Interesse, Bürgermeister hingegen tragen eher eine gesamthafte Verantwortung für ihre Gemeinde. Ein Bürgermeister brachte es im laufenden Verfahren einmal so auf den Punkt: »Schauen Sie, bei mir läutet es in der Früh an der Wohnungstüre und es stehen 100 Leute draußen. Einmal sagen sie mir, dass sie keine Arbeit haben, ein anderes Mal sagen sie mir, dass sie in der Nacht nicht schlafen konnten. Das macht meine Arbeit zum Thema Flughafen so schwierig.«

Der demokratiepolitische Aspekt des Mediationsverfahrens Flughafen Wien

Horst Zillessen bezeichnet die Mediation als Instrument zur Modernisierung der Demokratie[13]. Während Wahlen die Arbeitsgrundlage dafür bieten, dass über den Zeitraum einer Legislaturperiode wenige für viele entscheiden, so kann in der Mediation sehr flexibel und themenbezogen von den jeweils Betroffenen an einer Fragestellung gearbeitet werden. Mit dem Mediationsverfahren Flughafen Wien wird es uns vielleicht gelingen, einen solchen zukunftsträchtigen Entscheidungsprozess abzubilden. Thomas Prader meinte zu Beginn der Flughafenmediation einmal, wenn dieses Verfahren erfolgreich ist, dann werden in Österreich Entscheidungen über umweltrelevante Infrastrukturprojekte wohl nur mehr in direkt demokratischer Weise in Form von Mediationsprozessen getroffen werden können.[14]

Was sind nun Voraussetzungen dafür, dass diese gesellschaftspolitische Weichenstellung tatsächlich erfolgt?

1. *Ressourcen:* Das laufende Verfahren ist ein Pionierprojekt, das hinsichtlich Mitwirkungsmöglichkeiten, Gruppendynamik und Know-how-Gewinn viele Teilnehmer begeistert. Daher werden hohe zeitliche Einsätze, vor allem auch unentgeltlich von den betroffenen Bürgern, zur Verfügung gestellt. Für einzelne bedeutet dies aber auch massive Einschnitte in ihre Freizeit und in ihr Privatleben. Es stellt sich die Frage, ob sich immer genügend Leute finden werden, die bereit sind, so viel Kraft einem Thema bzw. einem Problem zu widmen. Seitens der Betreiber von Bauvorhaben könnte sich dieselbe Frage anders stellen: Müssen wir einen so hohen Aufwand mit so vielen Überstunden und hohen Projektkosten in Kauf nehmen, um ein umweltverträgliches Projekt einreichen zu können? Oder gibt es andere Wege und Mittel, zu diesem Know-how zu kommen?[15]
2. *Inhaltlicher Lernaufwand:* Beteiligte in einem Mediationsverfahren durchlaufen einen mehr oder weniger intensiven Lernprozess über die Inhalte des Konflikts. Im konkreten Fall wurde dieser Lernprozess in erstaunlicher Breite angelegt. Wir alle – Teilnehmer wie Mediationsteam – wissen heute mehr über Lärmschäden, Anflug- oder Abflugverfahren, Planung von Landepisten oder logistische Probleme bei der Zuckerrübenernte als wir je erwartet hätten. Voraussetzung dafür sind intensive Gespräche, Studium von Unterlagen, Ausflüge ins Internet etc., die wir wahrscheinlich nie im Leben machen würden, gäbe es das Mediationsverfahren nicht. Es stellt sich die Frage, ob eine derart tiefe Befassung mit Themen, die nicht unmittelbar zu unserem Beruf, Hobby oder Lebenszweck ganz allgemein gehören, mehrmals im Leben in Kauf genommen wird, wenn andere Ziele dadurch zurücktreten müssen.
3. *Demokratiebereitschaft:* Aus 1. und 2. ergibt sich eine 3. Frage. Zu wie viel »Demokratiearbeit« ist der Mensch bereit? Wie viel ist ihm zumutbar? Mit welchen Konsequenzen müsste der einzelne Staatsbürger rechnen, wenn er eines Tages sagen muß: »Ich kann

nicht mehr. Nehmt mir die Entscheidung ab.«? Es wird sich erweisen, ob effiziente und vertrauensvolle Arbeitsteilung gelingt, ob der Einzelne sich darauf verlassen kann, dass jene, die an einem Beteiligungsverfahren aktiv mitwirken auch tatsächlich im Interesse aller Mitglieder der betroffenen Gruppe handeln. Was passiert, wenn sie ihr »Mandat« verlieren?

Diese und andere Fragen werden in den nächsten Jahren auf uns zukommen. Ein spannender Schritt in der Weiterentwicklung der Demokratie erwartet uns auf jeden Fall. Das Mediationsverfahren Flughafen Wien ist geeignet, wichtige Erkenntnisse für diesen Schritt zu liefern.

Anmerkungen

1 Vgl. Flucher in: Geißler, P. & Rückert, K. (Hg.) (2000): Mediation – die neue Streitkultur. Psychosozial-Verlag, S. 147ff. und in diesem Band.
2 Das bislang typischste österreichische Umweltmediationsverfahren über den Bau der Hochleistungs-Eisenbahnstrecke im Gasteiner Tal hatte 20 Beteiligte und war nur hinsichtlich seiner Lösungsmöglichkeiten durch die EU-seitige Vorgabe des Bahnausbaus etwas eingeschränkter.
3 Siehe *Vorgeschichte*.
4 Die genaue Bezeichnung lautet »Vereinbarung über das Mediationsverfahren Flughafen Wien«
5 Der übliche Kooperationsvertrag zwischen Gruppe und Mediatoren wurde in einem mit der »Mediationsvereinbarung« praktisch identischen Werkvertrag festgehalten.
6 Eine Umfrage unter den Verfahrensteilnehmern im April 2002 (also nach 18 Monaten Projektdauer) ergab, dass sich 25% eine Restdauer des Verfahrens von 6 Monaten vorstellen konnten, 50 % der Beteiligten 12 Monate und 25% sogar über 12 Monate.
7 Vor allem die Bürgerinitiativen haben ihre Mitwirkung an diesem Verfahren von zwei Bedingungen abhängig gemacht: 1) die völlige Lösungsoffenheit, das heißt, dass auch die Beibehaltung des 2-Pistensystems als Lösungsoption verhandelt werden kann und 2) dass die Verhandlungen – und somit auch deren Ergebnisse - verbindlich sind. Letzteres auch unter Hinweis auf die Erwartung, dass dieses Verfahren einen hohen zeitlichen Einsatz von allen Beteiligten fordern wird.
8 Vgl. Zillessen ist der 1. Auflage dieses Werks, Seite 134f.
9 Eine Auswahl von Personen diskutiert in einem Sesselkreis in der Mitte des Raumes. Die Zuhörer können sich über ein bis zwei freie Stühle für eine Wortmeldung beteili

gen, müssen dann aber den Fishbowl wieder verlassen. Am Ende wird die Diskussion im Plenum ergänzt und abgeschlossen.

10 Die Flughafen Wien AG beauftragte mit Zustimmung des Mediationsforums das Institut für Interdisziplinäre Forschung und Fortbildung (IFF) Klagenfurt unter Kurt Heintel mit einer durchgehenden Beobachtung des Mediationsverfahrens Flughafen Wien. Projektleiter sind Larissa Krainer und Gerhard Falk.

11 Beide bestehenden Pisten können über Teile des Wiener Stadtgebiets und erst im letzten Abschnitt über niederösterreichisches Gebiet angeflogen werden bzw. über den Osten und Südosten Niederösterreichs ohne Tangierung Wiens. Die jeweilige Windlage gibt dies zum Teil vor, zum Teil ist die Verteilung der An- und Abflüge eine Frage der Vereinbarung zwischen Wien und Niederösterreich.

12 Diese Frage bezieht sich hier auf Landes- und Bundespolitiker, nicht auf die Bürgermeister der umliegenden massiv betroffenen Gemeinden. Diese nehmen am Verfahren Flughafen Wien selbstverständlich als Vertreter ihrer Gemeinden teil.

13 Vgl. Horst Zillessen, Die Modernisierung der Demokratie im Zeichen der Umweltproblematik. In: Horst Zillessen, Peter C. Dienel, Wendelin Strubelt (Hrsg.), Die Modernisierung der Demokratie. Internationale Ansätze, Opladen 1993, S.17–39.

14 Vgl. Editorial zum VIEmediation.at - Newsletter, Ausgabe 01 / Okt. 2001, S. 2.

15 Diese Aussage unterstellt, dass Entscheidungsträger in Organisationen auch weiterhin aus rationalen Überlegungen Mediation in Anspruch nehmen werden, z. B. weil sie wissen, dass sämtliche Alternativen (z. B. in Österreich ein Behördenverfahren nach dem UVP-Gesetz) wesentlich zeit- und kostenaufwändiger sind. Das Bekenntnis, wonach ein Unternehmen im Einklang mit seiner Umwelt leben will, wird so lange von seinem materiellen Nutzen abhängig sein, als Werte wie Shareholder-Value handlungsanleitend für Manager sind.

Konfliktlösung mit 14 Parteien – Mediation Gasteinertal

Thomas Flucher

Einleitung

In diesem Artikel möchte ich Ihnen einige grundsätzliche Aspekte der so genannten »Umweltmediation« am konkreten Beispiel des Mediationsverfahrens Gasteinertal näher bringen.

Zu Beginn des Verfahrend erfuhren wir, dass im Bundesland Salzburg zu einer anderen Infrastrukturfrage von Reinhard Sellnow eine Mediation durchgeführt wurde. Daraus könnte man folgende Schlüsse ziehen:
- die Salzburger sind ein besonders »streitsüchtiges Völklein« und daher so sehr auf die Mediationen angewiesen,

oder
- die Salzburger sind im Gegenteil ein besonders »friedliebendes Volk« und lösen darum ihre Konflikte vermehrt auf dem fairen und konsensorientierten Weg der Mediation.

Damit sind wir schon mitten im Thema – bei der Wahrnehmung von so genannten Fakten – ein Aspekt, der in jedem Konflikt und in jeder Mediation eine Rolle spielt.

In diesem Artikel wird wegen der Kürze der eingebürgerte, aber nicht ganz glückliche Begriff »Umweltmediation« verwendet. Damit gemeint ist die *Mediation von Konflikten im öffentlichen Bereich*. Oft spielen dabei Umweltthemen eine Rolle, so auch im Mediationsverfahren Gasteinertal. Es gilt aber nicht »die Umwelt zu mediieren«, sondern die Umweltaspekte sind ein Teil der Konfliktthemen.

Thomas Flucher

1. Die Konfliktanalyse

Umweltmediationen sind meistens Vielparteien-Verfahren, d. h. Konflikte zwischen einer größeren Anzahl von beteiligten Parteien. Deshalb kommt der frühzeitigen Durchführung der Grob-*Konfliktanalyse* – teilweise vor der Offertstellung – eine große Bedeutung zu.

Bereits die Grob-Konfliktanalyse, die vorgängig durch die MediatorInnen durchgeführt wird, findet auf den drei Ebenen der späteren Arbeit in der Mediation statt:

- **Sachlage**
  - √ Kernprobleme
  - √ Randprobleme
  - √ Themenhierarchie
  - √ Positionen
  - √ Zusammenhänge
  - √ Interessen
  - √ Werte
- **Konfliktbeteiligte**
  - √ Vertretung
  - √ Mandat
  - √ fehlen wichtige Akteure?
- **Konfliktstatus**
  - √ Vorgeschichte
  - √ Konflikttypus
  - √ Konfliktstand
  - √ Konfliktdynamik
- **Ist Mediation sinnvoll?**

– *Sachebene*: Konfliktthemen, Zusammenhänge, etc.

– *Beziehungsebene*: Konfliktbeteiligte, Vertretung von ganzen Interessengruppen, etc.

– *Ablaufebene*: Konfliktgeschichte, Konfliktdynamik, etc.

Abb. 1:
Inhalt Konfliktanalyse

Ich werde zunächst auf die *Sachebene* eingehen, damit Sie sich besser vorstellen können, worum es bei dem Verfahren Gasteinertal geht.

Die ÖBB haben den Auftrag, die Tauernachse aufgrund internationaler Vereinbarungen zweigleisig auszubauen. Die Tauernachse ist Bestandteil der TEN-Netze (Trans European Railway-Network). Die beiden Strecken im Gasteinertal von insgesamt ca. 15 km Länge gehören zu den letzten Lücken

Abb. 2: Die Tauernachse als Nord-Süd Verbindung im Eisenbahnnetz

im zweispurigen Ausbau der Gesamtstrecke zwischen Salzburg und Klagenfurt.
Auf der anderen Seite sind die Bewohner des Gasteinertals, die vom Kurtourismus dieser Region am Rande des Tauernnationalparks leben. Sie sind auf Ruhe und Erhaltung des Landschaftsbildes angewiesen – dies ist die Basis ihres Erwerbs.
Die beiden Einschätzungen sind symbolisch für die unterschiedlichen Perspektiven aus denen der Konflikt wahrgenommen wird:
- die Perspektive der Eisenbahn, die den Auftrag des Lückenschlusses auf der Tauernachse hat und
- die Perspektive der Bewohner, die ihre Lebensgrundlage gefährdet sehen.

Den jeweiligen TeilnehmerInnen den *Perspektivenwechsel* in die Sichtweise der anderen Konfliktparteien zu ermöglichen, ist eine der wesentlichen Aufgaben der MediatorInnen.
Seien es die Bürgermeister in Gastein, die Bürgerinitiativen oder die Verantwortlichen der ÖBB, alle Beteiligten versuchen, gemäß ihrem Auftrag, das Beste zu tun; aber leider widersprechen diese Aufträge einander.
Auf der *Beziehungsebene* ergab die Grob-Konfliktanalyse folgende Resultate:
- Es sind 14 Konfliktparteien in die Hauptthemen der beiden Konflikte in Bad Gastein und in Bad Hofgastein involviert.
- Die Parteien besitzen unterschiedliche Ressourcen bezüglich Zeit, Back-Office, Fachkenntnisse etc., weshalb die Unterstützung beispielsweise der Bürgerinitiativen und Gemeinden durch einen spezialisierten Anwalt in UVP-Genehmigungsverfahren zweckdienlich ist.
- Die Parteien sind bereit die höchstrangigen Vertretungen in das Mediationsverfahren zu delegieren (beispielsweise Technische Direktor ÖBB, Gemeindepräsidenten, Leiter der Bürgerinitiativen, Leiterteam LUA, etc.), was den ernsthaften Willen zur

Konfliktlösung demonstriert und die notwendige Entscheidkompetenz in die Mediation bringt.

Die detaillierte Darstellung der beteiligten Konfliktparteien finden Sie in den Kapiteln 4 und 5.

Die *Ablaufebene* der Grobkonfliktanalyse ergab, dass der Streit schon ca. 10 Jahre dauert und mehrfach die juristischen Instanzen bis zum Höchstgericht beschritte wurden. Viele Parteien hatten über diese lange Zeitdauer bereits erhebliche Aufwendungen für anwaltliche Unterstützung und die Erstellung von Parteigutachten. Der juristische Streit wurde begleitet durch eine »Presseschlacht«, da beispielsweise die Bürgerinitiative gar keinen offiziellen Status in den vorhergehenden rechtlichen Verfahren hatte.

Was waren die wesentlichen Konsequenzen der internen Konfliktanalyse:
– Eine der Konfliktsituation angepasste *Zusammenstellung des Mediationsteams* und
– eine spezifische, adaptierte *Vorgangsweise*.

2. Das Mediationsteam

Wir führen das Verfahren mit einem Team von vier MediatorInnen durch (vgl. Abbildung 4). Die Teamgröße von vier MediatorInnen erweist sich für das Forum von über 20 TeilnehmerInnen als zweckmäßig. Es ermöglicht uns, den notwendigen Energielevel zu erzeugen, um an den Sitzungen den »Kontaktfaden« mit allen TeilnehmerInnen permanent aufrechterhalten zu können. Eine Besonderheit der Umweltmediation mit so vielen Beteiligten ist, daß man sehr darauf achten muss, nicht irgendwann eine/n Beteiligte/n zu verlieren. Bei kleineren Mediationen mit zwei oder drei TeilnehmerInnen merkt man das sofort, wenn jemand sich innerlich distanziert, aussteigt und sich nicht mehr vertreten fühlt. Bei so großen Verfahren bedarf dies einer speziellen Aufmerksamkeit.

In der fachlichen Zusammensetzung des Mediationsteams galt das Hauptaugenmerk der Kompetenz und Erfahrung im Bereich Mediation, aber auch einer guten Mischung der Zusatzkompetenzen. Der zweite – in der Umweltmediation ebenfalls wichtige – Aspekt ist, die notwendigen »Feldkompetenzen« des jeweiligen Konfliktes im Mediationsteam abzudecken. Spezialistenwissen kann über zugezogene Fachleute im Verfahren abgedeckt werden. Eine Basis an Kenntnissen im jeweiligen Konfliktbereich muss jedoch im Mediationsteam selbst vorhanden sein.

Das Mediationsteam für Gastein stellten wir so zusammen, daß folgende zentrale Zusatzkompetenzen für den konkreten Konflikt im Team abgedeckt sind:
- planerischer/technischer Bereich
- Umweltbereich
- Wirtschafts- und politikwissenschaftlicher Bereich.

3. Wie kam es zur Mediation?

Die Konfliktparteien kamen nach den vielen Jahren des Kampfes auf dem Gerichtsweg zur Überzeugung, dass sich der Versuch lohnen könnte auf ganz andere Weise diesem komplexen Problem beizukommen. Auf Anregung einer Konfliktpartei, der Bürgerinitiative Bad Gastein begannen sich alle Parteien mit den Vor- und Nachteilen einer Mediation bezüglich der Erreichung ihrer eigenen Ziele auseinaderzusetzen. Nach längeren Diskussionen einigten sich die Parteien auf die Durchführung einer Mediation. Im ersten Anlauf wählten sie direkt ein Team von zwei Personen, das – wie sich leider erst im Nachhinein herausstellte – gar nicht über die notwendigen Mediationsausbildungen und Mediations-Erfahrungen verfügte. Diese Sitzungen endeten in einer Fortsetzung des Streites, worauf die Parteien sich entschieden dieses Moderationsverfahren zu beenden. Sie schrieben gezielt die Durchführung einer Mediation aus. Als zentrale zu erfüllende Auswahlkriterien nannten sie die Mediations-

Kompetenz und -Erfahrung der BewerberInnen. Es erfolgte eine Vorauswahl der Bewerberteams, die durch alle Konfliktparteien in einem Hearing angehört wurden. Im Rahmen dieses Auswahlverfahrens und des Hearings wurden wir, das Mediationsteam Flucher – König – Kessen – Zillessen aus den Bewerberteams gewählt.

Eine Besonderheit dieses Verfahrens bestand also darin, daß wir eine gescheiterte Moderation übernehmen. Dies stellte uns vor eine schwierige Situation: Wir vier MediatorInnen hätten die Rahmenbedingungen der Konfliktlösung anders aufgebaut. Aus der Sicht der beteiligten Konfliktparteien, die schon so viel Zeit investiert hatten, wäre es aber mühsam gewesen, insbesondere im formellen Bereich Arbeiten in ähnlicher Weise nochmals durchzuführen.

Wir haben uns in dieser Situation für eine etwas schwierige Gratwanderung entschieden:
– wir übernehmen alles an Organisationsstrukturen aus der gescheiterten Moderation, das einigermaßen tolerierbar und funktionsfähig ist,
– wir verändern nur diejenigen Elemente, die wir eindeutig als Misserfolgsfaktoren identifiziert haben und bauen diese nach unseren Vorstellungen neu auf.

Zu den veränderten Bedingungen zählten beispielsweise, dass wir die Forderung einer Live-Protokollierung via Videobeamer kategorisch ablehnten, da diese die Aufmerksamkeit von der Mediation, welche für jede Partei einen inneren Prozess darstellt, auf das Protokoll lenken würde.

Zwei weitere Veränderungen der Rahmenbedingungen im Vergleich zu der vorangegangen Moderation werden im Kapitel »5. Kostentragung und Vertragsverhältnisse« erläutert.

4. Konfliktparteien und Vertretung im Mediationsverfahren

Am Mediationsverfahren wurden aufgrund der hohen Anzahl Direktbeteiligter die Vertreter der einzelnen Interessengruppen ins Verfahren eingebunden. Damit konnte eine arbeitsfähige Größe des Mediationsplenums mit 14 Konfliktparteien geschaffen werden, die je einen bis drei Vertreter in die Sitzungen des Mediationsverfahrens entsandten.

Das Bundesministerium für Verkehr, Innovation und Technologie (BMVIT) und der Regierungsvertreter des Bundeslandes Salzburg nahmen in einem Status als »Beobachter und Auskunftsperson« an der Mediation teil. Der Zweck dieses Spezialstatus war die wertvolle Mitarbeit dieser Bundesstellen in der Konserserarbeitung zu ermöglichen und gleichzeitig Rollenkonflikte zu vermeiden.

5. Kostentragung und Vertragsverhältnisse

Wir stellten als Mediationsteam die Bedingung, daß wir mit allen teilnehmenden Parteien (auch mit den nichtzahlenden) eine Arbeitsvereinbarung abschließen können. Dies zog den Nachteil mit sich, daß es lange dauerte, bis wir endgültig eine unterschriebene Vereinbarung in Händen hielten. Damit erreichten wir aber auf der anderen Seite eine starke symbolische Wirkung: das Mediationsteam ist gemeinsam von allen Konfliktparteien beauftragt. Das vorangegangene Moderations-Team hatte ein Vertragsverhältnis nur mit dem Hauptgeldgeber, in diesem Fall dem Ministerium in Wien.

Der Hauptinhalt der abgeschlossenen *Arbeitsvereinbarung* war der Auftrag aller Konfliktparteien an uns, sie in der konsensualen Regelung ihrer Konflikte in allparteilicher Weise zu unterstützen und die Leitung des Mediationsverfahrens wahrzunehmen. In den *Regeln der Zusammenarbeit*, einem zweiten Vertrag, vereinbarten im Wesentlichen die Parteien untereinander, wie sie in der Mediation miteinander umgehen wollen. In diesen Regeln wurden beispielsweise der

Umgang mit der Presse, der Vertraulichkeit der Informationen, den Stopp weiterer rechtlicher Schritte während der Mediation geregelt. Eine detaillierte Auflistung des Inhalts der Arbeitsvereinbarung und der Regeln der Zusammenarbeit kann der Publikation »Vertrags- und Finanzierungsmodelle in Vielparteienmediationen« entnommen werden.

In der Abbildung 3 sind alle beteiligten Konfliktparteien und die Anzahl Personen, die sie im Mediationsverfahren vertreten aufgeführt. Die beiden erläuterten Vertragswerke Arbeitsvereinbarung (»Mediationsvertrag«) und Regeln der Zusammenarbeit sind mit den runden Pfeilen dargestellt.

Die Konfliktparteien im Gasteinertal beschlossen die Finanzierung des gesamten Verfahrens unter fünf der 14 Konfliktparteien aufzuteilen. Die Anteile der Kostenübernahme sind in der Darstellung in Prozentzahlen angebeben, so haben beispielsweise das Land Salzburg und die Österreichischen Bundesbahnen je einen Anteil von 20% der Kosten des Mediationsverfahrens übernommen.

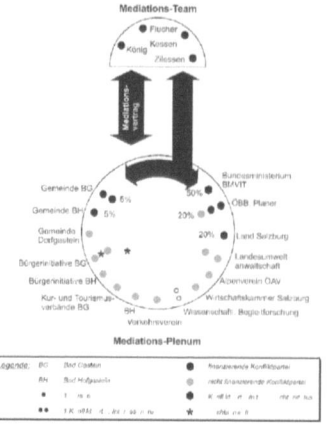

Abb. 3: Konfliktbeteiligte, Vertragsverhältnisse und Finanzierung

6. Die Organisationsstruktur der Mediation

Wir legten dem Verfahren eine dreistufige Organisationsstruktur zugrunde:
- Das *Mediations-Plenum*, als zentrales Beschluss- und Arbeitsorgan
- *Arbeitskreise* zur Aufarbeitung von Spezialthemen zu Händen des Plenums

– *Externe Fachleute* zur Erstellung fehlender Grundlagen, die für die Entscheidung unabdingbar sind.

Das *Mediations-Plenum* stellt das zentrale Organ der Beschlussfassung und der Konsenserarbeitung dar. Im Plenum sind alle Konfliktparteien vertreten. Die Plenumssitzungen finden in der Regel monatlich statt und dauern zwischen drei Stunden und einem ganzen Tag.

Komplexe und vielschichtige Konfliktthemen präsentieren sich zu Beginn oft wie ein nicht zu lösender Problemknäuel. Das zerteilen in kleinere Teilprobleme soll eine Bearbeitung und das stufenweise Finden von Teilkonsensen ermöglichen. Die Bearbeitung solcher Teilbereiche und deren Vorstellung im Plenum ist die Aufgabe der *Arbeitskreise*. Die Möglichkeit zur Bildung von Arbeitskreisen wurde zu Beginn mit der dreistufigen Struktur geschaffen. Im Laufe des gesamten Verfahrens wurden vier Arbeitskreise zu folgenden Themen gegründet:
– Arbeitskreis Kriterien
– Arbeitskreis Varianten Bad Hofgastein
– Arbeitskreis Varianten Bad Gastein
– Arbeitskreis Lärm

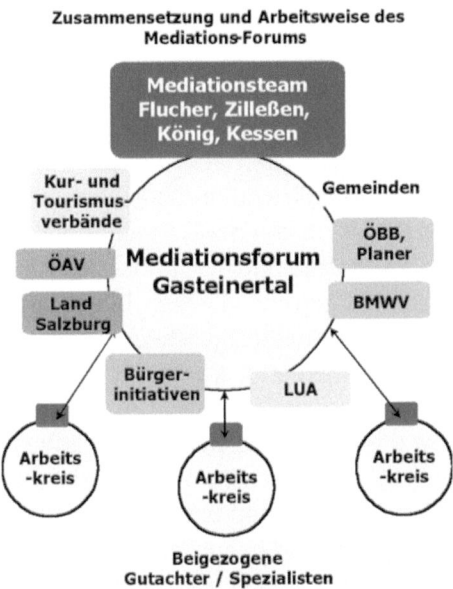

Abb. 4: Organisationsstruktur des Mediationsverfahrens (Hinweis: Die Konfliktparteien sind in dieser Darstellung vereinfacht nach Gruppen geordnet und nicht einzeln wie in Abb. 3 dargestellt.)

Als dritte Ebene der Organisationsstruktur wurde die Möglichkeit vorgesehen, *externe Fachleute* zur Behandlung spezifischer Detailfragen beizuziehen. In Konfliktbereichen, in denen Informationsgrundlagen fehlen oder strittig sind ist die Beauftragung externer Fachleute durch das gesamte Plenum sinnvoll. In der über zehnjährigen Konfliktgeschichte Gasteinertal wurde bereits eine Vielzahl von Gutachten durch verschiedene Parteien in Auftrag gegeben. Die Gutachten aus der Konfliktzeit fanden aber nie bei allen Parteien Anerkennung. Aus diesem Grunde wurden Gutachten zu Themen wie: »Volkswirtschaftliche Auswirkungen der Linienführungsvarianten«, »Auswirkungen auf das Landschftsbild«, »Lärmkataster der Linienführungsvarianten«, »Lärmausbreitung in engen Tälern und meteorologische Auswirkungen«, »humanmedizinische Auswirkungen von Lärm«, etc. erstellt.

Große Mediationsrunden bringen in der Regel bereits im Plenum der Konfliktparteien ein großes und ausreichendes Potenzial an Knowhow mit um die meisten anstehenden Fachthemen in ausreichender Tiefe zu diskutieren. In der Mediation gilt es »nur« noch, dieses große Potenzial an Wissen und Ideen für die gemeinsame Lösungsfindung zu aktivieren und zu nutzen. Die Konfliktparteien selbst sind grundsätzlich die besten Experten für ihr konkretes Problem.

7. Das Vorgehenskonzept der Mediation

Aufgrund der Konfliktanalyse haben wir für das Gasteinertal folgendes *Vorgehen* zusammengestellt: Es lässt sich in drei Phasen unterteilen:

I   Vorbereitungsphase
II Durchführungsphase
III Entscheidungs- und
    Umsetzungsphase.

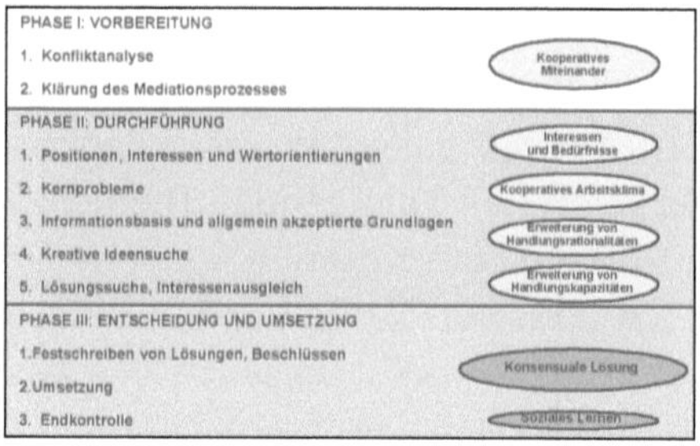

Abb. 5: Vorgehensstruktur der Mediation

In der *Vorbereitungsphase* (I) haben wir die, von uns für die Offerte provisorisch durchgeführte Konfliktanalyse mit den Konfliktparteien gemeinsam neu erstellt und die Wirkungszusammenhänge ermittelt. Als Erstkontakt haben wir mit allen Konfliktparteien Einzelgespräche geführt.

Der erste Schritt der *Durchführungsphase* (II) ist das gegenseitige Darstellen und Anerkennen der Positionen sowie der dahinterliegenden Interessen und Werteorientierungen. Im nächsten Schritt werden die Kernprobleme herausgeschält und die Punkte formuliert, die im Rahmen der Mediation geregelt werden sollen. Die unterschiedlichen Basisinformationen sind meist ein Bestandteil des Konfliktes. Aus diesem Grund ist es hilfreich ein gemeinsames Fundament bestehend aus den von allen Konfliktparteien anerkannten Grundlagendokumenten zu erstellen. Die anschließende kreative Ideensuche kann somit auf einem soliden Boden zu »gedanklichen Höhenflügen« starten. Dies ist nicht ironisch gemeint, im Gegenteil, es ist wichtig, dass auch ausgefallene Lösungideen auf den Tisch kommen, gerade diese haben oft in Kombination mit weiteren Gedanken zu den Konsenslösungen geführt. In diesem Schritt gilt als Spielregel, dass keine Bewertungen oder negativen Kommentare zu kreierten Lösungsoptionen geäußert werden. Als letzter Schritt werden gemeinsam verschiedene konkrete Lösungsvarianten entwickelt. Diese bilden die Basis für die Verhandlungen zwischen den Parteien. Sie berücksichtigen meist schon den wesentlichen Teil der Interessen der Beteiligten. Es geht meist in diesem Schritt noch um den Feinschliff, sodass schlussendlich alle Parteien der ausgewählten gemeinsam erarbeiteten Lösung zustimmen können.

In der *Entscheidungs- und Umsetzungsphase* (III) möchte ich vor allem auf die Zielsetzung der gesamten Mediation hinweisen: Ich teile hier die Meinung vieler Wirtschaftsmediatoren nicht, daß es ausschließlich darum geht, einen Konsens im Konfliktgegenstand zu erreichen. Ich bin viel mehr der Überzeugung, daß das so genannte »soziale Lernen« oder schaffen von tragfähigen Beziehungen mindestens so wichtig, in manchen Fällen sogar wichtiger, ist. Im konkreten Fall werden während der ca. 5 bis 7-jährigen Bauzeit gute Kontakte zwischen den ÖBB und den Gemeinden und sonstigen Gruppen das A und O einer reibungslosen, möglichst immissionsarmen Bauzeit sein.

8. Spotlights aus der Phase I Vorbereitung

Aus den Vorgesprächen in Phase I hat der Satz eines Teilnehmers sinnbildlich die Erwartungen, die an die MediatorInnen gestellt wurden, ausgedrückt:

> »Wir erwarten von Ihnen als Mediatoren, daß Sie absolut neutral sind und voll hinter unseren Anliegen stehen.«

Zu Beginn eines Mediationsverfahrens ist die Sichtweise des Konflikts meistens so: »Das Problem ist der andere. Wenn der andere nicht da wäre, wäre die Welt so wunderbar«.

Der Schritt weg von dieser Sichtweise zu jener »Wir haben gemeinsam ein Problem, das wir nur in gemeinsamer Kooperation lösen können« ist einer der ersten Knackpunkte in der Mediation – die Bereitschaft überhaupt miteinander arbeiten zu wollen.

Konfliktanalyse ➡ gemeinsame Sichtweise der Probleme

Abb. 6: Vom »Du bist das Problem« zum »Wir haben ein Problem«

9. Spotlights aus der Phase II Konsenserarbeitung

In der Phase II zeigte sich, daß es wichtig ist, mit den *Problemlösungsinstrumenten*, die den TeilnehmerInnen vertraut sind, zu arbeiten. Es ist eine Frage des Berufsfeldes, wie Probleme angegangen werden. Diese sind aber vielmals für Mediation ungeeignet, da sie oft nicht konsensfördernd sind. Als zweckmäßig hat sich erwiesen, daß man die vertrauten Instrumente der MediationsteilnehmerInnen nimmt und sinnvoll adaptiert. Ich möchte Ihnen dies kurz an zwei Beispielen erläutern. Das erste Beispiel bezieht sich auf die Vorbereitung des 4. Schrittes der Phase II, die »kreative Lösungssuche«.

Wir haben vor dem 4. Schritt eine intensive Diskussion über die Zukunft und Identität des Tales eingeschoben. Oder psychologisierend, angelehnt an Steve de Shazer: »Eine lösungsorientierte Kurzzeittherapie für das Gasteinertal«. Im Kern ging es um die konkrete Frage an die TeilnehmerInnen: »Wie soll es Ihren Nachkommen in 30 Jahren gehen, wenn sie im Gasteinertal leben?« Diese und weitere Fragen haben das Loslassen der Konflikthaltung erleichtert und das Hinüberschweben in ein »Lösungsland« erzielt. Dadurch konnten die TeilnehmerInnen wieder ihre eigene Kreativität ausschöpfen und andere Lösungsideen finden.

Als zweites Beispiel, wie man gewohnte Arbeitsinstrumente der TeilnehmerInnen sinnvoll für die Mediation adaptieren kann, zum Schritt 5 dem Interessenausgleich, in dem oft ein gemeinsamer *Vergleich* oder die *Bewertung von Lösungsvarianten* durchgeführt wird.

Der erste für Mediationen zentrale Schritt ist, die Kriterien gemeinsam durch die Konfliktparteien entwickeln zu lassen. Denn Kriterien basieren auf Interessen und man kann getrost davon ausgehen, daß sie bei den Konfliktparteien unterschiedlich sind. Durch die gemeinsame Herleitung der Kriterien wird sichergestellt, daß sie die Interessensgebiete aller TeilnehmerInnen widerspiegeln.

Der Wunsch der TeilnehmerInnen ist meist ein mathematisches System anzuwenden, das Klarheit schafft, welches die beste Variante sei. Das klassische Modell (Nutzwertanalyse) sieht eine Punkte-

Variantenbewertung 1-10 Punkte

	Gewicht	Var. 1		Var. 2		Var. 3	
		Punkte	Punkte x Gewicht	Punkte	Punkte x Gewicht	Punkte	Punkte x Gewicht
Umweltauswirkungen	③	5	15	2	6	8	24
Baukosten	⑤	7	35	5	25	3	15
...	②	4	8	9	18	6	12
Summe der gewichteten Punkte			58		49		51

Abb. 7: *Für Mediation ungeeignete Variantenbewertung mit vollqualitativer Methode*

bewertung der Varianten z. B. von 1–10 und eine Gewichtung der Kriterien vor. Die Umweltauswirkungen werden z. B. mit einem Gewicht von 3 versehen, die Baukosten mit einem Gewicht von 5, andere mit einem Gewicht von 2 usw., das multiplizieren wir dann mit den Punkten, welche die Varianten in den einzelnen Kriterien haben. Danach wird addiert. Diejenige Variante, welche die höchste gewichtete Punktesumme aufweist, ist die Beste. Das ist schließlich die Lösung.

Dieses Verfahren ist für einen mediativen Prozess denkbar ungeeignet und zwar aus folgenden Gründen: Erstens werden sich bei der Gewichtung der Kriterien die Parteien nicht einig werden. Dies ist selbstverständlich, denn sie haben verschiedene Wertesysteme im Hintergrund und in der Mediation darf nicht die Botschaft »deine Werte sind falsch« entstehen. Wir wollen vielmehr zulassen, daß verschiedene Wertesysteme im Hintergrund stehen und nicht das eine als richtig und das andere als falsch taxiert wird. Ein zweiter Grund: wenn man die Summen gebildet hat und nun als Hauptargument nach außen kommuniziert »Wir haben die Variante 1 gewählt, denn sie hat 58 Punkte bekommen« wird dies für Außenstehende nicht sehr plausibel sein.

Unser Bemühen war nun, aus der vertrauten Methode der Variantenbewertung das Grundgerüst zu übernehmen und ein für die Mediation geeignetes Vorgehen daraus zu entwickeln. Wir wählten die Methode eines qualitativen *Varianten-Vergleichs*. Die Konfliktparteien beschreiben die die Vorzüge und die Nachteile der Varianten im Bezuig auf die Kriterien. Es werden Argumente gefunden, wieso die Variante 1 bei den Umweltauswirkungen nur mittelprächtig ist. Wieso ist die Variante 3 bei den Umweltauswirkungen die beste von allen? Der Vorteil dieser Bewertung mit den Argumenten ist, daß es nicht addierbar ist. Man kann also nicht so ohne Weiteres zusammenzählen und behaupten die »objektiv« beste Variante zu kennen. Dieses Vorgehen ermöglichte in der Folge die Verhandlungen, in denen jede Konfliktpartei ihre Interessen einbringen konnte und die schlussendlich zum Konsens führten.

10. Spotlights aus Phase III Vereinbarung und Umsetzung

Im Mai 2001 waren schließlich alle Detailprobleme bereinigt, so dass der Endbericht und vor allem die Mediationsvereinbarung als verbindlicher Vertrag rechtsgültig unterzeichnet werden konnten.

Den Abschluss des Verfahrens bildete eine Pressekonferenz am 27. Juni 2001 unter Teilnahme der ranghöchsten Landespolitiker, der Bundesbehörden und weiterer renommierter Gäste. Die Krone setzten die Konfliktparteien diesem Abschluss auf, in dem sie am Abend eine Bürgerinformation mit anschließendem großem Volksfest bis tief in die Nacht organisierten. Es wurde deutlich, dass die Gasteiner zwar hart im Streiten aber auch großzügig im Feiern der gemeinsamen Erfolge sind.

Abb. 8 und 9:
Abschlussfest des Mediationsverfahrens

11. Ergebnisse des Mediationsverfahrens Gasteinertal

Inhaltlicher Konsens vertraglich vereinbart
Hier ist zunächst auf die inhaltlichen Konsense zur Linienführung im Bad Gastein und zur Linienführung in Bad Hofgastein hinzuweisen. Diese sind – in einer für Umweltmediationsverfahren in Europa wahrscheinlich erstmaliger Weise – eindeutig und rechtsverbindlich in detaillierten Mediations-Schlussvereinbarungen festgehalten. Die Schlussvereinbarung besteht aus einem umfangreichen Vertragswerk, das auch ein Plandossier beinhaltet.

Procedere zur einvernehmlichen Lösung künftiger Probleme
Des Weiteren ist in der unterzeichneten Schlussvereinbarung das Procedere festgehalten wie in der Realisierungsphase auftauchende neue Probleme gelöst werden. Sie geben den Gemeinden, Kurvereinen, Bürgerinitiativen etc. die Sicherheit, dass die Projekte vor der Einreichung in die Behördenverfahren ihnen zur Kenntnis gebracht werden und im Mediationsverfahren entsprechend den getroffenen Vereinbarungen ausgeführt werden. Bei allfälligen im Verfahren notwendigen Projektänderungen (mit soweit reichenden Konsequenzen, dass sie zentrale Interessen von Beteiligten tangieren), tritt eine Kerngruppe zusammen und versucht das Problem zu lösen. Falls dies nicht gelingen sollte wird ein kurzes Mediationsverfahren einberufen um das anstehende Teilproblem einvernehmlich zu lösen. Die ÖBB haben mit dem vorliegenden Vertrag die Sicherheit, dass die Gemeinden die Trassenbänder für die Konsenslösungen in ihren Flächenwidmungsplänen festhalten und bei Einsprachen Unterstützung leisten um einvernehmliche Regelungen zum entsprechenden Punkt zu finden. Diese und viele weitere Details dieses Vertrags stellen einen Meilenstein für die kooperative Umsetzung von Infrastrukturprojekten dar.

Endbericht zur nachvollziehbaren Dokumentation der Entscheidfindung
Der »Endbericht Mediationsplenum Gasteiner Tal zur Trassenfindung für den Neubau der Tauernbahn im Bereich Gasteiner Tal« enthält im ersten Teil den ausführlichen Bericht des Mediationsplenums über den Ablauf des Verfahrens, das Ergebnis und die Begründung desselben einschließlich eines ca. 120 Seiten umfassenden Kriterienkatalogs. Im zweiten Teil sind Gutachten zu 9 Themenbereichen enthalten, die im Verfahren beauftragt, weitgehend auch dort vorgestellt und erörtert wurden und die den Prozess der Entscheidungsfindung inhaltlich abgesichert haben. Im dritten Teil finden sich die technischen Berichte und Pläne zu den verschiedenen Varianten, die im Laufe des Mediationsverfahrens eingehend erörtert wurden. Dieser von allen Teilnehmern des Mediationsverfahrens unterzeichnete Endbericht ist inhaltlicher Bestandteil der Schlussvereinbarung.

Gute Koorperationsbasis für Projektumsetzung und Zukunft
Über diese der unmittelbaren Konfliktregelung dienenden Ergebnisse hinaus hat das Mediationsverfahren vor allem eine Kooperationsbasis geschaffen, die den Interessen des Tales ebenso dienlich ist wie denen der ÖBB. Zu Beginn des Verfahrens wurde der von den ÖBB und dem zuständigen Ministerium bestellte Planungsingenieur von den Gemeinden und vor allem von den Bürgerinitiativen vehement abgelehnt. Im Laufe des Verfahrens konnte das ihm anfangs entgegen prallende Misstrauen vollkommen abgebaut werden. Inzwischen sind sich die Beteiligten darin einig, dass alle aktuellen und weiteren Planungsschritte nur in enger Abstimmung zwischen Planer, Gemeinden und Bürgerinitiativen vollzogen werden. Damit ist sichergestellt, dass in Zukunft eine Konfrontation wie zu Beginn des Konflikts zuverlässig unterbunden werden kann, dass die Interessen des Tals stets berücksichtigt werden und ebenso die Planungen der ÖBB zügig umgesetzt werden können.

Sozialer Friede im Tal
Angesichts dieser Ergebnisse kann mit ziemlicher Sicherheit erwartet werden, dass das Mediationsverfahren in Bezug auf das Verhältnis des Tals zu den ÖBB dauerhaft zum sozialen Frieden beigetragen hat.

12. Zeitlicher Ablauf des Mediationsverfahrens

10 Jahre Konfliktgeschichte – ca. 1 Jahr Mediation bis zum Konsens
Die Konsenserarbeitung dauerte vom Auftrag an das Mediationsteam bis zum Erreichen des Grundsatzkonsenses ein 3/4 Jahr (Mai 1999–Januar 2000). Die Ausarbeitung der Linienführungsvarianten, der externen Fachberichte und des Endberichtes sowie die Approbation derselben nahmen nochmals 9 Monate in Anspruch (Februar 2000 – Oktober 2001). Das Mediationsverfahren inklusive der Ausarbeitung der Berichte erstreckte sich somit über eine Dauer von 1 1/2 Jahren. Dies ist einerseits ein langer Zeitraum, und andererseits wird dieser relativiert im Vergleich zur Konfliktdauer von etwa 10 Jahren und der Hoffnungslosigkeit zu Beginn des Verfahrens überhaupt konsensuale Lösungen zu finden.

13. Besonderheiten des Mediationsverfahrens Gasteinertal

Was als »Besonderheit« in der Umweltmediaiton zu bezeichnen ist, ist sicherlich eine subjektive Einschätzung. Im folgenden Abschnitt werden einige Aspekte beschrieben, die im Vergleich mit den Erfahrungen des Autors in seinen bisher durchgeführten Verfahren und dem »state of the art« in der Umweltmediation in Europa hervorstechen.

Umfang und Komplexität der Konflikte
Der finanzielle Umfang des Konfliktgegenstandes in Bad Gastein mit ca. 134 Mio. Euro und in Bad Hofgastein mit 400 Mio. bis 480 Mio. Euro (gesamte Realisierungskosten) sehr hoch. Bemerkenswert sind

ebenfalls die lange Projektdauer von Planungsbeginn bis Umsetzungsende, welche in Bad Gastein über 25 Jahre und in Bad Hofgastein ca. 20 Jahre betragen. Neben dem großen Umfang der Konfliktgegenstände in Bad Gastein und in Bad Hofgastein stechen sie auch durch die Komplexität und vernetzten Themenvielfalt der Problematik hervor. Es mussten die bahntechnischen, bautechnischen und Umweltaspekte einbezogen werden. Die Problemkreise des Kurtourismus volkswirtschaftliche Abklärungen, sowie der umweltpolitische Realisierungsaspekt und viele weitere Themen mussten vernetzt behandelt werden.

10-jährige hocheskalierte Konflikte
Die Konfliktdauer von ca. 10 Jahren und die Intensität mit der dieser sowohl in der Öffentlichkeit (»Presseschlacht«) als auch im juristischen Prozess auf dem Weg über alle Stufen bis Höchstgericht ausgetragen wurde ist zwar nicht einmalig, aber doch außergewöhnlich. Von der Konfliktdynamik her ist er als langjährig und hoch eskaliert zu bezeichnen.

Gesamtkosten und Zeitdauer des Mediationsverfahrens
Die Kosten des 4-köpfigen Mediationsteams betrugen ca. 0.3 Promille der gesamten Realisierungskosten der Streitgegenstände. Die Konfliktlösung im Mediationsverfahren inklusive Erstellung der externen Fachexpertisen nahm ca. 1/13 der gesamten Realisierungsdauer in Anspruch. Es wurde sogar unabhängig von der Zeitdauer durch österreichische Fachleute in der Realisierung von Infrastruktur-Großprojekten die Einschätzung geäußert, dass die Realisierung der zweigleisigen Tauernachse ohne die Konsense des Mediationsverfahrens gar nicht möglich gewesen wäre.

Doppelmediationsverfahren von zwei Konflikten
Im Gasteinertal wurden in einem Mediationsverfahren 2 unterschiedliche Konfliktgegenstände behandelt. Sie unterschieden sich in der

Thematik, der geographischen Lage, dem Planungsstand und dem Umfang. Es ist zwar nicht außergewöhnlich, dass mehrere Themen im Rahmen desselben Mediationsverfahrens behandelt werden, zwei so umfangreiche und komplexe Konflikte würden aber im Normalfall in zwei separaten Mediationsverfahren einer Lösung zugeführt.

Rechtsverbindliche Vereinbarung der Umsetzung der Konsenslösungen
Im Umweltmediationsverfahren ist es oft nicht möglich oder werden nicht von Anfang an konsequent alle Klippen umschifft um einen rechtsverbindlichen Vertrag als Endresultat zu erhalten. In den beiden Mediationsverfahren im Gasteinertal war dies von Anfang an erklärtes Ziel und die Mediation wurde darauf ausgerichtet: Erstens inhaltlich Konsense zu erarbeiten, zweitens diese rechtsverbindlich zu vereinbaren und drittens die Umsetzung (inkl. der Schwierigkeit allfälliger Projektänderung) gemäß den vereinbarten Konsenslösungen sicherzustellen. Mit der unterzeichneten Abschluss-Vereinbarung konnten alle drei Ziele sowohl für den Teil Bad Gastein als auch für den Teil Bad Hofgastein erreicht werden.

14. Zum Wert und den Kosten von Streit und Mediation

Was ist der Wert und was sind die Kosten der Mediation?
Wie viel kostet Streit? Können wir uns das überhaupt leisten? Besonderheiten des Mediationsverfahrens in Gastein waren, daß dieser Streit schon sehr lange dauerte und tiefgreifende, für einige TeilnehmerInnen existenziellen Fragen berührte. Wir haben zusammen mit den Beteiligten überschlagsmäßig abgeschätzt, wie viel dieser Streit in den letzten 10 Jahren bisher gekostet hat, einschließlich Gutachten und Gegengutachten, Anwalts- und Gerichtskosten sowie der Aufwand der vielen Direkt-Beteiligten, usw. Bei dieser Überschlagsrechnung sind wir auf eine Summe zwischen 60 und 80 Millionen Schilling für alle Beteiligten innerhalb der letzten 10 Jahre

gekommen. Im Vergleich dazu sind die Kosten für ein Mediationsverfahren von ca. zwei Millionen Schilling verschwindend. Wäre nun dieses Mediationsverfahren vor 10 Jahren, zu Beginn des Konflikts angesetzt worden, so hätten sich die Parteien – nach ihren Aussagen – die »Streitkosten« von 60–80 Mio. Schilling sparen können. Ganz abgesehen davon, daß man neben den Kosten auch viel Zeit gespart und Nerven geschont hätte.

Diese Betrachtung bestätigt die Resultate einer großen amerikanischen Untersuchung von Mediationsverfahren, die zum Schluss kommt, daß die Konfliktlösung mit Mediation durchschnittlich 10–20% des Kosten- und Zeitaufwandes des gerichtlichen Weges beanspruchen.

In diesem Sinn möchte ich alle, die im Bereich der Umweltmediation tätig sind, ermuntern: Verkaufen Sie Ihre Leistungen selbstbewusst, kalkulieren Sie Ihren Aufwand real und seien Sie sich dabei bewusst, daß Ihre Arbeit meistens wesentlich mehr Wert ist.

15. Schlussbetrachtungen

Im Rückblick ist den Konfliktparteien zu gratulieren, dass sie sich 1998 – als Mediation in so umfangreichen Konflikten noch nicht zu einem gängigen Vorgehen zählte ohne Ausnahme für diesen Weg entschieden. Die Entscheidungskompetenz im Bezug auf Konflikte mit Mediation wieder ganz in die eigenen Hände zu nehmen erfordert Mut.

An den Konflikten im Gasteinertal wurde exemplarisch aufgezeigt, dass die Methode der Delegation der Konfliktlösung an Außenstehende nicht zum Ziel führte. Sowohl die Delegation an die Richter führte in einem langwierigen, aufreibenden Weg nicht zu einer eigentlichen Lösung. Auch der Versuch die Entscheidung einem mit einem »objektiven Variantenvergleich« neutralen Fachmann zu übertragen scheiterte.

Erst die gemeinsame, eigenverantwortliche Lösungssuche im Mediationsverfahren unter Einbezug aller Konfliktbeteiligter brachte die gewünschten Lösungen und darüber hinaus ein Stück des Friedens und der Ruhe in das schöne Gasteinertal zurück.

Die Geschichte der Entstehung und Regelung der Konflikte im Gasteinertal bestätigt die Theorie, dass eskalierte Konflikte nur unter Mitwirkung der Betroffenen fair und nachhaltig gelöst werden können.

Literatur

De Shazer, Steve (1998):»...Worte waren ursprünglich Zauber« – Lösungsorientierte Therapie in Theorie und Praxis. Band 14 systemische Studien. Dortmund (Verlag modernes lernen), (2. Aufl.).

Fischer Ury, William; Patton, Bruce: (1984/2001): Das Harvard-Konzept. Sachgerecht verhandeln – erfolgreich verhandeln. Frankfurt am Main (Campus).

Flucher, Thomas (2001): Vertrags- und Finanzierungsmodelle in Vielparteienmediationen. Zeitschrift für Konflikt-Management (zkm), Heft 4/2001.

Flucher, Thomas; Kochendörfer, Bernd, et al (Hg.) (2003): Mediation im Bauwesen. Berlin (Verlag für Architektur und technische Wissenschaften).

Flucher, Thomas; ÖGUT Österreichische Gesellschaft für Umwelt und Technik (Hg.) (2001): Partizipative Entscheidungskultur bei Planungsprojekten in der Schweiz. In: Environmental mediation in Europe, 1st European Symposium. Wien, S.63ff.

Glasl, Friedrich (1998/200): Selbsthilfe in Konflikten. Konzepte Übungen Praktische Methoden. Bern/Stuttgart (Verlag Paul Haupt).

Pfister, Thomas (2002): Über Konsens- und Mediationslösungen im öffentlichen Recht »konferieren statt prozessieren«. Sjv, Schweizerischer Juristentag 2002, Heft 3. Basel (Helbling und Lichtenhahn).

Zillessen, Horst (2002): Umweltmediation. In: Haft, Fritjof; Gräfin von Schlieffen, Katharina (Hg.): Handbuch Mediation. München, S. 1169ff.

Spezielle Beiträge

Sport und Mediation

Ein Interview mit Toni Innauer (Oktober 2002)

Peter Geißler

Peter Geißler: Ich schlage vor, wir nähern uns dem Thema »Konfliktbereiche im Sport und deren Bewältigung« über Ihre persönlichen Eindrücke und Erfahrungen aus Ihrer Karriere als Spitzensportler.

Toni Innauer: In unserer Sportart ist immer schon ein Konfliktbereich jener gewesen, der mit Risiko und Risikoeinschätzung zu tun hatte; damit zusammenhängend auch das Vertrauen zum Trainer, der die Aufgaben stellt. Ich soll Dinge durchführen, die er mir vorschlägt und die ich noch nie gemacht habe. Ich begann mit etwa zwölf Jahren mit dem Skispringen, also eher spät, aber diese Dimension, das Eingehen von Risiko und der Vertrauensvorschuss an meine Trainer, ist mir stark in Erinnerung geblieben. Die Gefahr der Selbstüberschätzung, der Überforderung durch Trainer, Gruppendruck oder ein falsches Selbstbild (zu große Schanze ....) steht im Raum und fordert vor allem von den Betreuern im Kinder- und Jugendbereich viel Verantwortungsbewusstsein. Dann kam ein Bereich hinzu, der schon mit Öffentlichkeit zu tun hatte. Auf der einen Seite war ich Kind, »normaler« Schüler, eingebettet in meinen Familienverband, und andererseits begann ich eine zweite Identität als Sportler aufzubauen, die in meinem Fall sehr stark getrennt war von der ursprünglichen Identität. Diese starke Trennung hatte auch mit geografischen Gegebenheiten zu tun. Ich wurde einem Kader zugeteilt, war mit Alois Lipburger der einzige Vorarlberger und wurde nun konfrontiert mit einer anderen Sprache, bekam allmählich ein neues Image und eine andere Rolle, über die man bei mir zu Hause sehr gestaunt hätte. Diese zwei Rollen miteinander kompatibel zu halten wurde vom mir auch nicht angestrebt. Tatsächlich führte ich eine Art von Doppelleben.

P. G.: Hat dieses Doppelleben bei Ihnen damals schon zu inneren Spannungen geführt?

T. I.: Man ist es früh gewohnt, mit dieser Doppelidentität zu leben. Typisch ist aber, dass man nicht will, dass die Eltern irgendwo auftauchen. Ich glaube, dieser Wunsch entsteht dadurch, dass die Eltern eine andere Vorstellung von mir haben als meine Trainer und Kollegen. Es würde irritieren, wenn ich diese beiden Welten zusammenführen müsste. Die Eltern sehen naturgemäß das unterstützungbedürftige Kind in einem, während man sich im Sport schon so souverän und selbstbestimmt fühlt. Bei mir war es so, dass meine Eltern zum ersten Mal bei einem Wettkampf aufgetaucht sind, als ich schon olympische Medaillen gewonnen hatte. Bis dahin waren es zwei wirklich getrennte Welten. Die Eltern kannten meine Bühne nur aus dem Fernsehen, was sich im Detail zutrug, habe ich ihnen nur in homöopathischer Dosierung mitgeteilt.

Die Erwartungen, die ich an mich stellte, die Hoffnungen, die ich trug, führten sicher schon bald in Konfliktfelder hinein. Denn die Sollwerte, die natürlich zum Teil auch von den Trainern, später von Fans oder Medien vorgegeben wurden, deckten sich nicht immer mit dem, was ich imstande war an Leistungsfähigkeit zu entwickeln. Manches Mal ging es sehr gut und ich war den Sollvorgaben sogar voraus; das war dann richtig euphorisierend. Manches Mal stagnierte die Entwicklung aber auch. In solchen Zeiten hatte ich Angst, es nicht mehr zu schaffen, phasenweise fehlte sogar Kraft zur Vorstellung, wieder so weit wie die aktuell Besten springen zu können. Die Fruchtlosigkeit der eigenen Anstrengungen war inhaltlich manchmal verursacht durch panikartiges »mehr vom Selben« statt Abstand zu gewinnen und in Ruhe neue Lösungsmöglichkeiten zu suchen.

Auf einen anderen Stressbereich wies ich schon hin. Zunächst betreibt man Sport für sich selbst. Niemand interessiert sich dafür außer eine ganz kleine qualifizierte Öffentlichkeit. Irgendwann wird man aber doch für interessant erklärt, schließlich für prominent und so tauchte ich in der medialen Öffentlichkeit erstmals als vielversprechendes Talen,t als »Wunderkind«, auf. Damit umzugehen und zu spüren, wie viel an Öffentlichkeit einem gut tut und wie viel einen durcheinander bringt, ist – so glaube ich – eine altersbedingt sehr schwierige Sache.

In der Zeit, als ich an die Spitze kam, setzte die Kommerzialisierung des Spitzensportes gerade ein. Damals, in der Mitte der Siebziger-Jahre, kam diese auch im Skispringen in Gang. Damals – in der Zeit von Schnabl, Pürstl und wie sie alle geheißen haben, in der Zeit unter Baldur Preiml – entstand explosionsartig diese Öffentlichkeit. Es war der Beginn eines Personenkults um die neuen Gesichter, denen teilweise übermenschliche Züge angedichtet wurden. Ich ließ mir viele dieser Übertreibungen gerne gefallen, weil es einem Charisma, Flair vermittelte und auch spezifische Selbstsicherheit gab, die aber 100%-ig von laufenden Erfolgen abhängig war.

P. G.: Spätestens hier klingen potentielle Konfliktfelder schon sehr deutlich an. Wie war das damals: Waren Sie mit diesen Problemen allein auf sich gestellt oder haben Ihnen Trainer oder andere Menschen dabei geholfen? Wurde über die mit diesen Erwartungen an Sie verbundenen Schwierigkeiten und Verunsicherungen geredet?

T. I.: Ich glaube, damals waren alle Beteiligten geschmeichelt aber überfordert. In meinem Fall war es so, dass ich in jungen Jahren – mit 15 – einen relativ hohen Bekanntheitsgrad bekommen habe. Ich war damals einer der Besten, bei wichtigen Wettkämpfen bester österreichischer Starter, und auf diese Weise wurde ich prominent. Diese Situation hat damals niemand antizipiert, weder ich selbst noch meine Trainer. Erst viel später, als ich etwa 25 Jahre alt war, merkte ich retrospektiv, dass diese Situation damals recht überfallsartig hereingebrochen war, dass wir alle von der neuen Dimension, die nach den endlichen erreichten sportlichen Zielen auftauchten, überrascht gewesen waren.

Mit 15 war es auch ein Kick gewesen, der mir enormes Selbstvertrauen gegeben hatte – wo ich mich dann auch schneller entwickelte, wie in einem »schnellen Brüter«, und wo ich das Staunen anderer darüber auch erregend spürte. Andererseits war dies eine recht eindimensionale Entwicklung. Es galoppierten bestimmte Aspekte der Persönlichkeit voraus und nicht die Person in ihrer gesamten Breite. Auch ich lernte damals die »Gefühle der Superstars« kennen: Aus einer bestimmten Fähigkeit, von der man ja gar nicht genau weiß, warum man sie so gut manchmal mit provokanter Leichtigkeit kann, schließt man, dass man unwahrscheinlich bedeutsam ist. Wie mittlerweile einige Untersuchungen zeigen, fühlt sich der »Auserwählte« dann allmächtig: das, was ich mir wünsche, kann ich mir erfüllen und noch dazu mit einer Selbstverständlichkeit, die für viele meiner Kollegen frustrierend war. Dies schafft eine Chemie, die sich irrsinnig geil anfühlt, aber für das spätere Leben Ansprüche schafft, die im mehrdimensionalen Leben nach dem Sport nur ganz selten erfüllt werden können. Der Nimbus, der Bekanntheitsgrad, hält sich noch eine Zeit lang nach dem Rückzug ins Privatleben, ich musste dennoch lernen, »kleinere Brötchen« zu backen und ohne die (aus dem L-Sport) gewohnten erfolgsmäßigen »Multiplikatoren« meiner Anstrengungen auszukommen.

Diese Dynamik spielt sich oft – gerade im Skispringen – bei verfrühten Erfolgen ab, so dass alle glauben, hier steht mit Sicherheit der zukünftige Weltmeister vor uns. Dann stürzen sich heute alle auf ihn, die Medien, die Fans aber auch die Manager. Es werden Vorverträge unterzeichnet, aber dramatisch wird es, wenn absehbar wird, dass die Vorschusslorbeeren nie geerntet werden. Das ist dann für den betreffenden Sportler besonders bedrückend, weil er spürt, jetzt, wo ich 17 oder 18 Jahre alt bin, sollte ich endlich das bringen, was sich alle von mir – auch ich selbst – erwartet haben als ich »meiner Zeit voraus« war. Aber das tritt nie ein und der Athlet, der sich nicht mit Seinesgleichen, sondern mit einem Phantom messen muss, verkümmert. Die Latte liegt so hoch, dass keiner merkt, dass

»man schon aufrecht darunter durchgehen« könnte, wenn man sich darauf besinnen würde, auch nur ein Mensch zu sein. Gerade wachstumsbedingte Veränderungen in der individuellen Entwicklung (Größe, Körpergewicht, veränderte Hebelverhältnisse, jugendliche Unbekümmertheit) provozieren das bekannten Phänomene des »Sitzenbleibens« auf den Vorschusslorbeeren.

»Druck« ist ein ständiger Begleiter des Sportlers. Schaffe ich das Kaderergebnis? Qualifiziere ich mich für die WM? Werde ich meiner Rolle als von den Medien gepuschter Favorit beim großen Event gerecht werden?

Da es sich bei Skispringen speziell um einen Risikosport handelt, war ich sehr oft verletzt. Bei allem, was ich gemacht habe, habe ich relativ viel riskiert, weil mir das den Kick und besonders viel Vitalität verliehen hat. Nur dann fühlte ich mich voll gefordert, hellwach, einer »lohnenden Herausforderung« ausgesetzt, die ich mit meinem Geschick, meinem Können und meiner Reaktionsfähigkeit zu lösen vermochte. Etwas aufs Spiel zu setzen, hat mir immer viel Spaß gemacht, – eine Disposition, die für den Leistungssport sehr tauglich und formbar ist. Wenn jemand dies sehr gern tut, wird er unter Wettkampfdruck sogar noch stärker, es besteht aber auch die Gefahr, dass man diese Chemie im normalen Leben auch sucht. Ich war sicher ein ursprünglich schüchterner Adrenalin-Junkey und hab mich deswegen in Situationen gebracht, in denen ich mich auch oft verletzte, während andere Mannschaftskollegen das seltener taten, weil sie sich auch nicht so viel beweisen mussten wie ich. Damals entstanden schon Probleme als ich im Krankenhaus lag und hinterher humpelte und ich mich fragte, warum immer ich, als ich die vierte Knöcheloperation hinter mir hatte und es jedes Mal mühsamer wurde, an die alte Leistungsfähigkeit und standesgemäße Mühelosigkeit wieder heranzukommen.

P. G.: Sie sprechen damit indirekt den Umgang mit dem Körper im Spitzensport an. Der Körper steht für den Leistungssportler im

Mittelpunkt seines Interesses. Körperliche Leistung ist das, was zählt. Sie haben Ihren Körper immer schon maximal herausgefordert, bis an die Grenze hin zur Selbstverletzung – sehe ich das richtig?

T. I.: Ja. Nur dann ist es spannend, wenn die gestellten Aufgaben wirklich schwierig, nur für die Begabtesten erreichbar sind, wenn man sich potentiell auch selbst verletzen kann oder wenn es »jetzt oder nie« gilt, d. h. ein Sprung ist entscheidend und nicht ein Sprung unter mehreren Versuchen.

P. G.: Welche Bewusstheit hat man dann hinsichtlich des eigenen Körpers, wie erlebt man ihn?

T. I.: Man erlebt ihn ausgesprochen intensiv. Für viele Sportbereiche ist es geradezu eine Voraussetzung, dass man ein höchst ausgeprägtes Körpergefühl hat, und zwar nicht nur sitzend und stehend, sondern sich bewegend; Ich muss im Körper absolut zu Hause sein und differenzierteste Rückmeldungen unterscheiden können, *vor* einer Bewegungsausführung schon wissen, wie sie ausfallen wird, was die Kinästhetik melden wird so wie ein Klaviervirtuose hundertprozentig weiß, noch bevor er in die Tasten greift, was für Töne und Harmonien jetzt zu hören sein werden. Es ist so, dass diese Entwürfe, die dynamischen Bewegungsengramme, welche schon im Voraus spürbar sind, die Handlungen nach sich ziehen und damit schon wieder erwartete Rückmeldungen für die nächste Aktion darstellen. Genau diese aufeinander aufbauenden Regelkreise an provozierten und in den feinsten Nuancen antizipierten Körperempfindungen schaukeln die motorischen Abläufe bis zur Perfektion hoch und das macht den Spitzensportler in der perfekten Ausprägung aus. Der perfekte Sprung, Wurf, Lauf etc. ist die unfehlbare Verkörperung der Überzeugung, des Wunsches, des »Verliebt-Seins in das Gelingen«.

Mich hat damals gefesselt, wie durch systematisches Training und wachsendes Selbstvertrauen immer schwierigere Aufgaben gelöst,

Grenzen des motorisch umsetzbaren täglich akrobatisch ausgedehnt wurden. Das löste schon körperlich initiierte Glücksgefühle aus, andererseits erlebte ich auch ausgesprochen intensiv, wenn mein Körper verletzt war. Man weiß auch, dass Sportler, die ein sehr ausgeprägtes Körpergefühl haben, sehr empfindlich sind, wenn diesem Körper etwas passiert. Die magische Überzeugung der Unverwundbarkeit wird plötzlich brüchig. Für mich war das mit ein Grund, warum ich aufgehört habe mit dem Spitzensport, weil ich gemerkt habe: mein Körper ist *verstimmt*. Ich hatte schwerere Verletzungen am Knöchel und hörte im zarten Alter von 22 mit dem aktiven Spitzensport auf; weil ich merkte, dass einige Seiten dieser Tastatur nicht mehr zu stimmen sind und irritierende, verunsichernde Feed-backs liefern. Und jedes Mal, wenn ich »hingriff«, kam ein Ton, dass es mich innerlich riss und ich nicht mehr auf »traumwandlerischem Niveau« weiterspielen konnte. Ich merkte nach zwei operativen Eingriffen, die Beinstatik stimmt nicht mehr, und das, was vorher einfach selbstverständlich in einer bestätigenden, Erfolg versprechend, auffordernden Form als Rückmeldung meines Beines da war, hat bei jeder Bewegung und Haltung Störsignale produziert. Und ich wusste, wenn ich hier anfange, bewusst zu korrigieren, dann kann ich viele Dinge nicht mehr spontan machen! Denn als Sportler muss ich mich darauf verlassen können, dass aus meinem Körper keine Misstöne kommen. Es war ein schreckliches Erlebnis für mich, dass diese vertraute, verlässliche Kommunikationsschleife mit meinem Körper holprigen »Verständigungsproblemen« Platz gemacht hatte. Um mich damit abfinden zu können, dass diese Virtuosität, dieses spielerische Können irgendwo durch Operationen und Verletzungen verloren gegangen war, beschloss ich den Rücktritt vom Leistungssport.

Es gibt also durchaus unter Spitzensportlern einen Körperkult und ich liebte ihn auch, meinen Körper, seine besonderen Fähigkeiten, die Potentiale, die in ihm steckten, und auch seine Lernfähigkeit. Man darf sich nicht nur als Muskel-, Sehnen- und Knochensystem sehen, sondern es existiert klar ein psychosomatisches Wechselspiel. Das Selbstvertrauen, die Vitalität, die Unternehmungslust die man als Sportler (nicht nur als Sportler) hat, kommt aus dem Körper, wirkt wiederum auf den Körper zurück, und dadurch ist man fähig, Dinge zu tun und, die man, sobald man daran zweifelt, nicht mehr bringen kann. Ich muss einfach überzeugt sein, dass dieses Instrument, mein Körper, funktioniert, dass es mit meinem Denken irgendwie eins ist.

Die Psychologen nennen das dann den »Flow«, wenn es/er, der Körper – in totalem Einklang mit den passenden Gedanken funktioniert. Die guten Sportler führen andere Selbstgespräche während sie ihre Leistungen erbringen als die Mittelklasse oder die Verlierer. Wenn man merkt, der »Flow« sollte jetzt eigentlich einsetzen, aber irgendetwas holpert oder stottert, dann ist das bedenklich. Ich kenn' das auch aus meinen aktuellen Erfahrungen als Freizeitsportler in anderen Disziplinen wie Golf oder Tennis. Auf dieses Niveau, das ich früher erleben konnte, kann ich nie mehr kommen. Und darum ist alles, was ich jetzt im sportlichen Bereich anstelle, für mich von vornherein eher dilettantisch. Der Frust könnte hier sehr groß sein und man ist gut beraten, mit umformulierten Zielen und einem gesenkten Anspruchsniveau leben zu lernen. Sonst ist ein ursprünglich so hoher Perfektionsgrad natürlich eine Qual fürs spätere Leben!

P. G.: Mir gefällt diese von Ihnen verwendete Metapher sehr gut: der Sportler als Virtuose, als Musikkünstler. Im Musikbereich ist die grundlegende Fähigkeit, die den Künstler ausmacht, eine intuitive. Der kognitiv-verbale Bereich spielt dabei eine vergleichsweise geringe Rolle. Handelt es sich auch im Sport Ihrer Meinung nach um eine ganz überwiegend intuitive Begabung oder spielen mentale Faktoren doch eine größere Rolle?

T. I.: Zu diesen Fragen hab ich mir jahrelang viel überlegt, um den Ursachen auf die Schliche zu kommen. Mittlerweile, nach vielem Reflektieren, glaube ich, dass wirklich gute sportliche und vielleicht auch musikalische Leistungen so zustande kommen, dass die dafür notwendigen Grundfertigkeiten und Grundtechniken in einem Alter erlernt werden, in dem man noch nicht so stark verbalisiert; in dem man Dinge einfach noch intuitiv erlernt oder entdeckt und merkt, das ist richtig, und in dieser intuitiven Form speichert und abrufbar macht; zum Teil sicher geführt erlernt, denn man braucht hier sicher seinen Meister, der die Aufgaben stellt und die nötigen Anweisungen gibt. So gesehen gibt es sehr wohl eine Kultur und Tradition des Coachings im Leistungssport. Die Möglichkeiten, sich selbst im Alleingang zu verbessern, zu korrigieren und zu perfektionieren hat ihre klaren Grenzen. Immer wieder ist man mit seinem Latein als Athlet am Ende und braucht die Sicht des Außenstehenden.

Andererseits – wenn wieder von außen »nachjustiert« wurde – kann nur der Sportler im individuellen, subtilen »trial and error« und im Rahmen des Korridors der »richtigen« Technik die optimale, oft auch für den Trainer überraschende bewegungsmäßige Feinstausprägung entdecken. Wenn dies in der Kindheit passiert und gesetzt ist, bin ich in der Anwendung in vielen Dimensionen entlastet und freier, als wie wenn das alles in abstrakten Anweisungen oder Worten in mir drinnen ist. So lernen wir als kopflastige Erwachsene, wissen fast alles über eine Bewegung, *können* die Abläufe aber nie wirklich mühelos laufen und sich zu einem Optimum hochschaukeln lassen.

Als Erwachsener hab ich Golf-Spielen gelernt. Ich spiele es auch ganz leidlich, (Handicap 7) aber es ist nicht vergleichbar mit meinen Erfahrungen im Skispringen, das ich in meiner Kindheit erlernte und damals frei explorierte, bis ich von selbst auf vieles draufgekommen bin, wie es geht. Auf dieser Basis löste ich meine Fähigkeiten auf ganz intuitive Weise aus. Damals brauchte ich nicht bewusst nachzudenken: Mach diese Bewegung so und jene so – all dies war früher intuitive Selbstverständlichkeit in Antwort auf die wahrgenommenen Umweltkräfte und deren Auswirkungen auf meinen Körper.

P. G.: Ihre Kernaussage ist, wenn ich Sie recht verstehe, dass dieser »Flow« seine Vorstufen ganz früh hat – also ein frühes Körpergefühl und Handlungswissen, das im vorsprachlichen Bereich entsteht?

T. I.: Davon bin ich überzeugt. Es gibt »Flow« später auch und es gibt auch unterschiedliche Grade von »Flow« und Könnensstufen, wo der »Flow« einsetzen kann. Jedes Mal wenn wir Unsicherheit in Sicherheit verwandeln, wenn die anfängliche Sperrigkeit, Unbeholfenheit dem Gelingen, dem Beherrschen weicht, dieser Durchbruch passiert, dann kann man von »Flow« reden. Für einen Zwölfjährigen ist es zum Beispiel ein ganz tolles Gefühl, wenn er zum ersten Mal eine 80-Meter-Schanze springt und dabei auch fliegt und dies auch stabil, obwohl noch lange nicht alles vorhanden ist, was später einmal an Leistung gefordert werden wird. Manche Abläufe werden dabei aber zu Grunde gelegt, die später unter Leistungsdruck verfügbar sein werden und auf die komplexere, verfeinerte Strukturen aufgesetzt werden können, weil die Grundbasis nicht mehr »bewusstseinspflichtig« ist.

P. G.: Haben wir nun, in einem ersten Schritt, die Ihnen wesentlich erscheinenden Konfliktbereiche erfasst?

T. I.: Da ist noch ein Bereich. Damals, als ich Spitzensport betrieben habe, war Sport noch kein Beruf, es war Akrobatik ohne Netz. Es war gewissermaßen Hazard. Aus der Sicht meiner Eltern war es ihnen nicht unrecht, sie meinten vielleicht, was er tut, davon ist er begeistert, er beschäftigt sich zumindest mit Ehrgeiz mit einer Sache, bei der man etwas können muss und diszipliniert lebt. Die Schulausbildung in Stams war eine weitere wichtige Beruhigung.

Vielfach ist die Angst spürbar, zum Teil auch berechtigt, dass es sich um vergeudete Zeit handelt, so viel Energie und Ausbildungszeit in den Leistungssport zu stecken und damit vielleicht gar nichts zu erreichen. Verdient haben wir damals ja auch kaum etwas. Lohnt es sich also, sich begeistert mit dem ganzen Mensch-Sein hier hineinzuhauen? Eine Zeit, die man später nicht mehr nutzen kann. Das ist sicher ein kritischer Punkt in der Geschichte, den ich auch im Schigymnasium Stams erlebe. Aber da kann man zumindest parallel zum Sport auch einen üblichen Schulabschluss machen, bevor man sich mit 18 oder 19 Jahren überlegt, ob man als Spitzensportler weitermachen will oder nicht. Ich war damals bei der ersten Generation, die diese Möglichkeit auch gehabt hat, und das war eine echte Chance.

Trotzdem bestand immer der Anspruch des so genannten »normalen Lebens« und da hatten wir schon mit großen Einschränkungen zu leben. Hier liegt ein Konfliktpotential, das schon dann eine Rolle zu spielen beginnt, wenn man in eine solche Spezialschule hineinkommen möchte.

P. G.: Wie würden Sie retrospektiv das Erleben Ihrer Freizeit beschreiben, oder auch den Umgang im sozialen Bereich – mit Freunden, in Clicquen? Hatten Sie damals, als junger Sportler, bewusst das Gefühl, auf etwas Wichtiges verzichten zu müssen?

T. I.: Extrem ist Folgendes: Man kann Leistungssport schon auch nebenher betreiben, vor allem wenn man talentiert ist, und kann dann vieles von der normalen Sozialisation auch mitziehen. Aber dann wird man im Leistungssport nicht wirklich Erfolg haben. Ich bin stark der Meinung – und auch meine persönliche Entwicklung deutet darauf hin – dass ich relativ einseitig und Abstriche machend von der Sache besessen sein muss, wenn ich meine persönlichen Potentiale entwickeln will. Sonst schaff' ich es nicht, dorthin zu gelangen, wo die Allerbesten sind. Das bedeutet: Vieles von dem, was zur normalen Entwicklung gehört, wird zwangsläufig liegen gelassen.

Heutzutage müssen Springer ausgesprochen leicht sein, jedes Kilo wirkt sich auf die Flugfähigkeiten spürbar aus. Natürlich sind diese Sportler optisch sehr dünn, obwohl sie durchwegs hervorragende athletische Fähigkeiten besitzen.

Es kann dadurch ein Konflikt mit den aktuellen Idealbildern eines normalen Heranwachsenden entstehen; Wer den Mädchen und Kollegen mit massigen Muskeln imponieren will, kann nicht gleichzeitig ein filigran gebauter Skispringer sein ...

Nachvollziehbarerweise verlangt es vom Sportler sehr viel Selbstdisziplin, das Körpergewicht – oft gegen das natürlich auftretende – Hungergefühl sehr tniedrig zu halten. In der Vergangenheit gab es bereits einen Fall von extremer Essstörung (Magersucht).

Im Schigymnasium Stams ist der Tages- und auch Jahresablauf durchgestylt, so dass man sich hinterher oft fragt: Wie hab ich das eigentlich ausgehalten? Aber man kennt nichts anderes und innerhalb dieser Sektoren spielt sich auch vieles ab. Es gibt natürlich auch hier Beziehungen, sie sind aber anders als im normalen Leben. Das Ausprobieren-Können und das Blödsinn-Machen-Dürfen, die Erfahrung des »Sich-Gehen-Lassens« ist wenn, dann nur in kurzen Etappen möglich. Ich kann es nur aus der Sicht des relativ Erfolgreichen beurteilen. Immer hatte ich das bestätigende Gefühl: Du lebst sehr elitär, du machst tolle Fortschritte, sei also froh dass du das genauso machst und dich nicht in den Niederungen von Diskotheken und dem Stolz auf den letzten Rausch herumtreiben musst, denn du stehst darüber. Ich stand darüber, weil ich bekannter war als andere, weil ich auch ein wenig Geld verdient habe, weil ich auch meine Bekanntschaften gemacht habe – oft natürlich auch sehr seichte. Vieles von dem, was in einer normalen menschlichen Entwicklung stattfindet, das jugendliche Ausprobieren-Dürfen, das Sich-nicht-ständig-messen-müssen, das Blöd-sein-dürfen, das Rebellisch-sein-dürfen, fällt aus. Ganz bequem war ich auch nicht, auf eine gewisse Weise aber doch sehr pflegeleicht – weil ich klare Ziele und Richtlinien hatte!

P. G.: Verstehe ich Sie richtig, dass Sie diese Abstriche und Verzichte erst in Ihrem späteren Leben also solche erlebt haben?

T. I.: Ja. Wenn man aus dieser geschützten Werkstatt, aus der Eigenwelt des Leistungssports wieder heraustritt und nicht mehr nur mit Leuten spricht, die selbst in dieser Welt beheimatet sind, ändert sich das Selbstbild.

Als ich dann Philosophiestudent war, brauchte ich zwei Jahre, um zu fragen: komisch, in welche Kategorie bin ich jetzt einzuordnen? Und man merkt, dass man schon einen sehr außergewöhnlichen Weg hinter sich gebracht hat, mit exklusiven, positiven Erfahrungen und Aspekten, aber auch starken Einschränkungen. Es gibt im Übrigen sehr wenige, die aussteigen und dann die Chance suchen, systematisch über den Sport zu reflektieren. In meinem frühen Ausstieg aus dem Sport lag die zeitliche Möglichkeit eines Studiums.

(In Österreich ist es – anders als z. B. in den USA – kaum möglich, parallel zum Leistungssport zu studieren).

In vielen Karrieren, besonders auch an Schulen mit Leistungssportlichem Schwerpunkt zeigt sich ein besonderes Konfliktfeld, welches den individuellen Kampf zwischen persönlichen Zielen, Idealen und dem Gruppendruck spiegelt.

Der Betroffene hat Angst in den Augen seiner (zum Teil sportlich schon resignierenden) Freunde als »Streber«, Ehrgeizling verlacht und gemieden zu werden, wenn er sich mit vollem Engagement dem Sport zuwendet, vor allem wenn nicht sofort messbare Erfolge vorzuweisen sind.

Ich rede hier von Dingen, die teilweise sehr lang zurückliegen. Nach meiner Sportlerkarriere war ich Student, dann Trainer der Nationalmannschaft und von da her kenne ich all die Probleme, die allerdings heute etwas anders gelagert sind als seinerzeit. Heute ist der Sport ein Beruf und die Sportler bleiben heute als Profis viel länger im Spitzensport, wenn sie ein hohes Leistungspotential haben, weil sie auf keine andere Weise so viel Geld verdienen könnten. Verdienstmöglichkeiten spielen eine Rolle, ebenso Privilegien in steuertechnischen Belangen. Z. B. verdienen viele Sportler im Ausland und das wird begünstigt, weil es für die österreichische

Öffentlichkeit von Bedeutung ist. Wenn einer Talent hat und eine stabile Leistung bringt, lohnt sich das auf jeden Fall, im Sport zu bleiben. Unter den Schispringern haben wir international mittlerweile einige Athleten, die schon über 30 Jahre alt sind und nach wie vor Leistungssport betreiben, weil sie gut verdienen und Sport auch gern ausüben, also das Hobby zum Beruf machen. Während ich mit 22 aufgehört habe, fangen andere heutzutage oft erst in diesem Alter an, im Spitzensport aufzutauchen. Und hier tun sich dann Konfliktfelder auf, weil man dann nicht mehr einfach sagen kann: Ich will meine Ruhe haben von den Medien. Früher war dieser Standpunkt haltbarer, weil wir kaum etwas verdient hatten und dafür auch keine Gegenleistung »schuldig« waren. Damals waren Medienkontakte häufig nur lästig. Heutzutage muss man mit den Medien kommunizieren können, man muss an seinem Image basteln – wie man Interviews gibt, wie man sich positioniert – das ist alles wichtig. Die TV-Sekunden für den Sponsor zählen! Viele tun das jetzt auch, manche zu betont, d. h. so penetrant, dass sie sich fast nur mehr auf ihr Auftreten vor Medien konzentrieren. Das ist natürlich kein wünschenswertes Verhalten, aber Entwicklungen dieser Art sind eindeutig zu orten. Und da gibt es natürlich Friktionen zwischen dem, was sportlich vorrangig ist, und den Ansprüchen der Medien. Und da spielen wirtschaftliche Aspekte hinein: Sponsoren und Manager stellen ihre Forderungen. All dies unter einen Hut zu bringen, eröffnet ein breites potentielles Konfliktfeld für Sportprofis: Viele Förderer und Partner fordern Gegenleistungen.

Er sollte trainieren, müsste aber gleichzeitig in Wien sein, weil sein Sponsor, seine Skifirma, dort eine Pressekonferenz gibt oder weil eine Ehrung seitens der Politik auf dem Plan steht. Das Bundesheer, bei dem er als Soldat »mit sportlichen Leistungen dient«, möchte auch drei- oder viermal pro Jahr seine Paradesportler präsentieren. All diesen Ansprüchen gerecht zu werden, ist schwierig, denn der Sportler möchte im Grunde genommen seinen Sport ausüben, möglichst viel »Kohle machen« und sonst in Ruhe gelassen werden. Er hat mit vielerlei Konstellationen zu tun, die in Konflikt zu diesem Wunsch stehen. Im Österreichischen Skiverband ist der Sportler auch noch an Rahmenbedingungen und Richtlinien gebunden, die die wirtschaftliche Zukunft für die nächsten Generationen sichern und den persönlichen Vermarktungsspielraum des einzelnen Sportstars ein bisschen beschneiden.

Besonders für die Manager mancher Sportler und deren Vorstellungen von Wirtschaftsliberalismus und schnellem Geld kann dies eine Konfliktebene darstellen.

Die Dopingproblematik ist in mittlerweile relativ vielen Sportarten das Konfliktfeld Nr. 1. Habe ich eine Chance ohne Doping nach vorne zu kommen. Wer von den Gegnern dopt? Wie groß sind die gesundheitlichen Risiken, wenn ich dope? Soll ich zurücktreten, weil ich »no dope – no hope!« akzeptieren muss? Wie groß ist das Risiko erwischt zu werden? Wie vertrauenswürdig sind meine Helfer? Bin ich ein Verbrecher, weil ich erwischt worden bin?

P. G.: Sie sind ein Kenner des Spitzensportes. Wie bewältigen Sportler Ihrer Meinung nach diese Konfliktfelder? Versucht jeder, auf seine eigene Weise damit zurecht zu kommen, oder wird den Sportlern dabei geholfen? Gibt es im Spitzensport eine professionelle Konfliktbegleitung und auch -unterstützung?

T. I.: Es gibt heute eine weiterentwickelte Kultur, die allerdings nicht wirklich systematisch zum Einsatz kommt. Seit meiner Zeit als Sportler bis heute hat man immer mehr untersucht im Leistungssport und einige Trainer sind auch ein wenig besser ausgebildet und auf Problemlösungen vorbereitet als damals. Sie haben teilweise auch selbst lange Sportlerlaufbahnen hinter sich, somit also viel Erfahrung und Intuition für die Dinge, die im Sportgeschehen ablaufen. Eine wichtige Sache dabei ist: Es kommen systematisch neue Sportler in die Sportszene hinein, es ist ein ständiges Kommen und Gehen, die Alten scheiden aus und die Jungen machen immer wieder die gleichen Fehler. Vielfach ist der ständige Trainerwechsel ein weitere Faktor, der die Entwicklung einer »sportlichen Unternehmenskultur« im Sinne des Lernens aus Fehlern behindert. Der erfahrene Trainer sieht die Probleme kommen. Trotzdem werden sie bis auf wenige Ausnahmen (hervorragende Beziehung Trainer-Sportler) in neuen Besetzungen reproduziert – eine eigenartige Geschichte im Leistungssport. Sicher hat es damit zu tun, dass die Fluktuation relativ groß ist und im Vergleich dazu die Ausbildungszeit sehr kurz und daher alles sehr schnell passieren muss.

Wie man damit umgeht? Mittlerweile gibt es dazu auch einschlägige Literatur. Es gibt bessere Möglichkeiten für Trainer, sich für bestimmte Dinge, die keine professionelle Hilfe verlangen, weiterzubilden. In unserem Verband – dem Österreichischen Schiverband – versuchen wir, Fortbildungen zu organisieren. Ich bin Rennsportdirektor, dadurch auch bewusst in der Personalentwicklung tätig, und ich schau darauf, dass ich den Trainern Aufgaben stelle und sie mit Tätigkeitsbereichen konfrontiere, in denen sie lernen können, um für zukünftige Aufgaben besser vorbereitet zu sein.

Früher war es dagegen ein Zufall, ob man an eine Person geriet, die einem etwas weitergeben konnte, wie ich damals an Prof. Baldur Preiml, der selbst eine erfolgreiche Sportlerkarriere hinter sich und dann ein Sportstudium absolviert hatte. Er war eine totale Ausnahme und Glücksfall für die damalige Zeit. Durch die »universitäre Aufarbeitung« seiner Erfahrungen und der Vision, auch Österreicher zu Olympiasiegern machen zu können, war er auch in höchstem Maß qualifiziert. Er verabschiedete sich aber nach ein paar Jahren als Trainer aus dem Leistungssport ohne den Erfolgsweg zu institutionalisieren. Man lernte aus Fehlern und Erfolgen nicht systematisch.

In der Vergangenheit ist man als Trainer gekommen und auch gleich wieder verschwunden, man hat sein »Know-how« nicht weitergegeben. Im ÖSV hat Präsident Peter Schröcksnadel betriebswirtschaftliche Strukturen etabliert, die Kontinuität und Entwicklung sicher stellen sollen, indem Trainer und Athleten einen Prozess absolvieren, bei dem darauf geachtet wird, dass Lernprozesse in verschiedenen Bereichen stattfinden können. Direktoren (auch meine Person) im Angestelltenverhältnis sichern (im ÖSV) langfristige Entwicklungen und Unternehmenskultur. Diesen modernen, entwicklungsorientierten Leistungssport, der in manchen Aspekten Entwicklungsprozessen im Geschäftswesen, in Firmen gleicht, gibt es im ÖSV seit etwa zwölf Jahren

P. G.: Wie steht es da im Vergleich mit dem Ausland? Wo liegt Österreich in dieser Entwicklung im Vergleich mit anderen?

T. I.: Viele Länder sind weiter als Österreich. Der (Leistungs-)Sport ist z. B. in Großbritannien, Skandinavien, Deutschland oder den USA sind in diesen Entwicklungen weiter als wir, ist in Form von Sportgesetzen viel besser in der Gesellschaft verankert und die politischen Repräsentanten bekennen sich nicht nur nach großen Erfolgen zum Sport.

Der ÖSV hat als Verband des österreichischen Volkssportes und aufgrund vorausschauenden Managements ein für Österreich atypisch hohes Niveau erreicht und ist weitgehend unabhängig von den allgemeinen, limitierenden Bedingungen für Leistungssport in Österreich. Professionelles Arbeiten ist innerhalb der ÖSV-Strukturen in hohem Maße erforderlich und möglich.

P. G.: Eine Professionalisierung auch in einem an die Psychologie angrenzenden Bereich?

T. I.: Bisher mehr im arbeitstechnischen, sportorganisatorischen und weniger im psychologischen und im systematischen Konfliktlösungsbereich. Aber wir haben effektivere Verantwortungs- und Entscheidungsstrukturen geschaffen, die das unheimliche wichtige Vertrauensverhältnis zwischen Trainer und Sportler schonen sollten. Das betrifft z. B. den Bereich von unpopulären Aufstellungen für

Sportereignisse, wie für eine Weltmeisterschaft, bei der nur vier Sportler starten dürfen. Den Trainer von solchen Entscheidungen zu entlasten, ist sehr wichtig. Nicht-aufgestellte Sportler fühlen sich oft benachteiligt und suchen Schuldige und da muss der Trainer aus der Schusslinie genommen werden.

Psychologische Ausbildung im engeren Sinn gibt es bisher keine. Sportler und Trainer kennen den Bereich der Leistungspsychologie, wo man mit relativ einfachen Instrumenten, wie Visualisierung, Konzentrationsübungen und Aktivierungs- und Entspannungsübungen eine Palette von Techniken, die zu lernen sind, bereit stellt, die im Gesamtgefüge schon eine gewisse Energie ergeben und helfen, die mentalen Fähigkeiten des Sportlers zu stabilisieren. Integriert in den körperlichen Trainingsprozess werden mentale Komponenten bewusst oder zufällig angesteuert: Wenn ich Gleichgewichtstraining absolviere, verbindet sich damit eine Konzentrationsübung; wenn ich Gymnastik mache, dann ist dies gleichzeitig ein Entspannungstraining. Solche Dinge habe ich immer schon versucht ganzheitlich zu sehen. Was über die Leistungspsychologie hinausgeht, also den Bereich massiver, persönlicher Defizite berührt, da ist aufgrund der verfügbaren Zeit und der spezifischen Ausbildung jeder Trainer überfordert. In wenigen Fällen wurden Betreuungsaufträge an außen stehende Experten vergeben.

Die Erfahrung zeigt allerdings, dass es ganz selten geglückt ist, Psychologen erfolgreich in das Team zu implementieren.

P. G.: Diesbezüglich kommt mir ein Gedanke in den Sinn. Die eine Stimme in mir sagt: An der Spielerpersönlichkeit zu arbeiten wäre ja eigentlich ganz toll. Der Sportler ist ja eine eigene Persönlichkeit und seine Persönlichkeitsentwicklung fachkundig zu fördern, wäre eigentlich nur logisch. Eine andere Stimme in mir sagt: Aber so ist es im Sport. Man fokussiert sich einseitig auf eine bestimmte Sache und das heißt, dass man andere Persönlichkeitsbereiche bewusst ausblenden muss. Wenn man sie nämlich einbeziehen und bewusst reflektieren würde, dann wäre der junge Sportler vielleicht seines Motivs für den Spitzensport beraubt. Der junge Sportler würde dann vielleicht aufhören, Sport in dieser Einseitigkeit betreiben zu wollen. Wie sehen Sie das?

T. I.: Da legen Sie den Finger auf einen ganz wichtigen Punkt. Leistungssport macht man meist, wenn man noch relativ jung ist. Erst später kann man die Relativität der ganze Sache erkennen. Das Bemühen, Sportler wirklich zu abgerundeten, »breiteren« Persönlichkeiten zu machen und den Weitblick für verschiedene Sichtweisen und Dimensionen des Lebens zu öffnen, kann zu diesem Zeitpunkt kontraindiziert sein. Das ist u. U. schädlich für die Einstellung, die dem jungen Sportler Focus und Energie verleiht. Es gibt im Sport wenige, die einen distanzierten, relativierenden Blick auf ihr Tun haben. Denn jeder Trainer und Sportler sollte von seinen Aufgaben auch fasziniert sein, sonst kann er den erforderlichen Einsatz nicht bringen und die besondere Atmosphäre im Team nicht herstellen können.

Als Leistungssportler hatte ich geglaubt: Wenn du aufhörst, bist du gestorben. Das andere Leben kann nur trostlos und uninteressant sein, die Abenteuer sind vorüber. Tatsächlich habe ich verletzungsbedingt sehr früh mit dem aktiven Sport Schluss gemacht und durch das anschließende Studium plötzlich ein ganz anderes Spektrum an Lebensentwürfen kennen gelernt. Ich hatte die Chance, mich mit anderen, durchaus gleichwertigen Lebenswegen auseinanderzusetzen. Der Zwiespalt, der mit dem bewussten Erkennen der einseitigen Beschäftigung auftaucht, führt zu Motivationsproblemen, Zynismus, oft zur Entscheidung auszusteigen oder aber auch zu einer reiferen, überarbeiteten selbstverantwortlichen Einstellung zum eigenen Tun.

Ich kenn genau diese Zerrissenheit auch in mir – sowohl als Sportler wie auch als Trainer – und helfe mir dann mit dem Denkmodell der *produktiven Einseitigkeit*.

Wenn man einen derart extremen Weg als Extremsportler acht oder zehn Jahre lang geht, dann versäumt und übersieht man durch die totale Kanalisation der Kräfte natürlich einiges. Andererseits erfährt man viele Dinge so intensiv, in einer Qualität und »Reinheit«, wie es eben nur einem Besessenen, »Würdigen« begegnen kann. Diese authentischen, existentiellen Erfahrungen – die durch den schonungslosen Einsatz der ganzen Person erst möglich werden – halte ich für so wertvoll und erfüllend, dass eine – zeitlich ohnehin begrenzte – Schwerpunktsetzung für mich moralisch verantwortbar ist.

P. G.: Sie meinen also damit so eine Art bewusstes Stehen zu einer Besessenheit?

T. I.: Ja, schon. Diese Besessenheit, das sich – der Sache – Verschreiben ist der notwendige Schlüssel, kombiniert mit dem erforderlichen Talent, um sich als Sportler den höchsten Ansprüchen entsprechend entwickeln zu könne. Wir versuchen auch, dem Sportlern das Abenteuer zu bieten, das ihn fesselt und vereinnahmt und die Chance bietet mit Erfolg durchzukommen. Die Frage stellt sich allerdings: Was fasziniert nach der Karriere? Wenn die Erfolgsbilanz positiv ist, tun sich viele Optionen für den Sportler auf. Trotzdem muss man sich nach der Laufbahn völlig neu orientieren.

Die wachsende Kommerzialisierung im Skispringen hat bessere Verdienstmöglichkeiten für Sportler und zeitversetzt auch für manche Trainer und Betreuer gebracht. Die Folge davon ist, dass die Laufbahn bei vielen verlängert wird. Mit der wachsenden Erfahrung entwickelt sich der jugendliche Abenteurer zu einer breiteren Persönlichkeit. Manche haben Frau und Kinder, der Sport ist der Job, der schöne Entlohnung abwirft. Selbst wenn dann der sportliche Biss nachlässt, sind Kompensationsmöglichkeiten entstanden und der Sportler weiß dann, wie er mit seiner Energie haushalten kann, was er braucht, um leistungsfähig zu sein. Beim älteren Sportler ist nachlassende Risikobereitschaft ein leistungsminderndes Problem, der psychische Aufwand wird immer größer, der Lerneffekt allerdings auch.

P. G.: Ich würde noch gern mehr über den Anwendungsbereich reden. Das, was Sie beschreiben, wirkt auf mich wie eine beginnende Professionalisierung. Wie könnte es weiter gehen, wo sind Ihrer Meinung nach Chancen gegeben, dass Sport und Psychologie künftig noch mehr miteinander zu tun haben können? Oder passiert aus Ihrer Sicht ohnehin bereits genug?

T. I.: Ich vermute, dass hier noch große Möglichkeiten bestehen, vor allem im Bereich von Personen, die selbst Erfahrung im Leistungssport haben und von den Sportlern und Betreuern anerkannt werden.

Praktiker, die eine hochwertige Ausbildung durchlaufen, filtern die angebotenen Methoden und Theorien und können viel gezielter und passender (Sprache!) Kontakt herstellen bzw. intervenieren. Hier und in der synergetischen Zusammenarbeit von Betreuern und Psychologen gibt es sicher noch große Chancen für die Zukunft. Denn nur so könnte die Abneigung durchbrochen werden, die vielfach unter Sportlern spürbar ist, wenn sie sagen: die »Studierten« haben ja keine Ahnung von dem, worum es im Leistungssport geht. Z. B. hat Baldur Preiml, der Olympiamedaillengewinner war, ein Studium absolviert. Er hat die wissenschaftlichen Hintergründe des leistungssportlichen Geschehens gut gelernt und auch weitertransportiert, was vor seiner Zeit noch nicht denkbar war. Damals hat es echte Profis im Leistungssport nur in der DDR gegeben.

Einer der nächsten Schritte könnte dann so aussehen, dass es Psychologen gibt, die in ein Mannschaftsgeschehen oder in einen Verband integrierbar sind. Natürlich ist all dies auch eine Sache der Finanzierung. Ich bin aber überzeugt: Wenn es so jemanden gäbe, dann wäre das absolut ein Gewinn. In unserem Bereich übernehmen manchmal Ärzte die Position der Anlaufstelle und Vertrauensperson. Sicher gibt es ein Für und Wider und ein Psychologe müsste ein echter Experte sein. Einer, der die Leute nur einfach aufreißt, Defizite erkennbar macht, wäre kaum sinnvoll. Das wäre das Ende der ganzen Geschichte. Und ein solcher würde auch schnell abserviert werden, das ist klar, weil er die Motivation untergraben würde. Ein Experte müsste ein breites Spektrum haben. Er müsste einiges aus dem Sport selbst erlebt haben, denn dann kann er anders einordnen und er würde das Denken des Leistungssportlers von innen her verstehen. Ein Psychologe als eine Art Coach für Sportler, die ihre Karriere beenden, zum Abfedern des »Pensionsschocks«, könnte z. B. sehr wertvoll sein. Sportler sind gewohnt, in ihrer Mikrowelt gecoacht zu werden, sie sind auch abhängig davon, brauchen das Gefühl, im Mittelpunkt zu stehen, auch wenn sie es manchmal deutlicher und manchmal weniger deutlich spüren. Wenn er nicht mehr betreut und beraten (für wichtig genommen) wird, ist er irritiert. Wenn er finanziell gut abgepolstert ist, kann er nach dem Rücktritt eine Weile pausieren, um sich neu zu orientieren.

Aber wer macht es und wer bezahlt es? Viele können oder könnten es sich selber leisten, ein Verband ist damit finanziell sehr schnell überfordert. Die meisten unserer Profis sind als Soldaten im Heeressportzentrum eingerückt.

Nach dem Abrüsten genießen sie über einen bestimmten Zeitraum das Privileg der vom Staat finanzierten »Beruflichen Bildung«. Hier wäre eine sehr interessante Nische für; a) Betreuung über Mediation b) Ausbildung zum Mediator für spätere Betreuertätigkeit im Sport.

P. G.: Also am ehesten über den Weg über die Verbände würde Ihrer Meinung nach die Mitarbeit von Psychologen vorstellbar sein?

T. I.: Vorstellbar wäre auch, eine solche Leistung am Markt anzubieten. Wahrscheinlich würde ein solcher Anbieter auch ein Klientel finden, aber nur bei solchen Sportlern und Verbänden, die finanziell besser dastehen. Nur solche würden sich hier bedienen und helfen lassen.

P. G.: Ich möchte nun auf den professionellen Bereich der Mediation ein wenig näher eingehen und Ihre Meinung dazu hören. Mediation setzt ja nicht so sehr an der Persönlichkeit selbst an, sondern an Konflikten zwischen unterschiedlichen Parteien, seien es Personen oder Gruppen von Personen, Organisation, Firmen etc. Glauben Sie, dass Mediation im Bereich des Leistungssportes überhaupt Fuß fassen könnte, überhaupt ansiedelbar wäre? Oder würde diese Form der psychologischen Anwendung zur Eigenart des Leistungssportes gar nicht passen? Haben Sie Visionen für Mediation im Spitzensport?

T. I.: Ich habe den Ansatz der Mediation durch Ihr Buch zum ersten Mal deutlicher wahrgenommen. Ich glaube, genau deswegen, weil dieser Ansatz unspezifischer erscheint als psychologisch-psychotherapeutische Anwendungen und weil die Persönlichkeit eben nicht *der* Zielpunkt des Verfahrens ist, wäre er im Sport anwendbar; und es scheint sich um ein zusätzlich erlernbares und umsetzbares Verfahren zu handeln, weil es vom Anspruch her – bitte dies nicht falsch zu verstehen – nicht ganz so akademisch erscheint wie eine psychologische Ausbildung. Gerade deshalb würde es in den Sportbereich gut reinpassen, denn wir im Sport können nur sehr pragmatisch vorgehen, aufgrund der Zeit, der Möglichkeiten und der Abläufe, die der Leistungssport bietet. Mediation wäre erlernbar für Leute, die hauptberuflich Trainer sind.

Im Leistungssport ist es sehr schwer, die Dinge zu operationalisieren. Es gibt viele gruppendynamische Prozesse, z. B. solche, die sich zwischen Wirtschaft, Medien, der Mannschaft und anderen Bereichen abspielen oder auch innerhalb der Mannschaft. Hier dem Trainer ein Instrument zu liefern und seien es auch nur wenige Dinge, mit deren Hilfe er in Problemsituationen strukturieren kann, oder Diskussion oder Denkprozesse leiten kann, dafür wäre Mediation als Verfahren wahrscheinlich gut geeignet. Spezifischere Verfahren der Psychologie führen in Bereiche, die zwar sicher wertvoll wären, aber fast nicht praktikabel, zumal der Sportler es nicht mag, wenn »in seinem Inneren herumgewühlt« wird.

P. G.: Wenn ich Ihren Gedanken folge – wie könnte eine Konstellation im Sport aussehen, in der man einen Mediator anfragen würde? Wie könnte ein Mediator im Spitzensport landen?

T. I.: Beispielsweise könnte der österreichische Schiverband sagen: Für einen bestimmten Bereich bestellen wir einen Mediator. Und wenn es nur um Abstimmungen in den internen Strukturen ginge, z. B. innerhalb der Trainingsgruppen, und mit Körperschaften, mit denen wir zusammenarbeiten – das wäre ein Ansatz. Z. B. trainiert der österreichische Schiverband die Kadermitglieder; diese gehen im Schigymnasium Stams in die Schule, dort haben sie Pflichten nachzukommen, und all diese Dinge müssen aufeinander sehr gut abgestimmt sein. Die dort haben Trainer, wir haben Trainer. Die glauben, sie sind gut, und wir glauben das auch. Bisher waren Trainer oft in Doppelpositionen beschäftigt. Sie waren bei uns angestellt und wurden von uns mitbezahlt, zugleich auch im Schigymnasium. Seit heuer habe ich diese Bereiche deutlich getrennt. Und da kann es schon Eifersüchteleien und Abstimmungsprobleme geben, (Kompetenzen, Ziele, Trainingsinhalte ...) und da wäre ein konkreter Ansatzpunkt für Mediation gegeben.

In einer einzigen Sportart sind zugleich an die zwölf Trainer beschäftigt und genau dort wäre ein Anwendungsfeld – egal, bei welchen Fragen, ob es technische Fragen sind, sprungtechnische, sport- oder budgetpolitische – da wäre eine solche Unterstützung schon sehr hilfreich.

P. G.: Also der Verband könnte sich einen Mediator leisten und ihn beauftragen, zwischen verschiedenen Interessensfeldern Abstimmungsprozesse vorzunehmen. So etwa?

T. I.: Ja, so könnte ich mir das vorstellen. Ich könnte mir aber auch vorstellen, dass ausgewählte Personen, die Schlüsselfunktionen bekleiden, in der Grundtechnik des Mediierens ausbildet werden. Nämlich das Problem zu erkennen und eine Vorgangsweise festzulegen in einer sehr komplexen Wirklichkeit – hier könnte ich mir vorstellen, dass man mit Kenntnissen in Mediation allein schon eine andere Einschätzung des Problems vornehmen könnte und damit auch andere Zugänge finden würde.

Man darf nicht vergessen, dass der Leistungssport schon eine sehr verlockende Spielwiese darstellt. Im Fußball zum Beispiel: für Leute, die etwas bewegen wollen, die sich aber auch spüren wollen, als mächtige Personen – hier können Leute in wichtigen Personen aus Geltungssucht und Machtdurst Entwicklungsprozesse auch ziemlich blockieren. Es gibt sicher darunter Leute, die nicht mediierbar sind. Die Eigenwelt des Profisports hat – durch die schwer durchschaubaren Strukturen und durch die blauäugige Begeisterung rundherum im Erfolgsfall – verlockende Attraktivität für manchen verantwortungslosen Selbstdarsteller, der sich dann von niemandem bremsen lassen möchte.

P. G.: Da haben Sie sicher recht. Auch Mediation hat ihre Grenzen. Ich denke da an Konfliktparteien, die es, anstatt sich außergerichtlich zu einigen, vorziehen, um viel Geld mit Hilfe von Rechtsanwälten zu streiten und dabei Machtausübung zu genießen, und sei sie auch nur illusionär.

T. I.: Ich selbst habe einen erfreulichen inhaltlichen Freiraum in meinem Job, sonst würde ich ihn vielleicht nicht gut aushalten. Für mich ist es innerlich wichtig, zu wissen, dass man mich nicht überall einschränken und gängeln kann,
weil ich beruflich auch Alternaiven ergreifen könnte. Aber ich mache meinen Job auch gerne, weil mir die Arbeit im Sport und mit vielen meiner Mitarbeiter und auch Vorgesetzten Spaß macht. Anderer-

seits ist natürlich auch unser Arbeitsfeld durchsetzt von solchen Strukturen und Verhaltensweisen, die Sie angesprochen haben.

P. G.: Dann hätte Mediation wahrscheinlich am ehesten dort eine Chance, wo diese Strukturen nicht zu verfestigt sind.

T. I.: Ja. In den kleineren Zellen, wie in Teams, Mannschaften kann ich mir Mediation gut vorstellen, vorausgesetzt, dass sie gezielt eingesetzt wird. Denn ihre Wirksamkeit würde sich durch ungezielten Einsatz stark verschlechtern und bald den Eindruck erwecken, dass all dies nichts bringt. Gerade im Sport ist es so: alles, was nicht genügend effektiv ist, wird weggeschmissen. Das Vertrauen in einen solchen Ansatz könnte bald vorbei sein, wenn es nicht gelingt die Betroffenen erleben zu lassen, dass sie selber den Prozess bereichern.

Es gibt natürlich auch diese Struktur im Sport, bei der man Wert darauf legt, dass es einen Guru gibt: der das Sagen hat, der zu seiner Meinung steht, der weiß wo es lang geht und dafür keine Einflüsterer braucht; der nicht zweifelt, dem man glauben kann. Dieses starke und entschlossene Auftreten, (auch Aufblasen) ist im Sport, dem »Tempel des Personenkults«, beliebt. Es geht hier um eine pseudosichere Grundhaltung, die zur Sportlermentalität passt und von der z. B. viele Fußballtrainer (wenn auch manchmal nur eine halbe Saison) leben. Wenn das Charisma durch ausbleibenden Erfolg aber abblättert, wird der Mann mit Schimpf und Schande davongejagt, um dann ein paar Monate später woanders wieder aufzutauchen und auf die gleiche Weise den neuen Leuten das Blaue vom Himmel herunter zu erzählen. Spieler- und Trainervermittler »schneiden« bei jedem Wechsel natürlich gehörig mit.

Ich möchte jetzt Sie etwas fragen. Ich habe Mediation so verstanden, dass man die Lösungsfindung bei den Konfliktbeteiligten selbst stark forciert. Dass man Kreativität und Eigenverantwortung fördert und den Leuten klar macht, dass sie selbst es sind, die vom jeweiligen Problem betroffen sind. Und daher auch selbst nach Lösungen suchen sollten. Und dass man den Blick weniger auf die Ursachen der Konflikte richtet und auf Schuldzuweisungen, sondern künftige Umgangsmöglichkeiten anvisiert. Ist das richtig?

P. G.: Ja, so ist es. Mediation unterscheidet sich von Psychotherapie dadurch, dass sie zukunftsorientiert und schwerpunktmäßig ressourcenorientiert (und nicht defizitorientiert) ist. Gleichzeitig wird aber auch eine Haltung mittransportiert, die etwa so aussieht: Nur wenn wir Konflikte miteinander lösen, wenn wir die Verständigung suchen, dann werden wir beide erfolgreich sein. Einer allein wird das nicht schaffen, nur das Miteinander ist erfolgreich.

T. I.: *Dazu sage ich: Der Kosmos des Sports ist durchsetzt von Leuten*, die den anderen beweisen wollen, ich kann das allein, Erfolg ist eine Privatsache. Hier tut sich ein Spannungsfeld auf. Diese Grundtendenz reicht von der Funktionärsebene bis zum Sportler. Es kann dem Erfolgstrainer passieren, dass er nach dem Sieg seiner Schützlinge plötzlich allein am Tisch sitzt, wenn er sich »einmal umgedreht« hat. Das Zuordnen des Erfolges auf seine eigene Leistung ist stark ausgeprägt. Für viele Leute ist es fast ein Zeichen der Schwäche, zuzugeben, dass Hilfestellung und Förderung von anderen im Spiel waren. Blöffereien und Übertreibungen sind im Sport an der Tagesordnung.

P. G.: Da treffen also zwei Grundhaltungen aufeinander?

T. I.: Ja, und mancher geht eben deswegen in den Sport, um es anderen und sich beweisen zu können, dass er keine Hilfe braucht.
Dennoch denke ich, Mediation könnte nützlich sein, allein schon deshalb weil der Ansatz nicht so kompliziert ist. Er könnte deshalb ein wertvolles Handwerkszeug für manche Positionen im Leistungssport sein; Besonders in Mannschaftssportarten, in der Konfliktlö-

sung, Interessen-Ausgleich von Institutionen, Personalführung, Sitzungsgestaltung etc ... Und wie bei allem kommt es auf den Anwender an, was er daraus macht.

P. G.: Da haben Sie sehr recht! Ich danke Ihnen für dieses Gespräch.

Anmerkung

1   Geißler, P., Rückert, K. (Hrsg.): Mediation – die neue Streitkultur. Kooperatives Konfliktmanagement in der Praxis. Psychosozial-Verlag, 1. Auflage, Gießen 2000

Praktisches Beispiel einer Konfliktregelung in einer Bankfiliale

Gedanken zum Einsatz szenischer und körperbezogener Techniken

Peter Geißler

Die Leiterin einer Bankfiliale – ich nenne sie Fr. Müller – kontaktierte mich und bat um rasche Krisenintervention. Am Telefon berichtete sie mir, dass das gesamte Filialpersonal – acht Mitarbeiter – vollkommen »daneben« sei, seit sich vor ein paar Tagen der Vater einer der acht Mitarbeiter mit einem Pistolenschuss in den Kopf das Leben genommen hatte. Alle acht seien seither kaum ansprechbar, sie erledigten ihre Arbeit nur mehr absolut mechanisch und seien sowohl für sie, Frau Müller, als auch für ihre Kunden emotional kaum mehr erreichbar. Die in der Filiale dadurch entstandene Atmosphäre sei schwer erträglich, rasche Abhilfe sei dringend erwünscht.

Wir vereinbarten kurzfristig zwei doppelstündige Kriseninterventionssitzungen innerhalb der nächsten drei Tage, jeweils nach Arbeitsschluss. Es wurde vereinbart, dass die Teilnahme an diesen beiden Sitzungen auf freiwilliger Basis erfolge, und dass Frau Müller an den beiden Sitzungen teilnehmen konnte. (Dies ist nicht so selbstverständlich – öfter erweist es sich als besser für die Fähigkeit der Gruppe, sich zu öffnen, wenn das Leitungspersonal nicht anwesend ist.) Ich nahm mir vor, in der ersten Doppelstunde eine Situationsanalyse durchzuführen, um einen ersten Blick für den emotionalen Zustand des Personals und für die Gruppedynamik zu bekommen. Nach dieser diagnostischen Einheit sollte die zweite Doppelstunde im Dienste der gemeinsamen Erarbeitung lösungsorientierter Vorschläge stehen. Als Zusatzoption wurde eine dritte Doppeleinheit in kurzem Zeitabstand zu den beiden ersten Einheiten für den Fall vereinbart, dass sich in den ersten beiden Doppeleinheiten nicht genügend Handlungsperspektiven abzeichneten.

Vor Beginn der ersten Doppeleinheit führte ich ein etwa halbstündiges Gespräch mit Frau Müller. Sie berichtete mir von dem Selbstmord des Vaters der Kollegin, mit der die Filialleiterin privat befreundet war. Um den emotionalen Schock zu verdauen, wurde diese Kollegin auf eigenen Wunsch hin für ein paar Tage vom Bankdienst befreit, d. h. diese Kollegin war während beider Doppeleinheiten nicht anwesend. Ferner lieferte mir Frau Müller zu den Personen, die an der Krisenintervention teilnehmen wollten (mit einer einzigen Ausnahme erklärten sich alle bereit mitzumachen), ein paar wichtige persönliche Daten. Dabei wurde erahnbar, dass ein Teil der emotionalen Lähmung damit in Verbindung zu bringen war, dass sich einzelne Personen von diesem schrecklichen Ereignis persönlich angesprochen fühlten. Mehrere der Mitarbeiter hatten innerhalb der letzten Jahre eigene Erfahrungen mit dem Tod naher Angehöriger durchgemacht und anscheinend nicht ausreichend verarbeitet. Das Schicksal der Kollegin, deren Vater sich umgebracht hatte, rührte somit an eigenen unausgeheilten Wunden und machte die Betroffenen zunächst einmal sprachlos.

Der Beginn der ersten Doppeleinheit war durch unverhüllte Betroffenheit und Trauer gekennzeichnet. Während einer ersten Einstiegsrunde, in der ich jede einzelne Person darum bat, mir die momentane eigene emotionale Befindlichkeit zu schildern, begannen erste Tränen zu fließen. Die eigenen persönlichen Schicksale kristallisierten sich ansatzweise heraus und die meisten Mitarbeiter hatten seit geraumer Zeit eine schwere Bürde zu tragen, ohne selbst ausreichende Unterstützung erfahren zu haben. Neben der Trauer und auch der Betroffenheit wegen des Selbstmordes des Vaters der Kollegin kamen Ängste an die Oberfläche, die sich um folgenden Punkt zentrierten: »Wie soll ich mich verhalten, wenn die Kollegin wieder in die Filiale zurück kommt?« In dieser Frage spiegelte sich, abgesehen von der tatsächlichen Realsituation, natürlich auch die früher erlebte Ohnmacht angesichts tragischer Ereignisse im privaten Leben. Es wurde im Durcharbeiten der Befürchtungen deutlich, wie groß die Unsicherheit und zugleich auch der Druck waren, sich »richtig verhalten zu sollen«. Nebenher wurde spürbar, dass dieser Druck zu verstehen war als Teil eines gesamten Leistungsdruckes, der das Klima in dieser Bankfiliale kennzeichnete – einer Filiale, die wegen ungünstiger regionaler Lage seit Jahren vor allem von Stammkunden zehrte und daher längerfristig von der Schließung bedroht war.

Trotz dieses Drucks war das Klima in der Gruppe erstaunlich offen und daran hatte Frau Müller, eine warmherzige mütterliche Person, offensichtlich großen Anteil. Um den ersten diagnostischen Blick, der mehr auf die Einzelpersonen fokussiert war, durch einen Blick auf die Gesamtgruppe zu ergänzen, schlug ich im Folgenden eine Intervention nach dem Modell eines Soziogramms vor. Zunächst bat ich alle Personen, sich frei im Raum zu bewegen, dann in einem zweiten Schritt, sich zueinander im Raum so zu positionieren – und zwar ohne Worte – so dass schließlich alle Gruppenteilnehmer das Gefühl hatten einigermaßen »richtig zueinander« im Raum zu stehen.

Folgende räumliche Aufstellungsanordnung wurde von den Gruppenteilnehmern eingenommen: In einer Ecke stand Frau Müller, den Blick zur Tür des Raums gerichtet. Vor dieser Tür standen die beiden männlichen Mitarbeiter der Filiale, wie wenn sie diese Tür bewachen wollten. In der Mitte des Raums war das übrige Personal so angeordnet, dass sie sich alle wechselseitig im Blickfeld hatten, mit Ausnahme einer Kollegin, die mit ihrer Körpervorderseite zur Außenseite des Raums hin ausgerichtet war und den anderen sozusagen den Rücken zudrehte. Ein letzter Übungsteil bestand darin, bei geschlossenen Augen folgende Bewegungsfantasie zuzulassen: »Wenn ich jetzt einen nächsten Schritt machen würde, wohin würde ich mich dann bewegen ...«

Ich bringe dieses aus meinen körperpsychotherapeutischen Gruppenerfahrungen stammende Beispiel, weil es illustrieren soll, auf welch einfache Weise nonverbal gewonnenes Material wichtige Aufschlüsse über unbewusste Konstellationen vermitteln kann, an die man auf rein verbalem Weg oft nur schwer herankommt. In der Nachreflexion des Soziogramms und den emotionalen Betroffenheiten der Gruppenmitglieder während dieser szenischen Übung wurde sehr rasch die latente Konfliktdimension sichtbar und ansprechbar, die in der Einstiegsrunde von keiner Person und in keiner Weise thematisiert worden war: der bevorstehende Abschied der Filialleiterin, Frau Müller. Sie sollte – wie ich nun von einem der Gruppenteilnehmer erfuhr – in den nächsten Wochen die Bankfiliale verlassen. Sie hatte diesen Punkt und damit verbundene emotionale Implikationen für die gesamte Filiale jedoch in der Gruppe nicht offen thematisiert (sehr wohl aber in dem halbstündigen Vorgespräch mir gegenüber). Er war aber offensichtlich als »Knackpunkt« in der Gruppe auf unbewusster Ebene präsent und inszenierte sich sozusagen von selbst auf der Ebene der Handlung und der Körpersprache, sobald ich dafür ein geeignetes Setting vorschlug (was zur Voraussetzung hatte, den verbalen Diskurs für eine Weile auszusetzen und Handlungsspielräume zu schaffen).

Auf einen analogen Punkt hat in einem anderen Zusammenhang – der Wirtschaftsmediation – Kessen (2000, S. 100ff.) hingewiesen, indem er die zentrale Rolle kommunikativer Prozesse herausstreicht. Er weist nicht nur auf die Schwierigkeiten in Zusammenhang mit hierarchischen Strukturen hin, sondern auch auf einen zentralen Widerstand in Konfliktlösungsverfahren, der mit der Offenlegung von Interessen zu tun hat. Dieser Widerstand hat also mit dem Nicht-Offenlegen-Wollen eigener Interessen zu tun, weil bei Streitpartnern im Wirtschaftsbereich offensichtlich die paranoid gefärbte Grundannahme häufig vorhanden ist, dass der eine dem anderen etwas wegnehmen will. Nach der Vorstellung eine »begrenzten Kuchens« kann, so Kessen, »eine Partei nur in dem

Maße gewinnen, wie die andere Partei verliert. Tatsächlich bietet dagegen gerade die Auf- und Entdeckung der eigentlichen Interessen die Chance, gemeinsame Optionen ... zu entwickeln« (ebd., S. 102).

Frau Müller hatte sich im Soziogramm räumlich auf eine Weise positioniert, dass ihr Blick in Richtung der Türe gerichtet war. Ihre Bewegungsfantasie, die sie in der Runde mitteilte, bestand darin, zur Tür hinauszugehen. Die beiden Männer wiederum, die mir im Soziogramm wie Torwächter vorgekommen waren, hatten sich in der Tat halbbewusst vor die Tür gestellt, bereit diese zu versperren, wenn jemand den Raum verlassen wollte. Wie sich im Besprechen herausstellte, war damit Frau Müller gemeint. Die eine Mitarbeiterin, die sich mit ihrem Rücken von den anderen Kollegen weggedreht hatte, wurde in der Aufarbeitung mit ihrer Trauer, aber auch ihrer Wut gegenüber Frau Müller, deren Ausscheiden so bald bevorstand, konfrontiert, die sie sich anfangs nur schwer zugestehen konnte, da die beiden zehn Jahre miteinander in sehr gutem Einvernehmen verbracht hatten. Gewissermaßen trotzig kehrte sie sowohl der Chefin als auch den anderen Kolleginnen und Kollegen den Rücken zu (im allgemeinen Sozialkontakt wirkte sie hingegen immer betont freundlich). Eine wichtige Botschaft in dieser Arbeitssequenz bestand darin, dass in Abschiedssituationen zusätzlich zum Gefühl der Trauer oft auch Wut und Trotz dazugehören und als menschliche Reaktionen sehr verständlich wären.

In der Gruppe wurde dann auch darüber gesprochen, wie einzelne Mitarbeiter das Ausscheiden von Frau Müller erlebten. Dabei wurde sehr deutlich, dass die Gruppe diese unabwendbare Tatsache (Frau Müller wollte sich beruflich verändern) emotional überhaupt nicht akzeptieren konnte. Auf nonverbalem Weg und in anschließender verbaler Reflexion wurde also *das* Thema aufgebracht, das – wie sich später herausstellte – allen Personen sehr am Herzen lag. Das Reden über die unterschiedlichen Interessen ließ vor allem die Emotionen der einzelnen Personen deutlich werden. Die Gespräche hatten allesamt einen sehr lösenden Effekt, das ursprüngliche Thema des Suizids des Vaters der (nicht anwesenden) Kollegin war in der zweiten Hälfte der ersten Doppeleinheit ganz aus dem Blickfeld geraten.

Diese Themenverschiebung, die sich im Laufe der Gruppenarbeit spontan eingestellt hatte, erinnerte mich sehr an psychotherapeutische Sitzungen, in denen ich Träumen von Patienten nachgehe. Auch in psychotherapeutischen Sitzungen beginnt man in gewisser Weise oft an der Oberfläche und der unbewusste, tiefere Inhalt, wird erst langsam sichtbar, z. B. wenn man einen Traum bearbeitet. Wie bei einer Traumanalyse mit nachfolgender Deutung waren wir nach einer ersten Darstellung des »manifesten Inhalts« (das waren die persönlichen »Geschichten« der einzelnen Personen) nach dem Soziogramm ganz mit dem »latenten Thema« beschäftigt (das war der bevorstehende Trennungsprozess). Katalysator für das Auftauchen dieses latenten Themas war der nonverbale Übungsteil gewesen. Ohne diesen wäre diese Abschiedsthematik möglicherweise überhaupt nicht angesprochen worden, obwohl sie – wie sich nun herausgestellt hatte – *der* Angelpunkt und Auslöser für die depressive Stimmung der Arbeitsgruppe gewesen war.

Während in dieser ersten Doppeleinheit neben der Diagnostik lösungsorientierte Ansätze bereits angeklungen waren, konzentrierten wir uns in der zweiten Doppeleinheit ganz auf dieselben. Die Stimmung der Gesamtgruppe hatte sich inzwischen erheblich verbessert, von der Arbeitslähmung war nicht mehr viel übrig. Wie so oft im emotionalen Bereich, folgte auf eine zuvor depressivgelähmte Stimmung ein fast ausgelassene Freude. Um einen Bogen zum Ausgangsthema zu schließen, schlug ich neuerlich eine nonverbale Übung vor. Nach ein paar einleitenden körperzentrierten Übungsteilen zum Auflockern bat ich die Gruppe, die Aufstellung laut Soziogramm wieder einzunehmen und der nicht-anwesenden Kollegin, deren Vater sich suizidiert hatte, einen Platz in der Gruppe zu geben. Zwei Mitarbeiterinnen, die ihr emotional am nächsten standen, verrichteten diese Aufgabe und symbolisierten die Kollegin durch einen Stuhl. Sie stellten diesen Stuhl ziemlich genau in die Mitte des Raums und gaben ihm eine ganz bestimmte Richtung. In der nachfolgenden Analyse wurde zunächst die Rolle dieser Kollegin in der Gruppe deutlich: Sie hatte viel mit dem Teilen von Spaß und Freude zu tun. Es wurde unmittelbar klar, wie wichtig diese Kollegin im Team war und welch große Lücke ihr Fehlen bedeutete. Ein weiterer Aspekt des verbalen Durcharbeitens bestand darin, sich konkret vorzustellen, dieser Kollegin in nächster Zeit wieder zu begegnen und mögliche Verhaltensweisen gedanklich durchzuprobieren. Die konflikthaften Anteile und Ängste einzelner Gruppenteilnehmer wurden dabei deutlich und ansatzweise verstehbar. Auch über die zu erwartende neue Gruppensituation nach Ausscheiden der Chefin wurde diskutiert.

Die dritte Doppeleinheit, die als Option zur Verfügung gestanden war, musste nicht mehr in Anspruch genommen werden. In den zwei Doppeleinheiten der Krisenintervention war genügend Bewegungsfluss entstanden, so dass die Gruppe in der Lage war, der aktuellen Situation ins Auge zu blicken, ohne sich gelähmt zu fühlen. Sicher war es in der zur Verfügung stehenden kurzen Zeit oft nur möglich gewesen, einzelne Punkte anzureißen, jedoch unterscheidet sich genau an dieser Stelle ein konfliktlösender Gruppenansatz von einem psychotherapeutischen Vorgehen. Ziel dieser Gruppenmediation in der Bankfiliale war es, die entstandene emotionale Blockade zu überwinden und eine rasche Neuorientierung zu ermöglichen. In einem psychotherapeutischen Vorgehen (so wie ich arbeite) würde man weniger lösungsorientiert vorgehen, sondern »in die Tiefe arbeiten« und dadurch bestimmte individuelle und gruppenspezifische Thematiken noch deutlicher herausarbeiten.

Körperbezogene und szenische Interventionen wie die hier beispielhaft dargestellten erweisen sich bei einem solchen lösungsorientierten Vorgehen als ausgezeichnete Techniken zum Verdeutlichen unbewusster Konfliktanteile und Konstellationen. Aufgrund der unmittelbaren Verdeutlichungsmöglichkeiten, die in körperbezogenen und szenischen Interventionen implizit enthalten sind, wäre zu wünschen, dass sie mehr als bislang ins technische Repertoir von Mediatoren Eingang finden würden. Dies würde ferner bedeuten, dass sich Mediatoren in ihrer Ausbildung mehr als bislang mit körpersprachlichen Elementen, deren Diagnose und deren Handhabung, auseinandersetzen sollten. Da man als Psychotherapeut die entscheidenden Erfahrungen zunächst bei sich selbst, in der Eigentherapie, macht, wäre auch für die Ausbildung zum Mediator zu überlegen, ob sich nicht eine Eigentherapie oder zumindest Selbsterfahrung bewähren würde; nicht im Sinne langer Analysen, sondern psychotherapeutischer Verfahren im Gruppen- und/oder Einzelsetting, die einerseits dynamisch orientiert sind und andererseits Einblicke in szenische und körperbezogene Interventionsmöglichkeiten eröffnen.

Literatur

Kessen, S. (2000): Wirtschaftsmediation – neue Handlungsmöglichkeiten durch Perspektivenwechsel. In: Geißler, P., Rückert, K. (Hg.): Mediation – die neue Streitkultur. Kooperatives Konfliktmanagement in der Praxis. Gießen (Psychosozial-Verlag), S. 97–114.

Wie viel Körper braucht der Mensch?

Peter Geißler

»Wie viel Körper braucht der Mensch?« Diese Frage stellt sich der Herausgeber eines Buches (Randow 2001), das sich mit dem Bewusstsein des Körpers in unterschiedlichsten Lebensbereichen beschäftigt. Welchen Stellenwert hat unser Körper am Beginn des 3. Jahrtausends, in einer Welt, in der menschliche Kommunikation eine zunehmende Virtualisierung erfährt, in einer Welt, in der Körperteile oder ganze Körper beliebig reproduzierbar werden, in einer postmodernen Gesellschaft, die sich durch eine Paradoxie zwischen einem Körperkult auf der einen Seite und einer Entkörperlichung auf der anderen Seite auszeichnet?

Der Leser dieses Buchs mag sich nun die Frage stellen, was das Thema »Körper« mit dem Inhalt dieses Buches, mit »Mediation« eigentlich zu tun haben soll. Geht es in der Mediation nicht einfach um bestimmte Gesprächstechniken, so dass die Frage nach der eigenen Körperlichkeit für überflüssig erklärt werden kann?

In einem benachbarten Feld, der Psychotherapie, hat die vergleichende Psychotherapiewissenschaft herausgefunden, dass psychotherapeutische Wirksamkeit wesentlich von unspezifischen Wirkfaktoren abhängt. Kurz gesagt wirken sehr viele psychotherapeutische Verfahren und Methoden ähnlich gut, der gemeinsame Nenner ihrer Wirksamkeit besteht in bestimmten Faktoren, die offensichtlich mit der Gestaltung der therapeutischen Beziehung in Verbindung stehen. Nach heutigem Wissensstand vollzieht sich die Regulierung der Patient-Therapeut-Beziehung ganz überwiegend auf unbewusstem Niveau und wird wesentlich gesteuert durch körperliche Prozesse, die in einem Mikrobereich angesiedelt sind, so dass sie dem freien Auge üblicherweise entgehen. Das beidseitige nonverbale Abstimmungsverhalten und die Qualität unbewusster »Aus-Handlungs-Prozesse« entscheiden darüber, inwieweit sich die beiden Interaktionspartner verständigen und in ihrem gemeinsamen Weg voranschreiten können. Wichtig ist dabei, dass diese mutuelle Beziehungsregulierung parallel zum verbalen Austausch über inhaltliche Themen (z. B. gegenwärtige Konfliktsituationen) stattfindet.

Mit anderen Worten: Zwei Körper sprechen miteinander auf einer so subtilen Ebene, dass beide Partner im wesentlichen gar nicht mitbekommen, was sie eigentlich tun. Dass sie dabei bestimmte manifeste Themen bereden, Konflikte klären oder emotionale Situationen analysieren – all dies findet sehr wohl statt, ist jedoch im Vergleich mit den unterschwellig verhandelten Beziehungsthemen vom Aspekt der Wirksamkeit von Psychotherapie her weniger bedeutsam. Nichts spricht dagegen, dass der gleiche Sachverhalt ebenso für Mediationsprozesse gültig ist, auch wenn Psychotherapie und Mediation nicht direkt vergleichbar sind und auch wenn eine Wirksamkeitsforschung zur Mediation meines Wissens diese Vermutung bislang weder bestätigen noch widerlegen kann.

Einige Forschungsergebnisse

Ein wesentliches gemeinsames Element in der Mediation und in der Psychotherapie besteht darin, das vom Patienten/Klienten vorgebrachte Material zu verstehen und Hypothesen darüber anzubieten, wie man dieses Verstehen nutzen könnte, so dass es den Patienten/Klienten in seiner gegenwärtigen Problemsituation einen kleinen Schritt weiterbringt. In der psychoanalytischen Therapie sprechen wir bei dieser Form von Intervention von »Deutung«.

Verstehen auf einer kognitiven Ebene ist zweifellos wichtig. Aber, wie schon festgestellt, ist der kognitive und verbal vermittelte Aspekt der Deutung nur eine halbe Sache. Im »Wie« der Deutung liegt offensichtlich der Schlüssel, ob sie tatsächlich Wirkung entfalten kann oder nicht. Daher war es nur eine Frage der Zeit, bis sich Psychotherapieforscher mit der Frage beschäftigen, was denn dieses »Wie« der Deutung ausmacht. Einer der gegenwärtig prominentesten Forscher auf diesem Gebiet, Daniel Stern (2002), nennt dieses »Wie« das »Etwas-Mehr« als Deutung.

Dabei betrachten Stern und seine Forschergruppe klinisches Material aus einer entwicklungspsychologischen Perspektive. Wichtig ist ganz offensichtlich, ob die verbale Darbietung von Hypothesen oder Deutungen »im Kontakt« erfolgt – es geht mit anderen Worten um spezifische Momente, in denen »sie (die Patienten, PG) eine persönliche, authentische Verbindung ... zum Therapeuten erlebten – Augenblicke, die ihre Beziehung zu ihm und dadurch auch ihre Selbstwahrnehmung veränderten« (ebd., S. 975). Diese Kontaktmomente sind jedoch nicht im Bereich des verbal-deklarativen Wissens angesiedelt, das durch verbale Deutungen erworben wird. Vielmehr geht es, wenn wir von »Kontakt« sprechen, um implizites Beziehungswissen, und dieses entwickelt sich »durch interaktionale, intersubjektive Prozesse, die das Beziehungsfeld innerhalb des Kontextes dessen verändern, was wir als »gemeinsame implizite Beziehung« bezeichnen« (ebd., S. 977).

Wir verfügen über ein nonverbales Kommunikationssystem, dessen Ursprünge zur angeborenen Ausstattung des Menschen gehören und das, in einer ausdifferenzierten Form, lebenslang operiert. Implizites Beziehungswissen wird ab dem ersten Lebensjahr vielleicht schon vorgeburtlich in einer nicht-symbolischen Form in Repräsentationen (Vorstellungen) interpersonaler Ereignisse gespeichert. Es ist darüber hinaus ein Wissen, das nicht zwangsläufig dynamisch unbewusst sein muss. D. h. es unterliegt nicht zwangsläufig den üblichen Abwehroperationen, wie Verdrängung, Verleugnung und Abspaltung. Um dieses Wissen zu schulen, sind daher nicht zwangsläufig tiefenpsychologische Ansätze notwendig, sondern es geht vielmehr um die Schulung einer speziellen Form der *Aufmerksamkeit für körperliche Signale*, wie sie in verschiedenen körperpsychotherapeutischen Ansätzen vermittelt wird. Durch geduldiges Training erwerben wir eine Kompetenz an *Spürbewusstsein*, das im Zuge unserer kopflastigen Sozialisation ganz in den Hintergrund gedrängt wurde. Genau dieses Spürbewusstsein hilft uns, die Momente des Kontakts intuitiv auszumachen bzw. bewusst mitzugestalten, so dass verbale Interventionen nicht nur inhaltlich richtig, sondern auch affektiv stimmig sind. Diese »Stimmigkeit« von Interventionen dürfe auch in mediativen Verfahren eine entscheidende Rolle spielen.

Für psychotherapeutische Verfahren gilt: Damit sich therapeutische Wirkung entfalten kann, ist es notwendig, dass sich dieses Beziehungswissen verändert. Diese Veränderung geschieht in so genannten »Momenten der Begegnung« (Moments of meeting) und insbesondere in den »Now-moments«. In solchen sehr speziellen Momenten wird implizites Beziehungswissen zwischen Patient und Therapeut neu arrangiert (Stern et. al. 2002, S. 979). Ausgangspunkt dieser Konzeption ist die Idee der Notwendigkeit wechselseitiger Zustandsregulierung als zentrale gemeinsame Aktivität (ebd., S. 981), die sich genauso zwischen Baby und den elterlichen Bezugspersonen wie zwischen Patient und Therapeut unentwegt vollzieht. Die dyadische Zustandsregulierung beruht »auf einem Mikroaustausch von Informationen, der durch Affektäußerungen erfolgt, die von ... (beiden Partnern) wahrgenommen werden und die beide Partner zu Reaktionen veranlassen« (Stern et. al. 2002, S. 981). Nicht nur basale physiologische Aktivitäten, wie der Zustand der Aktivierung und das Verhältnis von Nähe und Distanz, sondern die gesamte Palette kategorialer Affektzustände und motivationaler Zustände unterliegt dieser wechselseitigen Regulierung und »umfaßt Verstärkung, Dämpfung, Elaboration, Wiederherstellung, das Stützen sowie die Rückkehr in ein zuvor eingestelltes Gleichgewicht« (ebd.)... »Wechselseitige Regulierung impliziert keine Symmetrie zwischen den Interagierenden, sondern setzt lediglich eine bi-direktionale Beeinflussung voraus. Jeder der Akteure bringt seine Geschichte in die

Interaktion ein und beeinflußt damit die Anpassungsmanöver, die beiden Beteiligten möglich sind. Die aktuellen, aus Entwicklungsstudien hervorgegangenen Konzepte legen nahe, daß der Säugling nicht das Objekt selbst oder Partialobjekte internalisiert, sondern vielmehr den Prozeß der wechselseitigen Regulation ... Die fortlaufende Regulierung beinhaltet die Wiederholung sequenzierter Erfahrungen, die Erwartungen wecken und auf diese Weise zur Grundlage des *impliziten Beziehungswissens* (Hervorh. D. S.) werden« (ebd., S. 981f.).

So können in jeder therapeutischen Sitzung zwei Themen parallel abgehandelt werden: ein verbal-explizites und ein implizites Beziehungsthema. Dabei kann das verbal-explizite Thema durchaus kontroversiell abgehandelt werden: »Die Beteiligten müssen nicht unbedingt einer Meinung sein. Sie müssen lediglich den Interaktionsfluß so steuern, daß er sie an ein Verständnis dessen heranführt, was zwischen ihnen geschieht, was sie beide in dem spezifischen Kontext jeweils wahrnehmen, glauben und sagen, und was sie aneinander wechselseitig an Wahrnehmungen, Gefühlen und Überzeugungen zuschreiben. Sie versuchen, gemeinsam eine Definition der intersubjektiven Umwelt zu erarbeiten, und gehen dabei voran. Die Vorgänge im bewußten Vordergrund, die die Bewegung weiterbringen, sind freie Assoziationen, Abklärungen, Fragen, Schweigepausen, Deutungen usw. Anders als die weitgehend nonverbalen Verhaltensweisen, die den Hintergrund ... (der Interaktion) bilden, steht der verbale Inhalt im Bewußtsein beider Partner gewöhnlich im Vordergrund. Im Hintergrund aber zielt die Bewegung auf intersubjektive Gemeinsamkeit und gemeinsames Verstehen. *Der verbale Inhalt sollte uns für den parallelen Prozeß des Zugehens auf ein implizites intersubjektives Ziel nicht blind machen*« (ebd., S. 987, Hervorh. PG).

Nun ist es in mediativen Prozessen sicher nicht wichtig, die Beziehung zwischen den Konfliktpartnern bzw. zwischen diesen und dem Mediator an sich zum Thema zu machen. Dennoch würde ich vermuten, dass auch längerfristige Mediationsprozesse genau von diesen beschriebenen Verschiebungen im intersubjektiven Bereich leben, auch wenn parallel dazu inhaltliche Themen auf verbalem Wege bearbeitet werden. Wahrscheinlich kann man noch eine weitere Parallele ausmachen: Konstituierend für »Momente des Kontakts«, »Momente der Begegnung« im therapeutischen Feld sind authentische Reaktionen seitens des Therapeuten. Gefordert ist offensichtlich affektive Unmittelbarkeit im Hier und Jetzt, also spontane Reaktionen auf Seiten des Therapeuten (ebd., S. 1001). Allem Anschein nach zeichnen sich erfolgreiche therapeutische Prozesse dadurch aus, dass es von Zeit zu Zeit zu solchen »Momenten der Begegnung« kommt und sich dadurch das gemeinsame implizite Beziehungswissen zwischen Patient und Therapeut schrittweise verändert; andernfalls scheinen therapeutische Prozesse zu stagnieren. Es wäre eine verdienstvolle Aufgabe, diese Vermutung ebenso im Hinblick auf Mediationsprozesse zu untersuchen.

Körperliche Wirkung

Um Wirkung auszuüben, bedarf es einer Ausstrahlung. Ob Mediator oder Psychotherapeut, ob Politiker, Lehrer, Arzt, Seelsorger: Unsere Fähigkeit, auf andere Menschen sinnvoll einwirken zu können, hängt von unserer »Wirk-Macht« ab, die eine Dimension dessen ist, was wir in der Psychologie »Narzissmus« nennen. Dieser Begriff ist, obwohl vielfach so verstanden, keineswegs a priori pathologisierend gemeint: »Macht ist an sich weder gut noch böse, sondern unvermeidbar ... Die gleiche Unvermeidbarkeit gilt auch für den Narzissmus. Er gehört zur anthropologischen Grundausstattung des Menschen und insofern weder gut noch böse. Sowenig wie soziales Leben möglich ist, ohne dass Prozesse der Machtausübung stattfinden, sowenig kann das Individuum existieren, ohne dass es ein Mindestmaß an Selbstliebe ... aufbringt« (Wirth 2002, S. 26).

Wichtig ist mir zu betonen, dass ich eine gesunde Form der Machtausübung meine, wenn ich von einer notwendigen Fähigkeit des Mediators spreche. Nicht selten nämlich dienen überhöhter

Narzissmus und eine verstärkte Tendenz zur Machtausübung der Kompensation des Gegenteils – von Minderwertigkeitsgefühlen. Dies gilt sogar für sehr viele Menschen mit einer narzisstischen Grundstruktur. Narzissten suchen »gesellschaftliche Macht ..., um innere Gefühle der Ohnmacht, Hilflosigkeit und Minderwertigkeit zu kompensieren ... Macht übt deshalb gerade auf solche Personen unwiderstehliche Anziehungskraft aus, die an einer narzisstischen Persönlichkeitsstörung leiden. Ungezügelte Selbstbezogenheit, Sieger-Mentalität, Karriere-Besessenheit und Größenphantasien sind Eigenschaften, die der narzisstisch gestörten Persönlichkeit den Weg in die Schaltzentralen der Macht ebnen ...« (ebd., S. 9).

Ebenso wichtig: Narzissmus und Macht zeigen sich auch in der körperlichen Ausstrahlung. Strahlende Augen, eine starke Entwicklung der oberen Körperhälfte im Vergleich zur unteren, eine Überentwicklung der Schulter- in Relation zur Beckenmuskulatur: dies sind nur einige körperliche Zeichen, wie sie in einschlägigen körperpsychotherapeutischen Büchern im Detail nachzulesen sind. Die körperliche Wirkung wird bei manchen sehr machtvollen Menschen auch durch eine besondere Leibesfülle untermauert, wie Wirth am Beispiel des Ex-Bundeskanzlers Helmut Kohl aufzeigt: »Mit dem Volumen seines Leibes vermehrte sich auch sein Siegergefühl« (ebd., S. 194), sein Leib war ein wahrer »Machtring«.

Körperliche Wirkung über die Körpersprache wird besonders brisant, wenn Menschen in der Öffentlichkeit stehen. Diese Öffentlichkeit ist im Falle öffentlicher Streitfälle mehr oder weniger deutlicher gegeben, und je mehr sich Mediation als Verfahren in öffentlichen Streitfällen vor einer Öffentlichkeit (wie den Medien) präsentiert, umso bedeutsamer wird auch die Dimension des Körpersprachlichen. Um dies zu dokumentieren, möchte ich einige Ausschnitte aus dem »TV-Duell« zwischen Gerhard Schröder und Edmund Stoiber wiedergeben. Dieses »TV-Duell« wurde von Ulrich Sollmann, von dem ein eigener Beitrag in diesem Buchband abgedruckt ist für den »Spiegel« kommentiert (Spiegel 2002). Zur

Verdeutlichung, auf welche Weise der Körper wirken kann, möchte ich einige Ausschnitte aus diesem Interview zitieren (Originalzitate):

Zunächst bemerkt Sollmann, dass beide Kandidaten ziemlich unter Stress zu sein schienen.

Sollmann: ... unter Stress greift man unbewusst auf Reaktions- und Verhaltensmuster zurück, die lebensgeschichtlich erworben wurden.
SPIEGEL ONLINE: Was haben Sie den Kandidaten abgelesen? Fangen wir mit dem Kanzler an.
Sollmann: In den ersten Sekunden wirkte Schröder ernst, finster, gebremst. Gar nicht souverän lächelnd, jovial wie ein Macher.
SPIEGEL ONLINE: Und Stoiber?
Sollmann: Er lächelte zunächst, aber relativ schnell merkte man, dass das antrainiert war und bald wieder ausgeknipst wurde.
SPIEGEL ONLINE: Also zeigten beide hohe Stresssymptome?
Sollmann: Auf jeden Fall. Schröder schien anfangs von seiner Energie verlassen worden zu sein, Stoiber hingegen wirkte als einer, der nach einer inneren Vorgabe handeln und erscheinen wollte.

In der Folge kommt Sollmann auf die besondere Rolle des Blickkontakts im körpersprachlichen Dialog zu sprechen:

Sollmann: ... Stoiber war nicht in der Lage, sich auf Schröder einzulassen, mit ihm in Blickkontakt zu treten. Er hatte diese gebremst aggressive Kopfbewegung: er wirft den Kopf leicht nach rechts hinten, als wollte er ausholen und seinen Satz loszulassen. Schröder hingegen nahm nach rund 25 Minuten den ersten Augenkontakt zu Stoiber auf, wurde daraufhin freier und gelöster. Das war ein Zeichen von Souveränität und Lockerheit, von Führungskompetenz. Dazu gehört auch, sich im geeigneten Augenblick zurücknehmen zu können.
SPIEGEL ONLINE: Also hatte sich Schröder besser im Griff?
Sollmann: Als der Kanzler voreilig auf Stoiber antworten und von

einem der beiden Moderatoren unterbrochen wurde, hat er sich sofort gebremst. Das war kein Zeichen von Schwäche, sondern von Stärke. Moderne Führungskompetenz zeigt sich auch darin, dass man flexibel auf Situationen reagiert. Stoiber hat in manchen Situationen die völlig falschen Signale gesendet, wenn er über ernste Dinge sprach, lächelte er, das wirkt auf viele Menschen unangemessen.

SPIEGEL ONLINE: Immer wieder haben beide den Blickkontakt ja gesucht.

Sollmann: Richtig, nur gab es zwischen beiden einen elementaren Unterschied. Schröder verstand es, den Blickkontakt auch zu halten, während Stoiber nur für eine Sekunde hinüber sah und ansonsten seine Vorwürfe gegen Schröder über den Umweg der Moderatoren zu transportieren versuchte – eine absurde Situation.

SPIEGEL ONLINE: Was sagt Ihnen das?

Sollmann: Dass Stoiber unter Stress gar nicht Kontakt mit seinem Gegenüber aufnehmen kann. Er hat dann nach einiger Zeit sich auch auf das Moralisieren verlegt, von Wahr und Unwahr gesprochen und sich selbst zum Schiedsrichter erhoben. Das ist kein Zeichen von Führungsstärke. Schröder dagegen hat davon gesprochen, was »falsch« gelaufen ist, auch in seiner eigenen Politik, und sich zugleich auf eine sachliche Ebene zurückgezogen; rhetorisch fand ich das brillant. Dagegen hat Stoiber immer stärker gedroht, den Wahltag zum Stichtag erhoben. Doch damit hat er sich aus der Diskursebene, die an diesem Abend ja hergestellt werden sollte, herausgehoben.

An späterer Stelle, zu gestischen Aspekten der Körpersprache, stellt er fest:

Sollmann: Ich glaube, die Zuschauer haben die subtile Form der Arroganz von Stoiber wahrgenommen, seine Distanziertheit. Seine Körpersprache war im Gegensatz zu der von Schröder doch sehr gehemmt, eingeschränkt. Während Schröder mal die Hand offen hielt, vom Pult wegnahm, hat Stoiber sich am Pult festgehalten und wenn er die Hand mal hochhielt, nahm er sie höchstens zehn Zentimeter hoch, spreizte sie und führte sie sofort zum Pult zurück. Das war wie ein Impuls: Es kochte in ihm hoch und sogleich funktionierte seine innere Kontrolle.

Ergebnisse einer Umfrage

Die Ergebnisse einer Umfrage zum Thema »Body-check–Wie viel Körper braucht der Mensch?« (Piel 2001) zeichnen ein interessantes Bild davon, welche Ängste und Hoffnungen mit dem Thema »Körper« verbunden werden. Befragt wurden über 1100 Personen zu den Themen »Körperbewusstsein«, »Reproduktionsmedizin«, »Transplantationen« und »Gentechnik«.

Die Auswertung dieser Studie brachte z. B. folgende Befunde ans Tageslicht: Die meisten Menschen behaupten, wenn man sie befragt, dass ihnen eine Orientierung an einem Schönheitsideal ziemlich unwichtig ist. Auf bewusster Ebene wird also eine Ausrichtung an körperlichen Idealvorstellungen bestritten. Gleichzeitig wissen diese Menschen aber, wie sich im Detail herausstellt, sehr genau Bescheid, wie Schönheitsideale für Männer und Frauen aussehen: bei Männern vor allem »muskulös und durchtrainiert«, bei Frauen »schlank«. Diese Doppelperspektive war für den Bereich des körperlichen Aussehens besonders stark ausgeprägt. Mehrheitlich wurde in dieser Befragung auch kritisiert, dass heute ein regelrechter Körperkult betrieben wird. Nur eine kleinere Gruppe der Befragten, vor allem Personen unter 30 Jahren, war in der Lage sich mit diesem Körperkult positiv und ausdrücklich zu identifizieren. Man müsse am eigenen Körper arbeiten, um fit zu bleiben, beruflichen Erfolg zu haben, und um im Wettbewerb der Geschlechter konkurrenzfähig zu sein. Junge Leute haben auch am meisten Verständnis für Menschen, die sich einer Schönheitsoperation unterziehen möchten.

Alles in allem vermochte diese interessante Studie, deren Ergebnisse hier nur ganz kurz angedeutet werden konnten, eine Reihe von Widersprüchlichkeiten aufzudecken, denen wir mit und im Umgang mit unserem Körper ständig ausgesetzt sind. »Einen Körper zu haben« und zugleich auch »Körper zu sein« ist alles andere als selbstverständlich, eine gesunde Form körperlicher Bewusstheit ist in der Regel ein guter Indikator eines natürlichen »Selbst-Bewusstseins« und steht eindeutig in Zusammenhang mit seelischer Reife. Ein gutes Zusammenspiel von körperlichem Spüren und intellektuellem Verstehen scheint somit auch den guten und erfolgreichen Mediator auszumachen.

Literatur

Piel, E. (2001): Body-Check – Wie viel Körper braucht der Mensch? Eine Allensbach-Umfrage für den Deutschen Studienpreis. In: Randow, G. v. (2001) (Hg.): Wie viel Körper braucht der Mensch? Standpunkte zur Debatte. Hamburg (Edition Körber Stiftung), S. 167–183.

Randow, G. v. (2001) (Hg.): Wie viel Körper braucht der Mensch? Standpunkte zur Debatte. Hamburg (Edition Körber Stiftung).

Spiegel (2002): »Bulldogge und Königspudel.« Körpersprache beim TV-Duell. Spiegel online, 26. August 2002.

Stern, D. N., Sander, L. W., Nahum, J. P., Harrison, A. M., Lyons-Ruth, K., Morgan, A. C., Bruschweiler-Stern, N., Tronick, E. Z. (2002): Nicht-deutende Mechanismen in der psychoanalytischen Therapie. Das »Etwas-Mehr« als Deutung. In: Psyche 56, S. 974–1006.

Wirth, H-J. (2002): Narzissmus und Macht. Zur Psychoanalyse seelischer Störungen in der Politik. Gießen (Psychosozial-Verlag).

Epilog

Peter Geißler

Das österreichische Parlament hat im Jahre 2003 ein Zivilrechts-Mediations-Gesetz beschlossen.[1] Nachdem zunächst nur im Ehe- und Kindschaftsrecht erste Ansätze einer Mediation gesetzlich verankert wurden, soll die Mediation nun allgemein Eingang ins Zivilrecht finden. Das Zivilrechts-Mediations-Gesetz (Bundesgesetz über Mediation in Zivilrechtssachen – ZivMediatG) schafft die gesetzlichen Grundlagen für die außergerichtliche Konfliktregelung und zielt dabei vor allem auf Qualitätssicherung ab. Geregelt werden in diesem Gesetz:
- Die Voraussetzungen und das Verfahren für die Eintragung von Mediatoren in eine vom Justizministerium zu führende Mediatorenliste
- Die Rechte und Pflichten der eingetragenen Mediatoren einschließlich einer Haftpflichtversicherung
- Die Hemmung von Fristen durch die Mediation in Zivilrechtssachen,
- Die Anerkennung von Ausbildungseinrichtungen und Lehrgängen für Mediatoren sowie
  Die Einrichtung eines Beirats für Mediation beim Justizministerium

Das Zivilrechts-Mediations-Gesetz definiert »Mediation« als »eine auf Freiwilligkeit der Parteien beruhende Tätigkeit, bei der ein fachlich ausgebildeter, neutraler Vermittler (Mediator) mit anerkannten Methoden die Kommunikation zwischen den Parteien systematisch mit dem Ziel fördert, eine von den Parteien selbst verantwortete Lösung ihres Konfliktes zu ermöglichen«. Mediation in Zivilrechtssachen ist Mediation zur Lösung von Konflikten, für deren Entscheidung an sich die Zivilgerichte zuständig sind. Von wesentlicher Bedeutung ist, dass gemäß §22 ZivMediatG die Durchführung einer Mediation durch einen eingetragenen Mediator Anfang und Fortlauf der Verjährung sowie sonstiger Fristen zur Geltendmachung der von der Mediation betroffenen Rechte und Ansprüche hemmen. Die Parteien können schriftlich vereinbaren, dass die Hemmung auch andere zwischen ihnen bestehende Ansprüche, die von der Mediation nicht betroffen sind, umfasst. Im Familienrecht umfasst die Hemmung auch ohne schriftliche Vereinbarung sämtliche wechselseitigen Rechte und Ansprüche familienrechtlicher Art, sofern die Parteien nichts anderes schriftlich vereinbaren.

Mit der Einführung des Zivilrechts-Mediations-Gesetzes ging auch eine Änderung des Ehegesetzes, der Zivilprozessordnung, der Strafprozessordnung und anderer Gesetze einher. Das Zivilrechts-Mediations-Gesetz tritt mit 1. Mai 2004 in Kraft.

Diese Initiative bleibt aber nicht unwidersprochen. Aus Rechtsanwaltskreisen kommt die Kritik, dass durch dieses Gesetz ein rigides und vor allem extrem bürokratisches Berufsrecht für Mediatoren geschaffen wurde, mit einer unverkennbaren Tendenz zu staatlicher Kontrolle und staatlicher Zulassung der Mediatoren, was verfassungsrechtlich bedenklich sei. Auch sei eine solche Maßnahme deswegen nicht gerechtfertigt, weil es sich bei der Mediation *nicht* um ein eigenes Berufsbild handle. Mediation sei vielmehr eine Kunst, die besonders befähigte Personen aus unterschiedlichen Quellenberufen ausüben.

Gerade diese Frage, ob es sich bei Mediation tatsächlich um ein eigenes Berufsbild handelt bzw. künftig handeln soll, wird wahrscheinlich noch die eine oder andere heiße Debatte auslösen.

Vielleicht können die Auswirkungen des seit nunmehr über zehn Jahren bestehenden österreichischen Psychotherapie-Gesetzes helfen, die »Pros« und »Contras« in dieser Debatte zu erhellen. Mediatoren bzw. deren Vertreter könnten diesbezüglich von Psychotherapeuten lernen, wenn sie sich über die Auswirkungen des Gesetzes Klarheit verschaffen. Denn in der Tat hat das österreichische Psychotherapie einerseits viel Positives bewirkt – z. B. hat es wesentlich dazu beigetragen, dass der allgemeine Status von Psychotherapie und auch Psychologie eine starke öffentliche Aufwertung erfuhr. In den Medien wird zunehmend mehr von den Möglichkeiten und Notwendigkeiten der Psychotherapie berichtet, und auch die grundsätzliche (zumindest teilweise) Vergütung von Psychotherapiekosten durch die Kassen ist ein Schritt in die richtige Richtung, als dadurch psychische Leiden eine Gleichstellung mit somatischen Leiden erfahren haben. Psychische Krankheit gerät dadurch schrittweise mehr heraus aus dem Bereich der Stigmatisierung.

Die Schattenseiten des Gesetzes sind auch evident. Überwiegend machtpolitische Interessen haben dazu geführt, dass es Therapierichtungen gibt, die staatlich anerkannt wurden (in Österreich sind es deren viele), und andere, die diese Anerkennung nicht erlangen konnten. Inhaltliche Gründe spielen auch eine Rolle (z. B. zu mangelhafte theoretische Fundierung und wissenschaftliche Evaluation einer Methode), doch überwiegt insgesamt der Eindruck eines Interessens- und Machtkampfes, bei dem es letztlich – wie sollte es auch anders sein – ums Geld geht. Z. B. hat als einzige körperpsychotherapeutische Methode die »Konzentrative Bewegungstherapie« den Sprung in den erlauchten Kreis der anerkannten Methoden geschafft; andere sind daran gescheitert ...

Vielleicht längerfristig noch bedenklicher ist, dass es in den Psychotherapie-Ausbildungen seit der Einführung des Gesetzes überwiegend um »Scheine-Sammeln« geht, und dadurch ein Stück Enthusiasmus, Kreativität und auch Individualität schleichend verloren gegangen ist. Das ist sehr schade, denn damit wird ein bestimmter »Geist« gefährdet, der die Entwicklung der Psychotherapielandschaft wesentlich gefördert hat.

Ich wünsche schon tätigen und künftigen Mediatorinnen und Mediatoren, dass sie sich dieser Erfahrungen aus dem Psychotherapie-Berufsbereich positiv bedienen können, und wünsche ihnen

Epilog

alles Gute im Hinblick auf eine gute Entwicklung der Mediationslandschaft und eine offene, fruchtbare und vor allem konstruktive Auseinandersetzung über die vielen anstehenden Fragen.

Anmerkung

1 Quelle: Information auf der Homepage der Rechtsanwaltskanzlei Urbanek – Urbanek St. Pölten (A)

Anhang

Das Leben des Sohnes in väterlicher Hand

Erzähldynamik und Konfliktdynamik

Brigitte Boothe

Zusammenfassung

Die biblische Erzählung von der göttlichen Versuchung des Abraham seinen Sohn Isaak als Opfer darzubringen (AT, Gen. 22, 1–19, in der Lutherübersetzung) ist konflikttheoretisch und psychodynamisch von großem Interesse. Sie evoziert eine elementare Konfliktkonstellation in der Triade Vater-Sohn-Gesetz, die Paternalität und Infantizid dilemmatisch verknüpft: Schützt Abraham als liebender Vater das Leben seines Sohnes, dann missachtet er Gottes Befehl. Tötet Abraham den Sohn, dann ist er ein schrecklicher Vater, was immer geschieht. Die Auslieferung des Sohnes und der Söhne an Untergang und Tod durch das Bündnis zwischen Vater und Gesetz ist ein altes und immer junges Thema in Kultur und Gesellschaft, Familie und Psyche. Es präsentiert sich in Staat und Gesellschaft in der Institution des Kriegsdienstes, der Sohnesopfer für das Vaterland institutionalisiert. Elterlicher Machtmissbrauch und die Bereitschaft, das Wohl des Kindes aufs Spiel zu setzen, ist ein Thema von anhaltender Medienpräsenz und politischer Bedeutung. Von besonderem psychoanalytischen Interesse ist im Folgenden das unbewusst Psychische in der Vater-Sohn-Konstellation. Wie es sich damit verhält, soll deutlich werden anhand der Erzählanalyse der Versuchungsgeschichte.

Brigitte Boothe

Schuldige Söhne, heilige Väter – schuldige Väter, heilige Söhne

Der kleine Sohn will den Vater beseitigen, um an seine Stelle zu treten. Das ist die infantile, aggressive Ödipusphantasie des Jungen, die gemäß psychoanalytischer Proklamation im Unbewussten des erwachsenen Mannes weiterlebt. Der psychopathologischen und der kulturbildenden Kraft dieser Ödipusdynamik hat Freud große Aufmerksamkeit geschenkt. Weit weniger Bedeutung hat in seinem Werk die aggressive Beseitigungsphantasie des Vaters, der dem Kind die Verselbständigung und das Privileg der zärtlichen Verbundenheit mit der Mutter streitig macht (Boothe & Heigl-Evers 1996, Mertens 2000, S. 515ff.). Dabei hat diese väterliche Attacke den Begründer der Psychoanalyse durchaus beschäftigt, sehr persönlich sogar, höchst kreativ und lebendig beispielsweise in den eigenen Träumen. So erwähnt er bekanntlich in der »Traumdeutung« (1900) jene in der Geschichte der Freud-Biographien prominent gewordene Kindheitserinnerung, in der er als Junge von sieben oder acht Jahren im elterlichen Schlafzimmer zum Wasserlassen den Nachttopf benutzte und dafür eine Strafrede des Vaters empfing. Dabei sagte der Vater: »Aus dem Jungen wird nichts werden.« Und Freud kommentiert als Erwachsener zu jenem Diktum: »Es muss eine furchtbare Kränkung für meinen Ehrgeiz gewesen sein, denn Anspielungen an diese Szene kehren immer in meinen Träumen wieder und sind regelmäßig mit der Aufzählung meiner Leistungen und Erfolge verknüpft, als wollte ich sagen: Siehst du, ich bin doch etwas geworden« (Freud 1900, S. 231; dazu auch Erikson 1955, S. 591). Da ist ein väterliches Urteil, das die Zukunft des Jungen verdunkelt. Es hat sich eingeprägt und muss nachträglich im Ringen um Behauptung und Profilierung verarbeitet werden, auch wenn es keineswegs tragisch war, nur so dahin gesprochen, und wohl nur dem momentanen väterlichen Ärger entsprang. Die Szene war eben für das Kind und den Mann, wie er formuliert, von Bedeutung. Freud liebte und schätzte seinen Vater. Die Literatur und

Biographik des zwanzigsten Jahrhunderts kennt zahlreiche düstere Väter, die sich als finstere Propheten hervortun oder ihre Söhne der Vernichtung preisgeben. Da gibt es eine andere berühmte Schlafzimmer-Szene; sie entstammt Franz Kafkas Erzählung »Das Urteil«, da heißt es: »Ein unschuldiges Kind warst du ja eigentlich, aber noch eigentlicher warst du ein teuflischer Mensch! – Und darum wisse: Ich verurteile dich jetzt zum Tode des Ertrinkens!« (Kafka 1935, S. 62). Die väterliche Einschüchterung, Bedrohung und Rivalitätsaggression findet bei Freud sonst eher marginale Beachtung; sie ist hauptsächlich in seiner spekulativen Erzählung vom Darwinschen Vatertyrannen der Urhorde aus »Totem und Tabu« (Freud 1912) thematisiert, hier erscheint der Vater – oder vielmehr das Vater-Männchen in den Anfängen der Kulturbildung – als Hordenchef, der den Söhnen Sexualität und Terrain streitig macht, bis diese ihn endlich überwältigen und töten. In der Not der selbstverschuldeten Vaterlosigkeit braucht es zur Vermeidung des Krieges aller gegen alle die Aufrichtung einer Ordnungsinstanz und das ist die Sakralisierung des ermordeten Vaters als Totem. Freud verknüpft in der spekulativen Erzählung den tödlichen Dominanzanspruch der archaischen Vaterfigur mit der tödlichen Rivalität der Söhne. Auf dieser Basis konstruiert er im Anschluss an die Vatermord-Erzählung ein Ur-Über-Ich, das soziale Kontrolle und Befriedung ermöglicht. »Totem und Tabu« findet als Geschichts- und Kulturbildungsspekulation bis heute keine wissenschaftliche Stütze (Kraft 2000, S. 719f.). Das Drehbuch des fiktionalen Narrativs aber ist erwähnenswert. Der Vater trachtet den Söhnen nach dem Leben, wie viele Vatergestalten aus Weltliteratur und Mythologie das tun, beispielsweise Urvater Kronos im griechisch antiken Schöpfungsmythos oder Laios, Vater des Ödipus. Der väterliche Herrschaftsanspruch ist in der Darwin-Freud-Spekulation total und unbefristet, er lässt sich nur durch Tyrannenmord aufheben. Die Befreiung gegen außen wird dann aber zur Herrschaft nach innen. Die Ermordung des Herrschenden verwandelt den Mörder: Er schafft in bedrängender Schuld- und Vernichtungsangst ein entrücktes und verfremdetes Vater-Bild, das er von nun an verehrt und fürchtet. Der Gang der Erzählung vom Ur-Vater steuert weg vom Vater-Protagonisten auf die Kulturleistung der Sohnesfiguren zu, die das Erbe des Vatermords unter der Last der Tötungsschuld zum Vater-Heiligtum werden lassen. Freud gelingt es, den Herrschaftsanspruch des Vaters und die Aggression der Söhne in der narrativen Dynamik zusammenzubringen: Diese töten, weil der Vater sie töten wollte; der Vater tötet, weil die Söhne ihn bedrohen. So will auch Laios den bedrohlichen Ödipus töten, und Ödipus tötet Laios, weil dieser ihm nach dem Leben trachtete. Die Spirale des Schreckens kann endlos eskalieren, wenn die destruktive Dyade nicht in eine Triade transzendiert, die Innovation ermöglicht und das Destruktive in Spannung zum Gedeihen bringt. In Freuds spekulativem Ur-Schlachtengemälde entsteht eine triadische Dynamik durch die Sakralisierung des Opfers: Väter und Söhne, schuldig beide, können im Zeichen des Kultes und den damit einhergehenden Verinnerlichungsprozessen zusammenleben. Das bedeutet Selbstbeschränkung von Autonomie-, Verfügungs- und Kontrollansprüchen zum einen, Bereitschaft zur Passivierung zum andern: Das Geheiligte greift ins Leben ein, begrenzt die Entscheidungsmacht, lässt ein Nicht-Bestimmbares zu, es können »Versuche hin zu einer richtigen Ordnung« (Smid 1998, S. 199; in Anspielung an Thomas Hobbes) entstehen, die in der Perspektive der Sakralisierung erscheinen. Ein Göttliches kann aber auch die Tötung befehlen, die Tötung des Sohnes sogar. Wie geht das zu?

Das geliebte Opfer

Der Vater legt Hand an den Sohn. Das Geheiligte greift ins Leben ein. Wir sind weit entfernt von der spekulierten Urhorde, tief drin nunmehr in der Zivilisation und der biblischen Überlieferung. In der Erzählung von »Abrahams Versuchung. Bestätigung der Verheißung« (Gen. 22, 1–19; deutsche Luther-Übersetzung; der Text findet sich segmentiert (S) im Anhang) steht, wie bereits der Titel betont, der Vater als derjenige im Mittelpunkt, der seinen Sohn zu töten bereit ist. Er soll den Sohn auf göttliches Geheiß als Opfer darbringen. Die Figur dieses Sohnes Isaak wird in der biblischen Erzählung kaum ausgestaltet und lädt daher nur begrenzt zur Identifikation ein. Sie wird lediglich kenntlich als geliebter Sohn (S7), und damit steht die Sohnestötung im Widerspruch zum Interesse des Vaters an der Erhaltung seines Kindes. Außerdem wird auf Isaaks Uninformiertheit hingewiesen, denn er fragt seinen Vater nach dem fehlenden Opfertier und erhält zur Antwort, dafür werde Gott rechtzeitig sorgen (S19–28). Abraham ist kein Vatertyrann, aber ein möglicher Verräter seines Sohnes. Entwarf Freud in der Urhorden-Urvater-Ursöhne-Phantasie das Drama von der unlöslichen Bindung des schuldigen Sohnes an einen geheiligten Vater, so gestaltet die Geschichte von Abrahams Versuchung das Drama – oder das Fest – der unlöslichen Bindung des schuldigen Vaters an den geheiligten Sohn. Der Vater bedroht das Leben des Sohnes. Er ist bereit, ihn auf höheren Befehl – oder um höherer Werte willen – zu opfern. Das ist eine Beziehungsdynamik, die seit antiker Überlieferung in Mythos und Märchen, Tragödie, Roman und Biographie gestaltet wird (Frenzel 1980). Sie findet seit über hundert Jahren Aufmerksamkeit in der psychotherapeutischen Literatur und seit wenigen Jahrzehnten anhaltend in den öffentlichen Massenmedien.

Der Vater als Beschützer – der Vater als Feind

Der Vater als Beschützer – der Vater als Feind: dieses Doppelbild macht die Vitalität der Vater-Sohn-Beziehung und ihre Dynamik im Progressiven wie im Malignen aus; so beschreibt es in literarischer Perspektive Frenzel (1980) – die der Psychoanalyse abweisend gegenübersteht – in der Einleitung zum Stichwort »Vater-Sohn-Konflikt« im Handbuch »Motive der Weltliteratur«. Die befremdende Faszination der Erzählung vom göttlichen Tötungsbefehl am eigenen Nachfolger verdankt sich der Ambivalenz von Bindung und

Abstoßung, Zärtlichkeit und Aggression, Schutz und Preisgabe, Altruismus und Missgunst, die zwischen Vätern und Söhnen sich leidenschaftlich zur Geltung bringt. Das Doppelbild ist auch für den Prozess der Verinnerlichung eines strafenden und eines anerkennenden Über-Ichs bedeutsam. Die narrative Erzählorganisation modelliert eine Logik des Konflikts, die den einzelnen zutiefst angeht. Das kommt im Folgenden zur Sprache.

Ein Paradigma narrativer Theologie

Von der Erzählung über Abrahams Versuchung heißt es: »Als faktisches historisches Ereignis ist sie nicht ›wahr‹, aber sie ist ›wahr‹ in einem anderen, tieferen Sinne. Es handelt sich um ein Paradigma narrativer Theologie, das besagen will: Was hier an einem Einzelschicksal illustriert wird, kann überall und jederzeit wahr sein. Somit hatte Luther weniger Recht mit der Aussage, nach der Abraham als der größte aller Patriarchen ganz außergewöhnliche Anfechtungen erleiden musste, als mit der Erklärung, dass jeder echte Christ gleich Abraham versucht wird und Leid ertragen muss« (Veijola 1988, S. 157). Hat Luther einmal mehr, einmal weniger Recht? Das eine schließt das andere ja wohl nicht aus. Es geht um Leid, das einem Individuum aus extremer Anfechtung erwächst, und zwar dem »echten Christen«, also einer Person, die ihr Dasein als sinnerfüllt durch Transzendenzbezug erfährt. Die »Anfechtung« will sie darin irre machen. Die Wortwahl »Anfechtung«, »Versuchung« beinhaltet bereits, dass die Kapitulation vor ihr ein Irrtum ist und ein Vertrauensverlust aus Schwäche. Diese Vertrauensprobe durch Versuchung ist natürlich nicht interessant, wenn die Anfechtung einem X-Beliebigen gilt, gar dem Fritz und dem Franz, die ohnehin nur durchs Leben taumeln, frei von Verantwortung, fern von den Fesseln des guten Rufs, jeder Versuchung ständig erliegend, Sinnfragen nur im Katzenjammer stellend. Mit den »echten Christen« sind solche gemeint, die etwas zu verlieren haben und die Stärke repräsentieren, beispielsweise – wie in der Erzählung – eine Autorität, ein Familienoberhaupt, eine Respektsperson in verantwortlicher Stellung. Die Stunde der Versuchung ist dann die Stunde der Wahrheit.

Der Vater, das Gesetz, der Sohn: Zwei gegen einen?

Isaak ist in der biblischen Erzählung als Figur nicht ausgestaltet. Wir wissen nur, er ist uneingeweiht, und wir erfahren nicht, was er, gebunden auf dem Opferaltar, vom väterlichen Griff zum Messer hält (S 34). Autoren, die das Narrativ zum Schauspiel umformten, mussten sich natürlich dazu etwas einfallen lassen. Sie konnten den Jungen ja nicht als leblose Holzpuppe herumstehen lassen. Blicken wir also auf Abraham mit den Augen eines Sohnes, den wir in der eigenen Phantasie beleben, so ist er ein schrecklicher Vater oder ein »eiserner«, wie Peter von Matt (1995, S. 51ff.) den Vater – als Figur der Geschichte und Literatur – charakterisiert, der den Sohn, einen geliebten, tüchtigen Sohn, zum Tod verurteilt, weil der Staat, der Krieg, die Politik, die Kirche das will. Da gibt es eine »Parade der Gnadenlosen« (von Matt 1995, S. 75) seit der Antike; sie können in der Lektüre als gnadenlos erfahren werden, eben weil diese Söhne mit Herzen und Mündern ausgestattet werden. Söhne sind dem Tod verfallen aus Staatsräson, im Dienst des Vaterlandes, um ewigen Ruhmes willen. Kleists »Prinz von Homburg« spricht bitter über den Kurfürsten, seinen Vater, der den siegreichen Kriegshelden wegen Disziplinverstoßes zum Tode verurteilt: »Bei Gott, in mir nicht findet er den Sohn, / Der unterm Beil des Henkers ihn bewundre« (zitiert nach von Matt 1995, S. 80).

Bewundert Isaak den Vater, der ihn zum Opfertisch führt? Hält er ihn für gnadenlos? Dieses Thema bleibt in der biblischen AT-Erzählung der christlichen Überlieferung vakant. Isaak wird nicht zum bewussten Akteur, nimmt nicht Stellung. Er weiß nicht, was los ist. Der Vater verbirgt ihm den Sinn der Reise. Das ist anders im Koran (Sure 37, Vers 99–113). Dort fordert Gott die Opferung Ismails – nicht

Isaaks – durch Abraham, und zwar durch die Botschaft eines Traumes. Abraham teilt seinem Sohn den göttlichen Befehl unverzüglich mit, fragt ihn, was er davon hält, und findet den Knaben bedingungslos gehorsam: »Vater! Tu, was dir befohlen wird! Du wirst, so Gott will, finden, dass ich von denen bin, die aushalten können« (Mitteilung Mohammed Ardjomandi 2003). Der Sohn ist frei in Urteil und Entscheidung. Er hat keinen schrecklichen Vater. Beide neigen ihr Haupt in Verehrung. Auch Johann Caspar Lavater lässt in seinem religiösen Drama »Abraham und Isaak« (1776; Kindlers Literaturlexikon Band I, 1982, S. 725), das die gemeinsame Reise zum Opferplatz auf dem Berg Morija in den Mittelpunkt stellt, den Sohn zum Akteur werden. Die ganze Reise hindurch ist Isaak ein lebendiger Gesprächspartner, ahnungslos zunächst und fröhlich-vertrauensvoll bis zur Herrichtung des Opferaltars; da aber errät er, was geschehen soll, und willigt begeistert ein. Das Stück lebt von der Spannung, die das lastende Geheimnis ausmacht, und findet Befreiung vom Schrecklichen durch den hohen Mut des Sohnes, der sein Leben darbringen will. Das hebräische Wort für »opfern« vermittelt die Bedeutung *erhöhen*: Wer dem Heiligen geopfert wird, ist erhöht (Mitteilung Ygal Blumenberg 2003). Diese Bedeutung wird auch in Lavaters Bearbeitung des Themas wirksam. Das Neue Testament kennt sie aus der Passion Jesu und die Kirche aus der Kreuzesliturgie, die in der Erhöhung des göttlichen Opferlamms am Kreuz gipfelt. Die religiöse Malerei und Architektur hat der Hoheit des Kreuzes auf dem Bergesgipfel in Berührung mit der Himmelshöhe und in der Höhe des sakralen Raumes stets Ausdruck verschafft. Wenn der Sohn die eigene Opferung bejaht und das Opfer heilig ist, wird der Akt zur Erhöhung, und der Vater ist nicht mörderischer Vollstrecker, sondern Priester auf der Höhe des geheiligten Berges an geweihtem Altar.

Oder ist Misstrauen angezeigt? Théodore de Bèze, ein Gefolgsmann Calvins, gehört zu den Autoren, die solchen Verdacht gründlich zerschlagen. In seinem religiösen Drama »Abraham Sacrifiant« (1550, dt.: Das Opfer Abrahams; Kindlers Literaturlexikon Band I,

1982, S. 725) gibt es eine dreifache Gehorsamssolidarität. Im Unterschied zur Handlung im AT tritt bei de Bèze auch Isaaks Mutter Sarah auf; alle drei sind bereit, den göttlichen Befehl zu vollstrecken, und so ist Abraham ein frommer Mann und nicht ein Vater- und Gattenungeheuer. Interessant ist, dass de Bèze einen Satan im Mönchsgewand einführt, der vergeblich Zweifel und Misstrauen sät.

Immanuel Kant im Satansgewand

Auch Immanuel Kant ist im Satansgewand dahergekommen, als er Abraham vorschlug, sich der »angeblichen Stimme Gottes ... zu widersetzen« (Veijola 1988, S. 162). Selbstbewusst sollte Abraham auf die moralische Vernunft verweisen, die den unsinnigen Befehl verwirft. Wer da befiehlt, kann nicht Gott sein. Man hat diesem Argument entgegengehalten, dass es die Tiefe der Vertrauensthematik nivelliere, die Abrahams Gehorsam Ernst und Größe verleihe (Veijola 1988, S. 162). Aber der Satan der Skepsis und der Freiheit mündigen Denkens ist nicht so leicht zu vertreiben. Am Ende von Mackies Buch »Das Wunder des Theismus« (1985) heißt es über ein altes Sprichwort zu Gottvertrauen und Alltagsleben: »›Vertraue auf Gott und halte dein Pulver trocken‹ mag ... ein guter praktischer Rat sein. Aber auf Gott zu vertrauen, dass *er* unser Pulver trocken hält, ist der Gipfel der Torheit« (S. 417). Abraham wurde in allem, was der Versuchungsgeschichte vorausgeht, als einer geschildert, der klug und nutzbringend sein Pulver trocken hielt, das Seine mehrte, diesseits und jenseits des Anständigen, und bei Gott in Vertrauensstellung war. Jetzt aber soll er plötzlich sich und den Knaben als willfähriges Werkzeug der Destruktion und Selbstschädigung hergeben. Ist das sein Gott, der so zuschlägt? Abraham wäre in der Reihe der Großen nicht der Erste, der zweifelt. Die Geschichte der Glaubenshelden ist immer auch eine Geschichte des Zweifels und der Verzweiflung gewesen. Einer glaubte, mit Gott im Bund zu sein, und es war Täuschung. Man vertraute einem Göttlichen, es entlarvte sich als

Trugbild. Nicht alles, was sich heilig anhört, ist heilig. Fromm und naiv gehören nicht zusammen. Zwar kennen wir die sympathische Figur der frommen Einfalt, die unter anderem Dostojewskis »Idioten« charakterisiert, und wir kennen auch rührende Geschichten von unschuldigen Herzen, aber ihnen eignet die Immunität gegen das Böse. Ihnen fehlt das Verlangen zu sündigen, selbst mitten im Pfuhl der Verderbtheit, und sie haben kein Verlangen, in anderen das Böse zu sehen. So ist Abraham nicht.

Wem das Außerordentliche geschieht, dem empfiehlt sich Wachsamkeit besonders. Ja, der Glaube fordert sogar kontinuierlich »religiöse Intelligenz« und religiöse Kritikfähigkeit, um das »Echte« zu suchen und das »Falsche« zu meiden. Auch in »Abraham Sacrifiant« steht kritische Wachsamkeit auf der Tagesordnung und wird erfolgreich praktiziert, denn keiner der Protagonisten fällt auf den falschen Mönch und seine Verführungskünste herein.

Abraham schweigt

Wenn Abraham folgsam ist, nicht nachfragt, nicht verhandelt noch schlau sich entzieht und seine Interessen wahrt, dann sicher nicht, weil er auf den Mund gefallen ist und nicht mehr weiß, was er will. Es gibt Gründe für diesen Sprach- und Widerstandsverlust in der Dramaturgie der gesamten Abraham-Erzählung, in dem, was der »Versuchung« voraus liegt, in dem, was ihr folgt. Diese wollen wir herausbringen. Da geht es – das kann man jetzt schon sagen – um einen, der absehen kann vom Verhandeln und von der Wahrung eigener Interessen und auch von der Vaterliebe.

Wir sind von Isaak auf Abraham und seine Verfassung übergegangen. Blicken wir auf Abraham, indem wir seine Perspektive einnehmen, dann finden wir »im eisernen Vater das krachende Herz« (von Matt 1995, S. 78). Vielmehr: Abrahams Herz kommt nicht zum Sprechen in der Erzählung, Regungen des Gefühls werden nicht offenbar; aber es heißt: »Nimm Isaak, deinen einzigen Sohn, den du liebhast ...« (S. 6–7). Es ist also der geliebte Sohn, mit dem der Vater sich auf den furchtbaren Weg macht, und der Weg ist lang, und Isaak fragt unterwegs: »Hier ist Feuer und Holz. Wo ist das Schaf zum Brandopfer?« Abraham erwidert: »Gott wird sich ersehen ein Schaf zum Brandopfer« (S. 30), lässt also die Situation in der Schwebe und verweist auf Gott als Meister und Regisseur des Ganzen. Abraham hat sich niemandem eröffnet, dem Sohn nicht, der Mutter nicht, und es findet keine Zwiesprache mit Gott statt. Er trägt den Konflikt allein und sprachlos. Was in seinem Herzen vorgeht, bleibt verdeckt. Dieses Stummsein wirkt als Wucht und Gewalt und furchtbare Spannung.

Die Exposition und der heilige Skandal

Die Geschichte beginnt, der Skandal kommt sofort, ein Horizont der Erwartungen tut sich auf, man ist gespannt. Was kommt bei dieser Geschichte heraus? Etwas Gutes kann herauskommen, etwas Schlimmes kann herauskommen wie bei jeder Erzählung. Ein Happy End und eine Katastrophe sind, wie in jeder Geschichte, in den Bedingungen des Anfangs eingebaut, und daher mobilisiert die Exposition, der Beginn, bei den Hörenden und Lesenden Erwartungen, wie es weitergeht und wie es ausgeht. Sie hoffen auf das Happy End, sie fürchten die Katastrophe (Von Matt 1995, S. 36). Erfüllung und Katastrophe sind Gipfel und Abgrund, Verlockungsprämie und Schrecken. Auf sie hin steuert das Ganze und endet schließlich im Guten oder Katastrophalen oder irgendwo dazwischen. Der Geschichtenanfang von Abrahams Versuchung weckt böse Erwartungen. Zu diesem Auftakt passt, was Dürrenmatt programmatisch im Vortext zur Komödie »Die Physiker« schrieb: »Eine Geschichte ist dann zu Ende gedacht, wenn sie ihre schlimmstmögliche Wendung genommen hat«, lautet der dritte von »21 Punkte(n) zu den Physikern« (Dürrenmatt 1962, S. 82). Das passt, weil die Exposition dilemmatisch und agonal angelegt ist. Rettung scheint aussichtslos.

Das Potential der narrativen Konstruktion

Das Potential der narrativen Komposition ist auszuloten und eine Textanalyse ist dahersinnvoll. Die Analyse schließt an den zweiten von »21 Punkte(n) zu den Physikern« an: »Geht man von einer Geschichte aus, muss sie zu Ende gedacht werden« (a. a. O.). Es geht darum, die Erzählung systematisch zu Ende zu denken, auf ihre best- und schlimmstmögliche Wendung hin methodisch zu untersuchen. Die Geschichte des Textes, seiner Varianten, Vorläufer und Übersetzungen tritt in diesem Kontext in den Hintergrund. Hier geht es um die Frage, wie im narrativen Aufbau des Textes die Ausgangskonstellationen für die Konfliktlogik angelegt sind. Wir finden das heraus, indem wir dramaturgisch lesen. Dieses dramaturgische Lesen will den »lautlose(n) Pakt« (von Matt 1995, S. 37) verdeutlichen, den Autor und Leser schließen und der sie gemeinsam zur stringenten und folgerichtigen Ausgestaltung und dynamischen Entwicklung szenisch dargestellter Grundkonstellationen, menschlicher »Schreck- und Glückserfahrungen« (Boothe 1994, Boothe, von Wyl & Wepfer 1998, von Matt 1989, S. 27) verpflichtet. Man liest dramaturgisch, indem man nach Anweisung des Erzählers die im Text entworfene Welt nach- und mitgestaltet und auf diese Weise einen Erwartungshorizont ausbildet. Man geht aus von bestimmten Bedingungen und Konstellationen, mit denen die Erzählung eröffnet wurde; diese lassen auf bestimmte Formen der Erfüllung hoffen und bestimmte Katastrophen fürchten. Freud erschloss das dramaturgische Potential von Erfahrungsmustern für den ästhetischen Prozess in der Analyse der Ödipustragödie (Freud 1900). Freud entwirft für die evozierten Glücks- und Katastrophenbilder eine Strukturformel, hier die seitdem sprichwörtliche ödipale Dynamik, die das Drama »in Schwung hält«. Als dramaturgischer Denker nimmt er besonders in den Blick, wie das, »was uns in Schwung hält«, und das, was uns lähmt, in der künstlerischen Präsentation so in Erscheinung tritt, dass wir im aristotelischen Sinne mithandeln, mitdenken, hoffen und fürchten (Freud 1908). Leser und Hörer sind nicht bloß verständig als »native speakers«, kompetent genug, muttersprachliche Dichtung zu lesen, auch nicht nur als »native narrators«, früh genug erfahren in alltäglicher Erzählpraxis, sondern sie sind auch »native experts«, originäre Kunstkritiker, fähig, der dramaturgischen Logik eines Stückes oder eines erzählenden Werkes auf die Spur zu kommen, sich darin zurechtzufinden und ihr etwas entgegenzusetzen (Schiller 1970, S.13). Wir werden zu aktiven, beteiligten und genießenden Lesern, indem wir uns vom Autor in eine Versetzungsregie hineinlocken lassen, die einen Schauplatz des Geschehens herstellt und einen Ausgangspunkt, der einen Erwartungshorizont eröffnet (Boothe 1994). Der Textgenuss ist mitvollzogene Spannung, die auf einen Erfüllungsgipfel im Wunderbaren oder im Katastrophalen hinzielt. Das setzt voraus, dass die Textdramaturgie uns in der Eröffnungsphase die Möglichkeit gibt, einen Erwartungshorizont auszubilden, Erfüllungs- und Verfehlungsbedingungen vorzustellen (Boothe 1999).

Eine Geschichte zu Ende denken
Von der Startdynamik zur Erfüllung

Die Exposition, der Start der Erzählung, mobilisiert drei Figuren von existentieller psychischer Bedeutung: (1) eine überpersonale Instanz mit normativer Gewalt; das ist hier der befehlende Gott; (2) eine paternale Figur mit ihrem Liebes- und Machtpotential, das ist hier Abraham, ein von Gott Ausgezeichneter; (3) eine abhängige Sohnesfigur mit ihrer Bereitschaft zu glauben, zu vertrauen, zu folgen, aber auch zu misstrauen, zu protestieren, eigene Wege zu gehen; das ist der nicht-eingeweihte, vom Vater geliebte Isaak. Mobilisiert wird eine gewaltsame Bewegung: *Töte, den du liebhast, um meinetwillen.* »Meinetwillen«, das ist die Stelle einer unantastbaren heiligen Instanz, »den du liebhast«, das ist der Sohn, der Freude, Zukunft, Gedeihen und ein Geschenk der Liebe bedeutet, »Töte«, das ist die Forderung an das Oberhaupt der Familie, den Mann in souveräner Position, Gewalt über Leben und Tod auszuüben. Alles steht sich da im Weg. Alles ist gefährlich.

Wie entfaltet sich die Handlungslogik von Beginn bis Abschluss? Gott, oberste Glaubensautorität, initiiert das Geschehen in Gestalt einer imperativen Dialogaufnahme, die als Versuchung des Abraham, anders formuliert: als intransparente Herausforderung angelegt ist. Gott initiiert die Dialogaufnahme durch einen Befehl und Abraham bestätigt gehorsam die göttliche Befehlsautorität. Im Anschluss an die Etablierung und Positionierung Abrahams als Autorität und Vater (dies sind die Geschichten, auf die retrospektiv verwiesen wird) testet Gott mit verdeckten Karten diese starke Figur, für die er sich stets engagiert hat. Der Getestete, Statustiefere, also Abraham, hat die Aussicht, den Test zu bestehen oder zu verfehlen, ohne zu wissen, dass es sich um einen Test handelt und ohne zu wissen, nach welchen geheimen Kriterien die Testleistung von oben beurteilt wird. Darüber hinaus ist der Test darin riskant, dass er zu jener Reaktion verleitet, die der Testende als ein Scheitern einstufen würde. Abraham, die Zentralfigur, hat angesichts der göttlichen Initiative die Möglichkeit, sich vor Gott zu bewähren oder zu versagen, ihm Ehrfurcht zu erweisen oder sie ihm zu entziehen, mit dem Auftrag zu paktieren oder sich zu verweigern. Dieser Erwartungshorizont spannt sich auf zwischen zwei Protagonisten in asymmetrischer Beziehung und unterschiedlicher Existenzverfassung. Einer gehört zu den sterblichen Menschen, der andere ist unsterblich, geheiligt und dem Menschen entrückt.

Kombiniert man alle Bedingungen in der Perspektive auf den hypothetisch absolut optimalen Ausgang einer so konstellierten Erzählung, dann erschließen wir Erfüllung und Katastrophe wie folgt:
– Abraham huldigt Gott durch den Mut des Vertrauens und stärkt als Erster Diener Gottes die eigene Stellung und gewinnt gemeinsam mit dem lebendigen Sohn eine neue Zukunft.

– Abraham schmäht Gott durch den Zweifel, entzieht sich der Kooperation und sucht das Seine, zurückgeworfen auf sich selbst.

Wie entwickelt sich die Erzählung auf der Basis des Erwartungshorizonts?
Abraham deklariert im Anschluss an die göttliche Anrufung (S2) unmittelbare Präsenz (S3) und empfängt den göttlichen Befehl (S5–8). Der göttliche Befehl zielt auf Abrahams Vaterschaft: Gott fordert Huldigung durch ein Opferritual. An die Stelle des Tieropfers tritt aber gemäß der göttlichen Forderung der einzige geliebte Sohn. Das Opfer soll fern vom Ort der familiären Behausung stattfinden (S6 und 8).
Die Entwicklung des Geschehens vollzieht sich in 6 Schritten:
– die Reise (S9–31)
– die Einleitung der Opferhandlung (S32–35)
– die Intervention des Engels (S36–44)
– die Vollendung der Opferhandlung (S45–50)
– der Segen (S51–58)
– die Rückkehr (S59–61)

Die Reise (S9–31)
In Begleitung zweier Knechte und des kleinen Sohnes tritt Abraham ohne Bekundung der wahren Absicht die Drei-Tage-Reise an den von Gott bezeichneten Ort an und begibt sich, unter Zurücklassung der Knechte, allein mit Isaak zur Opferstelle. Isaak bekundet seine Ahnungslosigkeit durch die Frage nach dem fehlenden Opfertier.

Die Einleitung der Opferhandlung (S32–35)
Abraham leitet das Geschehen mit allen notwendigen Verrichtungen vom Altarbau bis zum Fassen des Messers ein, ohne Aufklärung des Sohnes, ohne Dialoge mit ihm; das Kind geht mit als deklariertes Opfer, ohne das selbst zu wissen.

Die Intervention des Engels (S36–44)
Der göttliche Sendbote gibt den Befehl zum Einhalten und erklärt nachträglich den Befehl Gottes als Herausforderung des Abraham.

Die Vollendung der Opferhandlung mit dem Tiersubstitut (S45–50)
Abraham vollzieht das Opferritual, indem er den Sohn durch ein Opfertier, den Widder, der in unmittelbarer Nähe, mit den Hörnern in einer Hecke verfangen zu finden ist, ersetzt und die Stätte durch einen feierlichen Namen: der Herr sieht (er sieht die Ehrfurcht seines Dieners) heiligt. – Eine historische Namensgebung, so heißt es im Rahmentext.

Der Segen (S51–58)
Der Engel verkündet ein göttliches Gelöbnis: Abraham wird zum Erzvater einer mächtigen und vor allen Völkern ausgezeichneten Nachkommenschaft ohne Zahl.

Die Rückkehr (S59–61)
Abraham tritt die Opferreise an ohne Nennung seiner Absichten. Er gewährt in der Ferne, weit weg vom Heimatort, den Knechten keinen Einblick, er verschweigt dem Sohn den Tötungsbefehl. Die Intervention des Engels, das Tieropfer und die Segnung bleiben ohne Zeugen. Die Rückkehr erfolgt ohne Bericht an die wartenden Begleitpersonen.

Bestandsaufnahme: Wie findet die Erzählung vom Erwartungshorizont zu ihrem Ergebnis?

Die göttliche Herausforderung als verdeckte Probe gestaltet sich als Angriff auf Abrahams Generativität, auf seine Position als Vater, als Autorität und als Hoffnungsträger für die Zukunft. Abraham ist herausgefordert, dem einzigen Kind die Vaterliebe zu entziehen, mit ihm seine Zukunft zu töten, das Fortleben des Eigenen zu vernichten. Im Angesicht des Göttlichen soll er nicht nur den Tod, das Ende, das Ende alles Eigenen, den Einsturz der wesentlichen Hoffnung wahrnehmen, sondern dieses Ende selbst herbeiführen. Diese Reise mit dem Ziel der Tötung des Kindes bleibt Geheimnis zwischen Abraham und Gott. Es ist ein Einverständnis, das nicht öffentlich wird. Am Ende, als Abrahams Hand das Messer fasst, um das Liebste zu töten, kommt die Aussicht auf vermehrte und erhöhte Generativität. Abraham handelt, ohne Plan und Auftrag offenzulegen. Gott begleitet diesen Prozess des Schweigens indirekt, indem er die Vollendung der Opferhandlung an einen fernen Ort verlegt, fern von Interventionen des häuslichen Bereichs, der Mutter vor allem. Auch ergibt sich durch die Länge der Reise ein Moment des Retardierens, eine Chance im Warten. Die Reise bietet ein Moratorium, das einen inneren Prozess ermöglicht. Das Handeln im Verdeckten verweist außerdem auf die besondere Relation zwischen der individuellen Existenz und der göttlichen Instanz: Sie ist nicht jederzeit öffentlichkeitsfähig. Ein Drittes kommt durch das geheime Befehlsband zwischen göttlicher Instanz und Abraham zum Tragen: der Verzicht auf die Verantwortungsdelegation. Abraham schickt sich an, das Opfer zu bringen und dafür selbst einzustehen. Er deklariert sich nicht als williger oder sklavischer Vollstrecker eines höheren Befehls.

Entspricht das Ergebnis der Erzählung der Erfüllung, dem optimalen Ausgang?

Der optimale Ausgang ist: Abraham huldigt Gott durch den Mut des Vertrauens, stärkt als Erster Diener Gottes die eigene Stellung und gewinnt gemeinsam mit dem lebendigen Sohn eine neue Zukunft.

Aus den Ordnungen fallen – in einer höheren Ordnung stehen

»Nach diesen Geschichten« (S1) heißt es zu Beginn der Versuchung und nach diesen Geschichten bedeutet: Das lange Leben eines Mannes war uns erzählt worden, ein langes und wechselvolles Ringen um Platz und Position, Besitz und Liebe und Nachkommenschaft. Jetzt ist er etabliert. Jetzt könnte er in Ruhe sitzen und gottesfürchtig wandeln, das Seine zusammenhalten und am geliebten Kind sich freuen. Da springt ihn die Versuchung an. Gott sagt: »Nimm Isaak, deinen einzigen Sohn, den du liebhast, und geh hin in das Land Morija, und opfere ihn zum Brandopfer auf einem Berge, den ich dir sagen werde.« (S6–8). Diese Weisung Gottes stellt dem Helden der Erzählung eine Aufgabe, die den Leser schockieren muss, denn sie ist außerordentlich: Sie fällt aus allen Ordnungen, sie bedroht alles, was erreicht ist: harmonisches Einverständnis in der Zwiesprache mit Gott, das Leben des Sohnes, die Zukunftsperspektive, die Beziehung zur Ehefrau, soziale Integration, Status und Glaubwürdigkeit. Da ist Hiob noch besser dran, dem schenkt man wenigstens Mitleid, denn Krankheit, Tod und Verlust treffen ihn nicht durch persönliche Schuld, Verfehlung und Versagen, sondern er ist schuldloses Opfer einer Heimsuchung, und er begehrt leidenschaftlich dagegen auf. Abraham aber soll Hand anlegen, ans eigen Fleisch und Blut. Die Vollendung des Opfers auf göttliches Geheiß erscheint im Horizont der Erzählung unabweisbar und für immer. Ihre furchtbare Möglichkeit lässt sich nicht retuschieren. Auffallend ist, dass Abraham nicht wie sonst in einen Dialog eintritt. Immerhin kennen wir ihn als Mann, der mit Gott erfolgreich redet und rechtet, der weiß, was er will und im Diesseits das Seine sucht. Jetzt, da alles für ihn auf dem Spiel steht, redet er nicht. Er bekundet »Hier bin ich« (S4), unterlässt jeden Kommentar, schweigt und tut wie befohlen. Das Ausbleiben der erwartbaren Kommentierung – sei es ein Ausruf des Schmerzes, eine Bitte, eine Fluchtbewegung – macht ihn, den Beredten, Tüchtigen und Schlauen, zu einer Figur, die vor der Forderung Gottes kein eigenes Interesse vertritt. Er setzt alles aufs Spiel, Familie und Ehre, Liebe, Moral, ein anvertrautes Leben. Gott versucht ihn auf dem Gipfel seiner Erfolge, und er gibt den lebendigen Sohn preis. Das ist eine Figur des Überschreitens. Abraham ist nicht nur ein soziales Individuum, ist nicht nur Vater, Gatte, Händler, religiöse Autorität. Er geht nicht auf in der Wahrung und Mehrung von Besitz, in den familiären Bindungen, im Ansehen vor der Welt. Es gibt für ihn ein anderes, mitten im Leben. Das packt ihn als Anwesenheit Gottes. Abraham figuriert nicht als Leitstern der Tugend, nicht als moralischer Held, nicht als Repräsentant eines guten Lebens. Was sich vollzieht, ereignet sich in einem Jenseits des Moralischen und der praktischen Vernunft. Der Ruf, der ihn anweist, den Sohn als Brandopfer darzubringen, ist imperativ und nicht von dieser Welt, will sagen: Er reißt den Angerufenen aus allen Bindungen, aus allem, was ihn hält und trägt. Was sich hier als Versuchung durch ein Heiliges inszeniert und beim Angerufenen gleichsam bedenkenlos Antwort findet, das ist die Überschreitung von Glücks-, Erfolgs- und Moralbedingungen. Der Angerufene setzt alles aufs Spiel. Die Tötung des Sohnes wird ihn als einen zurücklassen, der aus den Ordnungen gefallen ist. Man wird ihn, der seinen Sohn auf dem Opfertisch verbrannt hat, nicht wieder erkennen. Er wird sich selbst nicht wieder erkennen. Das nimmt er in Kauf und wird gerettet.

Vertrauen als Gefahr

Weil er so gehorsam war? Formulieren wir zwei Möglichkeiten des Umgangs mit der destruktiven Forderung, die in klassisch psychoanalytischer Sicht plausibel als Triebgefahr im Sinne eines Beseitigungsimpulses verstanden würde, der einbricht und den Betroffenen aus der Bahn wirft: Lassen wir uns ein auf ein narratives Spiel, das wir aus Kindertagen kennen: Man gibt uns einen geschürzten Knoten vor, nun sollen wir weitererzählen. Gottes Befehl ist ein gordischer Knoten. Eine Lösung scheint es nicht zu geben. Aber vielleicht kann unser Held ausweichen? Diese Kunstgriffe der Evasion hat die Psychoanalyse im Interesse konfliktdynamischer Modellbildung systematisiert, bekannt aber waren sie immer schon, denn sie gehören zu den gemeinen Listen des Alltags. Die sakrale und weltliche Dramen- und Erzählliteratur bedient sich ihrer, wenn sie Protagonisten im Konflikt zeigt. Naheliegend für unseren Fall sind:

Submission und Ressentiment: Mach mit, aber mit heimlicher mentaler Reserve. – Greift man zu diesem Manöver, dann lauert man auf die Belohnung, rettet eigene Haut durch Willfährigkeit und übernimmt als bloßes Werkzeug höherer Macht keine Verantwortung. Man kann nichts dafür, ist abhängig und zu schwach, etwas gegen den da oben auszurichten. Diese Delegation von Verantwortung per Submission und Ressentiment ist eine allgegenwärtige Kompromissbildung, aber eine mit unerfreulichen Kostenfolgen, denn hier springt stets der Schwächste über die Klinge. Komfort wird erschlichen auf Kosten der Wehrlosen.

Idealisierung: Auflösung des Irritionsmoments durch Verherrlichung und Verschmelzung mit dem Verherrlichten. – Der schreckliche Befehl wird zur wunderbaren Botschaft. Dann wird Abraham zum Fanatiker. Er eilt, zu tun, wie ihm geheißen und reißt in parolenbereiter Begeisterung alle mit, auch den Sohn steckt er an und lässt ihn jubelnd sterben. Gehorsam auf den Flügeln der Gewissheit. Das Ich löst sich auf vor dem Charisma des Befehlshabers. Aggression und Destruktion sind rauschhaft befreit (Freud 1921).

Gewiss, mancher ist geneigt, gerade die zuletzt erwähnte Bewegung einer Korruption des Gewissens durch Verherrlichung der Geschichte als Lesart zu unterlegen. Sie ist dann nur noch makaber. Kants Einwand von der Selbstbetäubung der moralischen Vernunft würde voll zum Tragen kommen. Das ist psychoanalytisch interessant genug: Man kann Söhne »erhöhen« als Gefallene für das Vaterland auf dem Feld der Ehre. Ein Bündnis zwischen Vater-Autorität und »Höchstem Gut« – sei es eine weltliche, sei es eine geistliche Instanz der Befehls-, Gesetzes- und Normgebung – kann die schützenden Väter in ausliefernde Väter verwandeln. Sie werden zu willigen Vollstreckern für eine vergottete Führerfigur.

Die Inspektion ausgewählter Abwehr- oder Ausweichmanöver war ein psychologisches Spiel mit der Handlungseröffnung des Textes. Es ergaben sich Anknüpfungspunkte für eine mögliche psychologische Variantenreihe von Narrativen als Kommentare zum Umgang mit sakralisierter Befehlsgewalt. Die Idealisierungs- und die Submissionsvariante mit mentalem Vorbehalt schienen dem psychologisch Problematischen der Gehorsamsprobe besonders nahe zu kommen; sie kennzeichnen Verfallsformen von Glaubensbereitschaft: zum einen die Verfallsform des unkritischen Kinderglaubens, der sich an den lieben Gott hängt und auf Belohnung hofft; zum andern die Verfallsform des Glaubensfanatismus, sich in der Enthemmung des Destruktiven gefällt.

Väterlichkeit als prekäres Projekt

Die Gehorsamsprobe entgleist aber in der Abrahamserzählung nicht. Sie wird kunstvoll mit einer distanzierenden Abwehrdynamik psychologisch unterlegt, die der Erzählung ihre eigentümliche Größe gibt. Der narrativ inszenierte Vater-Sohn-Konflikt lässt sich psychologisch kontextualisieren mit Hilfe des Abwehrmanövers der Externalisierung: Es trifft mich ein mächtiger Impuls, eine mächtige Regung des Verlangens destruktiver oder libidinöser Art. Ich erkenne sie als Reiz und Gefahr. Regungen des Verlangens destruktiver oder libidinöser Art haben den Charakter des Dazwischentretens. Sie treten gerade dazwischen, wenn das Aktionsfeld geordnet ist, die Beziehungen etabliert sind. Ich bin Vater eines geliebten Sohnes und einverstanden mit den väterlichen Pflichten und Freuden. Die Vaterposition füllt aber das lebendige Dasein nicht in der Weise aus, wie Gas einen Heißluftballon ausfüllt. Die Vaterposition, die Väterlichkeit, ist vielmehr ein Programm oder ein Projekt, so wie Liebe ein Projekt ist oder Hass. Väterlichkeit ist ein Programm des psychischen, sozialen und kulturellen Lebens. Es aktualisiert sich in unendlichen Formen durch das, was wirkliche Väter mit wirklichen Kindern tun, dabei entstehen Vorbilder und Ideale wie auch Schreckbilder und Warnexempel. Einer ist Vater mit Leib und Seele, ein zärtlicher Vater, der überdies genießt, in seinem Sohn weiterzuleben. Aber was heißt: weiterleben im eigenen Sohn? Das ist kein immerwährendes Vergnügen. Der Sohn kann fremd und anders sein, ist mehr auf Mutters wie auf Vaters Seite, hat fragwürdige Freunde, ist faul und dumm. Man hat Anlass, ihn zum Teufel zu wünschen. Oder er ist glänzend, begabt, stark und lieb. Ganz nach dem Herzen des Vaters. Aber weit lässt er den Vater hinter sich, lässt ihn zurück. Zur Hölle mit ihm. Oder er ist treu und ergeben, ganz in Vaters Spur. Ein Schmarotzer wie Georg Bendemann aus Franz Kafkas »Urteil«. Weg mit ihm. Kurz gesagt: Vaterschaft lebt nicht nur von Liebe, sondern auch von Attacke, Abstoßung, Destruktion. Sie ist wichtig. Sie gehört herzhaft dazu. Und dennoch: Ein destruktiver Impuls, eine destruktive Phantasie befremden und erschrecken. Wer sein Kind liebt, empfindet Schreck und Schauder, wenn er diesem plötzlich Feindseligkeit entgegenbringt. Die Feindseligkeit erscheint als etwas, das sich des liebenden Vaters bemächtigt. Er will ihr begegnen und nicht an ihr untergehen. Sie wird externalisiert, und so entsteht eine Spannung von Kontrahenten: die Forderung, die das Opfer will, zum einen; die Forderung, die Erhaltung und Liebe will, zum andern. Die Forderung, die das Opfer will, ist bedrohlich und wird als fremd in die Distanz gerückt, der Forderung, die Erhaltung und Liebe will, sieht sich der liebende Vater verbunden. Externalisierung ist nicht Aufhebung. Das Externalisierte wird zur Erscheinung, die der Dämonisierung und der Sakralisierung fähig ist. Die Bewegung der Externalisierung eröffnet zwei Möglichkeiten: die angstvolle Verfremdung und Verwerfung der destruktiven Regung, die sich auf diese Weise dämonisiert, oder deren Würdigung als feierliche Herausforderung. Die Opferung des Sohnes ist die Preisgabe der sozialen Existenz und der psychischen Integrität. Sie hat keinen Sinn und keine Rechtfertigung innerhalb der sozialen und psychischen Strukturen. Sie überschreitet sie; sie markiert gerade, was Überschreitung ausmacht. Abraham stellt sich der Herausforderung, von Kopf bis Fuß ein schrecklicher Vater zu sein. Er nimmt dieses Schreckliche nicht in Eigenkontrolle, nicht in den Griff, er greift vielmehr zum Messer, durchlebt ein Vatergrauen – und wird davon erlöst, nicht durch sich selbst, vielmehr durch eine Gnade. Wer in der außerordentlichen Verfassung ist – eben einer Verfassung außer aller Ordnung – , sich als schrecklicher Mensch zu erfahren, den trifft, vielleicht, die Gnade. So wahr ihm Gott helfe.

Die Not und die Größe der Überschreitung vermitteln sich durch den narrativen Duktus. Die Erzählung des AT hat zeremoniellen Charakter. Sie liest sich im Duktus offenbarenden Sprechens. Jedes Wort hat Gewicht. Jede Szene fügt sich unaustauschbar zum Ganzen und zu einem exemplarischen Modell. Dieses Modell steht in der Reihe anderer biblischer Erzählungen; alle handeln sie von Gott und seinen Beziehungen zu den Menschen. Doch sind sie auch und gerade darum nicht nur für eine narrative Theologie, sondern auch für eine narrative Psychoanalyse interessant, denn in ihnen wird eine menschliche Verfassung in ihrer Dynamik konsequent ausgelotet, und zwar nicht als kühle Beschreibung, sondern als *Ereignis*. Erzählen macht Erfahrung zum Ereignis. Das narrative Sprechen ist nicht distanziert, sondern engagiert, nicht linear, sondern dynamisch, nicht beiläufig, sondern emphatisch. Die Erzählung entfaltet sich in lakonischer Feierlichkeit. Für die narrative Psychoanalyse ist die Erzählung vom größten der Patriarchen, den Anfechtungen, der Versuchung des Christen und dem zugefügten Leid von vitalem Interesse, denn die Stelle, die das Göttliche hier einnimmt, der Gehorsam, das Vertrauen, die Liebe und die Väterlichkeit verweisen sowohl auf Funktionen des Zusammenlebens wie auf Funktionen des Psychischen. Es geht im Zeichen der Gehorsamsprobe um die prekäre Gemeinschaft von Liebe und Gewalt, Selbst- und Fremdbemächtigung, Selbst- und Fremdanerkennung. Damit bewegt sich die biblische Erzählung in einem thematischen Feld, das im zwanzigsten Jahrhundert in Kunst und Literatur prominent ist. Es ist die Thematik der Väter als Schadensbringer, die Kindern die Zukunft stehlen, sie missbrauchen, verraten, opfern, preisgeben. Es steht das Paradigma des bedürftigen, verlassenen, verratenen Kindes (Kohut 1971) jenem ödipalen Paradigma vom starken, aber schuldigen Sohn gegenüber.

Das ödipale Paradigma zeigt auf den schuldigen Sohn, das narzisstische Paradigma auf die schuldigen Eltern. Die Anklage der schuldigen Eltern ist prominent, in der Literatur, der Publizistik und der Psychotherapie. Elterlichkeit als Gewaltpotential, Elterlichkeit als fragwürdige Ordnungsinstanz, das ist in der Erzählung als Potential angelegt. Kafka gestaltet lange vor der autobiographischen Abrechnungsliteratur der siebziger Jahre, im sprichwörtlichen »Urteil« (1935), einen väterlichen Riesen in bizarrer Willkür, der den Sohn nicht zum Mann werden lässt, sondern in den Tod treibt. Dürrenmatts Romanentwurf »Der Rebell« (1998) stellt einen fürchterlichen und lächerlichen, ungreifbaren und todbringenden Vater im Gewand eines kirchlichen Würdenträgers dar, der den Sohn verrät und ans Messer liefert, und er erzählt vom einsamen und verlassenen Sohn, dem man auf lächerliche Art eine messianische Maske aufklebt, ein Sohn, der ebensowenig wie Kafkas Verurteilter zum Mann werden kann und als altes Kind zugrunde geht.

Die Triade

In der Bibel gibt es für den Vater mit dem Messer in der Hand ein gutes, ein großes und bewegendes Ende. Denn der Platz des Dritten ist besetzt durch eine über-menschliche, über-personale geheiligte Instanz. Ihr hat sich der Gottesfürchtige mutig überlassen und ist gut gefahren dabei. Er hat eine Reise unternommen, die ihn verwandelt hat. Er kehrt zurück in persönliche Bezüge und Bindungen, aber als ein anderer, mit einer neuen Dimension dessen, was Leben heißt. Was sich ereignet hat auf jener Reise und an ihrem Ziel, gehört nicht zu den Dingen, die sich ausformulieren lassen; man kann nur in einer feierlichen Erzählung auf sie zeigen. Man kann dazu sagen: »Der Herr sieht«. Die Geschichte von Abraham, der den Isaak zu opfern bereit ist und den Sohn als Gabe zurück erhält, ist eine Geschichte von der Nicht-Beherrschbarkeit des Destruktiven. Das Göttliche ist furchtbar und rettend. Den finsteren Vätern der literarischen Moderne gebietet keiner Einhalt, keine göttliche Instanz, die das Gedeihen will und mächtig herbeirufen kann.

Kann das Destruktive zwischen Vätern und Söhnen heute nur als Katastrophe erzählt werden? Als Katastrophe, in der die Söhne die Opfer sind? Ja, wenn das zynisch durchtränkte, nörgelig angelegte Pathos des Scheiterns für bestimmte Fabrikationsmuster höherer Literatur einstweilen lobesfähig bleibt. Aber auch Krimi und Melodram bedienen sich hier: Vater und Sohn. sind fürchterlich aufeinander fixiert und hocken starrsinnig auf dem Erreichten. *Hier spielt die Musik*, sagt der Vater. *Ich gebe den Ton an.* – *Ich bin lange schon dran*, sagt der Sohn, *ich will ans Dirigentenpult. Auch die Frauen wären begeistert.* Der Vater hat schon den Frack an, den Stab in der Hand und wischt den Sohn beiseite. Ein Krimiplot mit tödlichem Ausgang. Nehmen wir ein Melodramplot: Der Vater liebt zärtlich den Sohn und opfert alles, um ihn zu fördern, durch teure Schulen, angesehene Internate und exklusive Förderprogramme. Der zarte Junge geht ein wie eine Primel. Buddenbrook – kein Melodram natürlich – grüßt von ferne. In beiden Fällen okkupiert der Vater die Zukunft, einmal durch imperatives Verharren, einmal durch Delegation. Auch in der biblischen Erzählung verharrt der Alte an der Spitze und weicht nicht. 175 Jahre lebt er, mit einer zweiten Gattin, nach Sarahs Tod, mit Nebenfrauen und zahlreichen Nachkommen. Und er »starb in einem guten Alter, als er alt und lebenssatt war, und wurde zu seinen Vätern versammelt« (Gen. 25, 7).

Was hören wir von den Frauen?

Was hören wir seit biblischen Zeiten von den Frauen? So war es mit ihnen: Sie greifen nicht ein, handeln nicht, sind nicht einbezogen in Entscheidungen und Verhandlungen. Die Urhordenfrauen Darwins und Freuds sind bloße Verfügungsmasse. Als Freuds Vater in der Nachttopf-Schlafzimmer-Szene die Äußerung tut: »Aus dem Jungen wird nichts werden«, wendet er sich an einen Dritten, womöglich die

Mutter, aber sie kommt nicht ins Spiel. Auch die Rede vom teuflischen Menschen (Kafka 1935) spielt im elterlichen Schlafzimmer, aber die Mutter sagt nichts dazu, denn sie ist lange schon tot. Seltsam abwesend sind die Mütter, die im wirklichen Leben gelegentlich dazwischentreten, vermitteln und schlichten, oder in der griechischen Mythenwelt den Sturz des Alten beförderten. Hier tun sie es nicht, und die mütterliche Schlichtungsarbeit ist ja auch im wirklichen Leben oft genug vergebliche Liebesmüh.

Ist aber die Frau als Liebende und Mutter ebenbürtige Akteurin im triadischen Spielfeld, dann kann es endlich aufhören mit der Besitzstandswahrung und dem Drohgebrüll. Die Intimität der Liebesbeziehung zur Frau könnte einem Abraham Heimat sein und Zukunft, Ort des Rückzugs, des wechselseitigen Erkennens und Anerkennens. Von ihr ist der Sohn ausgeschlossen, aber gerade darum hat er die Chance zur freien Bewegung, zum Exodus, zur Entfaltung des Eigenen, mit dem Segen des Vaters, dem Reiseproviant der Mutter. Der Sohn hat viel vor. Der Vater hat genug, denn er hat sein Zuhause als Philemon bei Baucis. Vor der geliebten Frau weiß der Vater: *Jetzt bin ich alt, und er ist jung. Wir lassen ihn machen. Er schafft das schon. Ich bin alt, und du nimmst mich, wie ich geworden bin. Du bist alt und schön, verrückt und reizend.* Die Etablierung von Generativität, Geschichtlichkeit, Differenz und Generationenschranken schafft der Vitalität, dem Begehren, der Aggression, dem Konkurrenzmut und der Expansionslust keine Einschränkung, im Gegenteil. Aber dem Tragischen kann sich das Komische und das Heitere zugesellen.

Nutzanwendung: Philemon und Baucis haben eine offene Tür, nach drinnen, nach draußen

Philemon und Baucis, das ist aktuell, denn der Hochaltrigkeit und dem Potential dieser Entwicklungsstufe im Leben gilt in den reichen Industrienationen breite gesellschaftliche Aufmerksamkeit. Wie man zusammen sein kann und die eigene Marginalisierung nicht nur verkraftet, sondern ihr Kraft gibt, kann man dort sehen. Das berühmte Verwandlungsmärchen ist nicht christlich. Das ist eine Ehe- und Freundschaftsgeschichte aus römisch-hellenistischer Antike, eine Geschichte vom Freigeben und Willkommen Heißen, erzählt als achte Metamorphose aus dem Epos in 15 Büchern des Publius Ovidius Naso, das in den Jahren 2–8 nach Christus entstanden ist (Von Wilpert 1968, S. 717). Auch die Metamorphose des Ovid ist eine Geschichte von Probe, Erhöhung und Überschreitung. Die alten Eheleute Philemon (das heißt: der Liebende) und Baucis (das heißt: die Zärtliche) nehmen die inkognito reisenden Götter Jupiter und Merkur gastfreundlich auf, werden beschenkt und als Tempelpriester erhöht; sie sterben gemeinsam, werden in eine Eiche und eine Linde verwandelt und kultisch verehrt (Hunger 1980, S. 328ff.). Es ist die Bereitschaft zur Liebens-Würdigkeit, füreinander und für andere, die in dieser exemplarischen Erzählung den Charakter der Überschreitung bewirkt und die Verwandlung motiviert. Gastlichkeit ist die Verbindung von Geborgenheit und Freiheit, Familiarität und Fremdheit, Teilhabe und Abgrenzung. Ein Gottesgeschenk.

Ein Blick zurück und ein praktischer Ausblick

- Väter und Söhne sind einander zugetan, aber sie bekämpfen einander auch. Das ist gut. Darin steckt Leben und Entwicklung. Für beide.
- Der Vater hat Machtwillen, der Sohn hat Durchsetzungswillen. Das ist nur schlecht, wenn es zur malignen Verklammerung kommt.
- Gegen maligne Verklammerung hilft Ablenkung: die Intimität und Exklusivität des Paar-Werdens, der Vater mit der Mutter-Frau, der Sohn mit der fremden Tochter-Frau: Begehren der Differenz, gemeinsam neu Werden, Sich Abschließen, Sich Öffnen.
- Gegen maligne Verklammerung hilft die lachende Anerkennung des Generationenunterschieds und des Todes. Der Vater akzep-

tiert die eigene Marginalisierung und der segnet den Sohn auf dem ungewissen Weg. Segnen will heißen: Sie entfernen sich voneinander, aber der Vater ist auf der Seite des Sohnes, mit dem Herzen dabei.
- Man ist nicht nur Vater, Gatte, Sohn, Frau, Autorität etc. Es ist gerade die Macht des Trieblebens, die Verwandlung und Überschreitung ermöglicht. Vom Untersten zum Obersten.
- Wer in furchtbarer Weise schuldig wird, kann das nicht reparieren, und er kann nicht aus eigener Kraft Überwindung schaffen. Vielleicht findet er Gnade.

Literatur

Boothe, B. (1994): Der Patient als Erzähler in der Psychotherapie. Göttingen (Vandenhoeck & Ruprecht).
Boothe, B. (1999): Vom Verlassen des Elternhauses. Die Dramaturgie der Trennung in literaturwissenschaftlicher Perspektive. (Buchbesprechung P. von Matt (1995): Verkommene Söhne, missratene Töchter. Familiendesaster in der Literatur. München (Hanser).). In: Psychotherapie und Sozialwissenschaft 1, S.162–168.
Boothe, B. & Heigl-Evers, A. (1996). Psychoanalyse der frühen weiblichen Entwicklung. München (Reinhardt).
Boothe, B., von Wyl, A. & Wepfer, R. (1998): Psychisches Leben im Spiegel der Erzählung. Heidelberg (Asanger).
Dürrenmatt, F. (1962): Die Physiker. Zürich (Arche).
Dürrenmatt, F. (1998): Labyrinth. Stoffe I–III. Der Winterkrieg in Tibet. Mondfinsternis. Der Rebell. Zürich (Diogenes).
Erikson, E. H. (1955): Das Traummuster der Psychoanalyse. In: Psyche 8, S. 561–604.
Frenzel, E. (1980): Motive der Weltliteratur. Stuttgart (Kröner).
Freud, S. (1900): Die Traumdeutung. Gesammelte Werke II/III.
Freud, S. (1908): Der Dichter und das Phantasieren. Gesammelte Werke VIII.
Freud, S. (1912): Totem und Tabu. Gesammelte Werke IX.
Freud, S. (1921): Massenpsychologie und Ichanalyse. Gesammelte Werke XIII, S. 171–1621.
Hunger, H. (1980): Lexikon der griechischen und römischen Mythologie. Reinbek (Rowohlt).
Kafka, F. (1935): Das Urteil. In: Walser, M. (Hg.) (1968): Er. Prosa von Franz Kafka. Frankfurt (Suhrkamp), S. 49–63.
Kindlers Literaturlexikon (1982): Band I. Weinheim (Zweiburgen Verlag).
Kohut, H. (1971): Narzißmus. Frankfurt (Suhrkamp).
Kraft, H. (2000): Tabu. In: Mertens, W. & B. Waldvogel (Hg.). Handbuch psychoanalytischer Grundbegriffe. Stuttgart (Kohlhammer), S. 709–713.

Mackie, J. (1985). Das Wunder des Theismus. Stuttgart (Reclam).
Mertens, W. (2000): Ödipuskomplex. In Mertens, W. & Waldvogel B. (Hg.): Handbuch psychoanalytischer Grundbegriffe. Stuttgart (Kohlhammer), S. 514–522.
Publius Ovidius Naso (2–8 n.c.): Metamorphosen. Epos in 5 Büchern. Übersetzt von T. von Scheffer (1950).
Schiller, F. (1970): Vom Pathetischen und Erhabenen. Hrsg. K. L. Berghahn. Stuttgart (Reclam).
Smid, S. (1998): Recht – Repression – Respekt. In: Boothe, B., Wepfer, R. & von Wyl, A. (Hg.): Über das Wünschen. Ein seelisches und poetisches Phänomen wird erkundet. Göttingen (Vandenhoeck & Ruprecht), S. 184–202.
Steinmann, K. (Hg.) (1989): Sophokles. König Ödipus. Stuttgart (Reclam).
Veijola, T. (1988): Das Opfer des Abraham – Paradigma des Glaubens aus dem nachexilischen Zeitalter. In: Zeitschrift für Theologie und Kirche 85, S. 129–164.
Von Matt, P. (1989): Liebesverrat. Die Treulosen in der Literatur. München (Hanser).
Von Matt, P. (1995): Verkommene Söhne, mißratene Töchter. Familiendesaster in der Literatur. München (Hanser).
Von Wilpert, G. (1968): Lexikon der Weltliteratur. Band II. Stuttgart (Kröner)

Anhang

Abrahams Versuchung. Bestätigung der Verheißung. Gen. 22, 1–19 (der Übersicht halber hier in Subjekt-Prädikateinheiten von 1–61 segmentiert)
S 1   nach diesen Geschichten versuchte Gott Abraham und sprach zu ihm
S 2   Abraham
S 3   und er antwortete
S 4   hier bin ich
S 5   und er sprach
S 6   nimm Isaak deinen einzigen Sohn und geh hin in das Land Morija und opfe-re ihn dort zum Brandopfer auf einem Berge
S 7   den du liebhast
S 8   den ich dir sagen werde
S 9   da stand Abraham früh am Morgen auf und gürtete seinen Esel und nahm mit sich zwei Knechte und seinen Sohn Isaak und spaltete Holz zum Brand-opfer machte sich auf und ging hin an den Ort
S 10 von dem ihm Gott gesagt hatte
S 11 am dritten Tag hob Abraham seine Augen auf und sah die Stätte von ferne und sprach zu seinen Knechten
S 12 bleibt ihr hier mit dem Esel
S 13 ich und der Knabe wollen dorthin gehen
S 14 und wenn wir angebetet haben
S 15 wollen wir wieder zu Euch kommen
S 16 und Abraham nahm das Holz zum Brandopfer und legte es auf seinen Sohn Isaak
S 17 er aber nahm das Feuer und das Messer in seine Hand
S 18 und gingen die beiden miteinander

S 19 da sprach Isaak zu seinem Vater Abraham
S 20 mein Vater
S 21 Abraham antwortete
S 22 hier bin ich
S 23 mein Sohn
S 24 und er sprach
S 25 siehe
S 26 hier ist Feuer und Holz
S 27 wo ist das Schaf zum Brandopfer
S 28 Abraham antwortete
S 29 Mein Sohn
S 30 Gott wird sich ersehen ein Schaf zum Brandopfer
S 31 und gingen die beiden miteinander
S 32 und als sie an die Stätte kamen
S 33 die ihm Gott gesagt hatte
S 34 baute Abraham dort einen Altar und legte das Holz darauf und band seinen Sohn Isaak, legte ihn auf den Altar oben auf das Holz und reckte seine Hand aus und fasste das Messer
S 35 daß er seinen Sohn schlachtete
S 36 da rief ihn der Engel des Herrn vom Himmel und sprach
S 37 Abraham
S 38 Abraham
S 39 er antwortete
S 40 hier bin ich
S 41 er sprach
S 42 lege deine Hand nicht an den Knaben und tu ihm nichts
S 43 denn nun weiß ich
S 44 daß du Gott fürchtest und hast deines einzigen Sohnes nicht verschont um meinetwillen
S 45 da hob Abraham seine Augen auf und sah einen Widder hinter sich in der Hecke mit seinen Hörnern hängen und ging hin und nahm den Widder und opferte ihn zum Brandopfer an seines Sohnes statt
S 46 und Abraham nannte die Stätte
S 47 der Herr sieht
S 48 daher man noch heute sagt
S 49 auf dem Berge
S 50 da der Herr sieht
S 51 und der Engel des Herrn rief Abraham abermals vom Himmel her und sprach
S 52 ich habe bei mir selbst geschworen
S 53 spricht der Herr
S 54 weil du solches getan hast und hast deines einzigen Sohnes nicht verschont
S 55 will ich dein Geschlecht segnen und mehren wie die Sterne am Himmel und wie den Sand am Ufer des Meeres
S 56 und deine Nachkommen sollen die Tore ihrer Feinde besitzen
S 57 und durch dein Geschlecht sollen alle Völker auf Erden gesegnet werden

S 58 weil du meiner Stimme gehorcht hast
S 59 so kehrte Abraham zurück zu seinen Knechten
S 60 und sie machten sich auf und zogen miteinander nach Beerseba
S 61 und Abraham blieb daselbst

Informationen zum Hintergrund der Erzählung

Abraham

Sohn Tharahs aus Noahs Nachkommen (siehe Geschlechtsregister Mose 11, S. 19), nach vereiteltem Babelbau. Ursprünglich Abram, mit den Brüdern Nahor und Haran, dem Vater Lots, Harma früh verstorben in seinem Vaterland zu Ur in Chaldäa. Abram und Nahor heirateten: Abram die Sarai, Nahor Harans Tochter Milka. Tharah führte Abram, Sarai, Lot weg von Ur Richtung Kanaan, sie wohnten in Haran, dort starb Tharah 205jährig.

Auf Befehl/Berufung/Belohnungsversprechen Gottes (Segen – großer Namen – große Nachkommenschaft – göttliche Solidarität) Auszug des 75jährigen Abram mit Sarai, Lot und Hab und Gut nach Kanaan. Altarbau.

Übersiedlung als Fremder nach Ägypten wegen kanaanitischer Hungersnot. Sarai wird auf Abrams Betreiben, der sich in Aussicht auf Entschädigung als ihr Bruder ausgibt, Konkubine des Pharaos, was Gott den Pharao durch Plagen entgelten lässt.

Reich geworden zieht Abram mit Sarai und Lot zurück nach Kanaan und bittet Lot um die Trennung der Terrains, dieser zieht zum unteren Jordan, Richtung Sodom.

Neue Verheißung des Herrn an Abram, Befehl zum Durchzug des Terrains Ganz-Kanaan, das ihm und der versprochenen riesigen Nachkommenschaft als Eigentum in Aussicht gestellt wird. Altarbau.

Die Könige von Sodom und Gomorrha werden im Krieg besiegt, nehmen Lot und all seinen Besitz auf der Flucht mit sich. Abram erfährt von der Gefangennahme seines Neffen durch einen Gefolgsmann aus der Kriegsregion, befreit Lot, rettet dessen personellen und materiellen Besitz und wird von Melchsedek, König von Salem, Gottespriester, im Königstal gesegnet. Er übergibt dem König von Sodom die Kriegsbeute mit dem Argument sich nicht in den Ruf der Bereicherung bringen zu lassen.

Große Verheißung Gottes des Landes zwischen Euphrat und Tigris. Tieropfer des Abram. Verheißung riesiger Nachkommenschaft, die nach Jahrhunderten unterdrückten Fremdenstatus das Land in Besitz nehmen, während das Volk der Amariter, dem sie dienen müssen, durch Gott gerichtet wird. Sarai lässt ihre ägyptische Magd Hagar durch Abram schwängern. 86jährig wird Abram Vater des Ismail, nach relativer Befriedigung der Rivalinnen Hagar und Sarai durch Vermittlung des Engels des Herrn.

Ewiger Bund im 99. Jahr des Abram mit Gott, Verheißung des Isaak, allgemeine Beschneidung, Abraham und Sara als Vater (und Mutter) der künftigen Völker des ewigen Bundes. Erscheinung des Herrn in der Glut des Mittags in Gestalt dreier Männer, die Abraham und Sara bewirten. Ankündigung der Geburt des Isaak, Sara, die Hochbetagte, lacht ungläubig und wird zurechtgewiesen.

Gott setzt Abraham auf dem Weg nach Sodom als pater familias und Richter und Statthalter der göttlichen Gebote ein. Verhandlung Abrahams mit Gott über die Schonung der

Gerechten in Sodom. Sodom wird zerstört, Lot durch göttlichen Eingriff gerettet. Betrunken gemacht schwängert er seine Töchter, so dass von ihnen das Geschlecht der Moabiter und der Ammoniter ausgeht.

Abraham als Fremdling zu Gerar bietet dem König Abimelech in der Fiktion, Sara sei seine Schwester, gegen Gut und Geld die Gattin an. Gott tritt dazwischen, warnt den Abimelech, der gibt die von ihm noch nicht berührte Frau wieder heraus, belohnt alle reich und bietet der Abraham-Gruppe des Gast- und Wohnrecht an.

Gott sucht Sara heim, sie gebiert Isaak, der wächst heran. Auf Saras Wunsch schickt Abraham Hagar und den potentiellen Erbschaftsrivalen, von Gott darin bestärkt, in die Wüste. Dort erfährt Ismail göttlichen Schutz (Abraham ruft in Mose 17, S. 24 aus: »Ach dass Ismail möchte leben bleiben vor dir!«), Hagar sucht ihm schließlich, dem Jäger und Wüstenbewohner, eine ägyptische Frau.

Abraham und Abimelech schließen zu Beerseba einen transgenerationellen Loyalitäts- und Friedensbund, die Kriegsdienstleistungen seitens Abraham einschließt. Dennoch bleibt Abraham im Land der Philister fremd und der Feindseligkeit ausgesetzt.

Isaak

Sohn des Abraham und der Sara, geboren im 90. Jahr der Sara und im 100. des Abraham, gezeugt durch göttliche Heimsuchung. Definitive Verheißung des Isaak bei der Gründung des Ewigen Bundes (Mose 17, S. 24). Gott realisiert mit Isaak den Ewigen Bund. Isaak unterliegt dem Beschneidungsgebot.

Gott

- Schöpfer von Himmel und Erde (Mose, 19)
- Vertreibung aus dem Paradies, um den Zugang zum Baum des Lebens, der ewiges Leben gewähren würde, zu verhindern und um die Gebotsübertretung zu bestrafen.
- Bevorzugung des Abel, Verfluchung des Kain, Lebensrettung durch das Kainszeichen.
- Anrufung Gottes zur Zeit von Seth und Enosch.
- Gott begrenzt die menschliche Lebenszeit auf 120 Jahre, angesichts dessen, dass die Gottessöhne so sehr die Menschenfrauen begehrten und Riesen mit ihnen zeugten.
- Bund mit Noah und seinem Geschlecht nach dem radikalen Zerstörungswerk der Sintflut. Gesetz von der Rache nach Tötung eines Menschen (Wer Menschenblut vergießt, dessen Blut wird vergossen). Deklaration künftigen Sintflutverzichts.
- Sprachverwirrung, um den Babelturm zu verhindern **»diese Geschichten« (S1)**
- Friedens- und Sicherheitsbund des Abraham mit Abimelech, dem königlichen Gastherrn in Beerseba, im kanaanitischen Südland
- Isaak im Knabenalter
- Ismail mit Hagar als Jäger in der Wüste, unter Gottes Schutz, mit einer Ägypterin vermählt
- Ewiger Bund, Beschneidungs- und Andachtskult, Altäre in Kanaan
- Lot gerettet, Nachkommenschaft durch die Töchter gesichert, aus dem zerstörten Jordanland vertrieben

Autorinnen und Autoren

Amann, Irene, dipl. Päd., Religionspädagogin, Fortbildungen in NLP, Kinesiologie und Aufstellungsarbeit, Schülerberaterin, Ausbildung in Mediation, in ihrer Schule »Konfliktmanagerin«.
Adresse: A-2301 Groß-Enzersdorf, Hauptschule, Schießstattring 2
E-mail: irene.amann@aon.at

Boothe, Brigitte, Prof. Dr. phil., Psychoanalytikerin, Psychotherapeutin, Mitherazsgeberin der Fachzeitschrift »Psychotherapie und Sozialwissenschaft«
Adresse: CH-8044 Zürich, Schmelzbergstr. 40
E-mail: boothe@klipsy.unizh.ch

Deym-Soden, Benedikta Gräfin v., Dr. phil., Unternehmensberaterin und Mediatorin.
Adresse: Haunprechting 2, 84337 Schönau
E-mail: dsconsult@topmail.de

Engeli, Georg, Ph. D., Jurist, viele Jahre im Wirtschaftsbereich tätig (Credit Suisse, Ernest & Young), Managing Director von Avina (NGO), seit 2002 freiberuflich und im Bereich vernetzender Forschung tätig (Konfliktlösung, Kultur, Kunst, Religion)
Adresse: Argentinien, Colon 220, 1640 Martinez, Buenos Aires
E-mail: georgengeli@hotmail.com

Flucher, Thomas, Dipl. Kulturingeneur, Mediator ÖBM, Mediator bei Infrastruktur-Großprojekten.
Adresse: CH-4562 Biberist, Leutholdstraße 4
E-mail: komet.tf@bluewin.ch

Fürst, Gerhart C., Mag., Organisationsberater und Wirtschaftsmediator.
Adresse: A-1130 Wien, Würzburggasse 35
E-mail: g.fuerst@aon.at

Geißler, Peter, Dr. med., Dr. phil., Psychotherapeut in freier Praxis, Mitveranstalter der »Wiener Konferenz für Mediation« (1999). Konfliktlösungsschwerpunkt: Paare und Familien.
Adresse: A-2301 Neu-Oberhausen bei Wien, Dr. Paul Fuchsiggasse 12
E-mail: p.geissler@onemail.at

Innauer, Anton, Mag. phil., ehem. Schispringer (1980 Olympiasieger und Weltmeister in Lake Placid, USA), dzt. Rennsportdirektor für Schispringen und Nordische Kombination im ÖSV.
Adresse: A-6020 Innsbruck, Steinbruchstraße 8
E-mail: toni.innauer@chello.at

Schneider, Kuno, Prof. Mag., Lehrer am GRg21, Ödenburgerstr. 74, Mediator. Ausgebildet in Peerbetreuung
Adresse: A-1070 Wien, Bandgasse 29/6
E-mail: kschneider@utanet.at

Volkan, Vamik, Dr. med., Professor für Psychiatrie an der medizinischen Fakultät der Universität Virginia
Adresse: USA, VA 22908 Charlottesville, University of Virginia, PO Box 800657
E-mail: mind@virginia.edu

Publik-Forum:

»Ein Meisterwerk politischer Psychoanalyse«

Besondere Empfehlung für die Sachbuch-Bestenliste der Süddeutschen Zeitung, des NDR und des BuchJournals

2002
439 Seiten · gebunden
EUR (D) 24,90 · SFr 42,30
ISBN 3-89806-044-6

»Die Fallstudien, die Wirth auf Grund genauer Recherchen zur Barschel-Affäre, zu Helmut Kohl (mit zurückhaltendem Einbezug des Freitods von Hannelore Kohl), zur 68er Generation und zu Joschka Fischers stupenden Metamorphosen sowie zu Slobodan Milosevics Paranoia vorlegt, sind sehr ergiebig, besonders eindrucksvoll im Falle Uwe Barschels.«

Ludger Lütkehaus, NZZ

»Harte Bandagen also, die – so Wirth – dennoch nicht zu Politikverdrossenheit verleiten sollten: Erst wenn Bürger und Wähler den ›Einfluss unbewusster psychischer Konflikte auf Entscheidungen höchster Tragweite‹ erkennen würden, könnten ihnen Politik und Politiker wieder ›ein Stückchen näher‹ rücken.«

Der Standard

»Hans-Jürgen Wirth hat die Plattform erreicht, auf der eine allgemeine Psychoanalyse der Politik errichtet werden kann. Der Schritt war unerlässlich.«

Paul Parin

P V
Psychosozial-Verlag

2001
336 Seiten · broschur
EUR (D) 15,00 · SFr 26,00
ISBN 3-89806-126-4

Regression, einer der grundlegendsten Begriffe quer durch alle Richtungen der Psychotherapie, ist auch einer der verwirrendsten. Vor dem Hintergrund der zeitgenössischen Säuglings- und Kleinkindforschung sowie des Dialogs zwischen moderner Psychoanalyse und psychoanalytisch orientierter Körperpsychotherapie werden in diesem Buch Anwendungsformen des Regressionsbegriffs zusammengefasst und diskutiert.

P🙾V
Psychosozial-Verlag

1999
279 Seiten · broschur
EUR (D) 24,90 · SFr 42,30
ISBN 3-932133-49-8

»Erschütternd ist an diesem Buch, daß es so alleine dasteht. Volkans Arbeiten, und nicht allein die Studie zum Kosovo, sind eine Entdeckung und Gedanken wie seine akut notwendig. (...) Vamik Volkans Werk über die Psychologie der Großgruppen müßte Politiker heute mindestens so sehr interessieren wie die Debatte um Bodentruppen.«

Caroline Fetscher, Der Tagesspiegel

»Wie stark kollektive (eher negative als positive) Geschichtsbilder, Projektionen, Symbole, Vorurteile oder Denkstrukturen von Führern die nationalen, ethnischen und religiösen Identitäten prägen, kann Volkan auf eine ebenso faszinierende wie beängstigende Weise darlegen.«

Helga Hirsch, DIE ZEIT

P V
Psychosozial-Verlag

Peter Geißler (Hg.)
Mediation – die neue Streitkultur
Kooperatives Konfliktmanagement in der Praxis

2000
284 Seiten · broschur
EUR (D) 24,90 · SFr 42,30
ISBN 3-89806-009-8

Mediation ist eine wirkungsvolle und in vielen Ländern bereits institutionell etablierte Methode zur Konfliktregelung in privaten und öffentlichen Streitfällen. Die praxisorientierten Beiträge führender Vertreter dieses Ansatzes verdeutlichen die Grundideen der Mediation: Problemlösung im Konsens mittels Verhandlung, Konfliktbewußtsein auf der Basis von Fairneß und Verantwortung, Förderung von menschlichem und sozialem Wachstum.

Mit Beiträgen von:

John Haynes, Thomas Usdin, Noa Davenport, Duss-von Werdt, Günter Kienast, Tilman Metzger, Angela Mickley, Reinhard Sellnow, Horst Zilleßen u. a.

P V
Psychosozial-Verlag

Mai 2004
ca. 250 Seiten · broschur
EUR (D) 24,90 · SFr 42,30
ISBN 3-89806-336-4

Erzählen heißt emotional vergegenwärtigen, heißt, Gelebtes nachträglich als evokative Gestalt mitteilen. Erzählen ist praktische Ästhetik des Alltags. Erzählen ist eine psychosoziale Kompromissbildung, die das Psychodynamische kommunizierbar macht.
Brigitte Boothe erläutert das Verhältnis von Erzählen, Realität und Psyche, sie stellt Erzählungen und Träume vor, führt ein in das regelgeleitete narrative Interpretationsprogramm JAKOB und illustriert es an Beispielen wie Freuds Traum von »Irmas Injektion«, am Traumbeispiel eines Borderline-Patienten, das ein baldiges Tötungsdelikt vorwegzunehmen scheint, und an einer prägnanten und aussagekräftigen Sequenz von Erzählungen aus einer psychoanalytischen Psychotherpie. Ein Erzählbeispiel findet sich am Ende des Buches sowie ein Glossar zu Erzählen und Sprache.

P🌀V
Psychosozial-Verlag